佛藏經講義

——第四輯

平實導師 述著

ISBN 978-986-98038-8-5

佛法是具體可證的，三乘菩提也都是可以親證的義學，並非不可證的思想、玄學或哲學。而三乘菩提的實證，都要依第八識如來藏的實存及常住不壞性，才能成立；否則二乘無學聖者所證的無餘涅槃即不免成爲斷滅空，而大乘菩薩所證的佛菩提道即成爲不可實證之戲論。如來藏心常住於一切有情五蘊之中，光明顯耀而不曾有絲毫遮隱；但因無明遮障的緣故，所以無法證得；只要親隨眞善知識建立正知正見，並且習得參禪功夫以及努力修集福德以後，親證如來藏而發起實相般若勝妙智慧，是指日可待的事。古來中國禪宗祖師的勝妙智慧，全都藉由參禪證得第八識如來藏而發起；佛世迴心大乘的阿羅漢們能成爲實義菩薩，也都是緣於實證如來藏才能發起實相般若勝妙智慧。如今這種勝妙智慧的實證法門，已經重現於臺灣寶地，有大心的學佛人，當思自身是否願意空來人間一世而學無所成？或應奮起求證而成爲實義菩薩，頓超二乘無學及大乘凡夫之位？然後行所當爲，亦行於所不當爲，則不唐生一世也。

——平實導師

如聖教所言，成佛之道以親證阿賴耶識心體（如來藏）爲因，《華嚴經》亦說**證得阿賴耶識者獲得本覺智**，則可證實：證得阿賴耶識者方是大乘宗門之開悟者，方是大乘佛菩提之眞見道者。經中、論中又說：證得阿賴耶識而轉依**識上所顯真實性**、**如如性**，能安忍而不退失者即是**證真如**，即是大乘賢聖，在二乘法解脫道中至少爲初果聖人。由此聖教，當知親證阿賴耶識而確認不疑時即是開悟眞見道也；除此以外，別無大乘宗門之眞見道。若別以他法作爲大乘見道者，或堅執**離念靈知**亦是實相心者（堅持意識覺知心離念時亦可作爲明心見道者），則成爲實相般若之見道內涵有多種，則成爲實相有多種，則違**實相絕待**之聖教也！故知宗門之悟唯有一種：親證第八識如來藏而轉依如來藏所顯眞如性，除此別無悟處。此理正眞，放諸往世、後世亦皆準，無人能否定之，則堅持離念靈知意識心是眞心者，其言誠屬妄語也。

——平實導師

目次

自序

《佛藏經》之所以名爲「佛藏」者，所說主旨即以諸佛之寶藏爲要義。諸佛之寶藏即是萬法之本源——如來藏，《楞嚴經》中說之爲「如來藏妙眞如心」，《入楞伽經》卷七〈佛性品〉則說：「大慧！阿梨耶識者名如來藏，而與無明七識共俱，如大海波常不斷絕，身俱生故；離無常過，離於我過，自性清淨。餘七識者心，意、意識等念念不住，是生滅法。」大略解釋其義如下：

【所謂阿梨耶識（通譯阿賴耶識）又名如來藏，含藏著無明種子與七轉識種子，並與所生之無明及七轉識同時同處，和合相共運行而成爲一個五陰有情。七轉識與無明相應而從如來藏中出生，每日運行不斷；意根每天一早促使意識等六心生起之後相續運作，與意識等六心和合似一，看似常住而不斷之心，其實是從如來藏中種子流注才出現的心，就是一般凡夫大師說的「清清楚楚明明白白」的心，早上睡醒再次出生以後，就與處處作主的意根和合運作看似一心。這七識心的種子及其相應的無明種子，每天同時從如來藏中流注出來，猶如大海波一般「常不斷絕」，因爲是與色身共俱而出生的緣故。如來藏離於無常的過失，是常住法，不曾刹那間斷過；無始而有，盡未來際永無中斷或壞滅之時。如來藏亦離三界我等無常過失，迥無我見我執或我所執；其自性是本來清淨而無染污，無始以來恆自清淨，不與貪等六根本煩惱及其餘隨煩惱相應。其餘七轉識都是心，即是意根、意識與眼等五識，即是面對六塵境界時清楚明白的前六識，以及處處作主的意根；這七識心與無明種子都是念念不住的，因爲是從如來藏中流注這七識心等種子於身中才有的，當色身出生以後，意根同時和合運作，意識等六識也就跟著現行而與色身同在一起，所以是與色身同時出生而存在的。而種子是刹那刹那生滅的，以此緣故說意根與意識等七個心是生滅法。若是證阿羅漢果而入無餘涅槃時，由於我見、我執、我所執的煩惱已經斷除的緣故，這七識心的種子便不再從如來藏流注出來，死時就不會有中陰身，不會再受生，便永遠消滅了，亦因此故是生滅法。」

在三種譯本的《楞伽經》中，都不說此如來藏心是第八識（第八識是通俗的說法），而是將此心與七轉識區分成二類，說如來藏一心是常住的，是出生「**意**」與「**意識等**」六識者，也說是出生色身者，不同於七識等心。所援引的上開經文，亦已明說如來藏「**離無常過，離於我過，自性清淨**」；從如來藏中出生的「**餘七識者心，意、意識等**」，都是「**念念不住，是生滅法**」。這已經很明確將如來藏的主要體性與七轉識的主要體性區分開來：一是能生，一是所生，能生與所生之間互相繫屬；能生者是常住的如來藏心，沒有三界我的無常過失，沒有我見我執等過失，自性是清淨的；所生的七識心，是念念生滅的，也是可滅的，有無常的過失，也有三界我的我見與我執等過失，是不清淨的，也是生滅法。

今此《佛藏經》中所說主旨即是說明此心如來藏的自性，名之為「**無名相法**」或「**無分別法**」，仍不說之為第八識，而是從各方面來說明此心；並且希望後世仍有業障而無法實證佛法的四眾弟子們，未來世中都能滅除業障而證得解脫及實相智慧。以此緣故，先從「**諸法實相**」的本質來說明如來藏，兼及實證此心者於實證前必須留意避免的過失，才能有實證的因緣；若墮邪見或誤導眾生，並有犯戒不淨等事者，將成就業障；於其業障未滅之前，縱使未來歷經無量無邊不可思議阿僧祇劫，奉侍供養隨學九十九億諸佛以後，仍無實證之可能。以此緣故，釋迦如來大發悲心，首先於〈諸法實相品〉廣釋實相心如來藏之各種自性，隨即教導學人如何了知惡知識與善知識之區別。善於選擇善知識者，於解脫及諸法實相之求證方有可能，是故以〈念佛品〉、〈念法品〉、〈念僧品〉中的法義教導，令學人以此爲據，得以判知何人爲善知識、何人爲惡知識，從而得以修學正確的佛法，然後得證解脫果及證入諸法實相，發起本來自性清淨涅槃智，久修之後亦得兼及二乘涅槃之實證，再發十無盡願而起惑潤生乃得以入地。

若未愼擇善知識，誤隨惡知識者（惡知識表相上都很像善知識），不免追隨惡知識於無心之中所犯過失，則未來歷經無數阿僧祇劫奉侍九十九億佛之後，於解脫道及實相了義正法仍無順忍之可能，欲求佛法之見道即不可得，遑論入地。以此緣故，世尊隨後又說〈淨戒品〉、〈淨法品〉等法，教導四眾弟子們如何清淨所受戒與所修法。又爲杜絕心疑不信者，隨即演說〈往古品〉，舉出過往無量無邊不可思議阿僧祇劫前 大莊嚴佛座下，苦岸比丘等四人爲惡知識，執著邪見而誤導眾生，成爲不淨說法者；以此緣故與諸眾生相率流轉生死，於人間及三惡道中往復流轉至今，反復經歷阿鼻地獄等尤重純苦及餓鬼、畜生、人間諸苦，終而復始、受苦無量之後，終於來到 釋迦如來座下精進修行，然而竟連順忍亦不可得，求證初果仍遙遙無期；至於求證諸法實相而入大乘見道，則無論矣！思之令人悲憐，設欲助其見道終無可能，對彼諸人助益無門，只能待其未來甚多阿僧祇劫受業滅罪之後始能助之。

如是警覺邪見者之後，世尊繼以〈淨見品〉、〈了戒品〉而作補救，期望以此二品能轉變諸人的邪見，勸勉諸人清淨往昔熏習所得的邪見，並了知清淨戒之所以施設的緣由而能清淨持戒，未來方有實證解脫果與佛菩提果的可能。如是教導之後，於〈囑累品〉中囑累阿難尊者等諸大弟子，當來之世以善方便攝受諸多弟子，得能清淨知見與戒行，滅除往昔所造謗法破戒所成之業障，而後方有實證之世到來。由此可見 世尊大慈大悲之心，藉著舍利弗尊者之因緣，在與舍利弗對答之時演說此實相法等，期望後世遺法弟子得能滅除業障而得證法。普察如今末法時代眾多遺法弟子，精進修行仍難遠離邪見與邪戒，求證解脫果及佛菩提果仍將難能可得，令人不覺悲切不已，是故將此經之講述錄音整理成書，流通天下，欲以利益佛門四眾。

佛子　**平實**　謹誌

於公元二〇一九年　夏初

第四輯：

《佛藏經》卷上

〈諸法實相品〉（延續上一輯未完部分）

今天是颱風天（編案：這是二〇一四年七月二十二日所說），本來想應該聽經的人會只剩下一半吧，結果還超過一半，這叫作向道心切！《佛藏經》上週講到第五頁第八行，今天接著要從「說斷滅者」開始講。後面這一、兩段經文應該可以講快一點了，不然的話，張老師都沒機會唸唸經文。今天第一句講「說斷滅者」。「說斷滅者」到底是什麼人？其實眞要說起來，三界有情沒有誰是眞正主張斷滅的，包括斷滅見的外道在內。但是今天得要說明什麼樣的人是屬於斷滅者？一切邪見總而言之最簡單的分類就是常見與斷見。也就是主張五陰是常、眾生是常、世界是常，名爲常見者；若是主張五陰非常、死後斷滅，和主張有情非常、死後斷滅，世界非常、最後毀壞歸於空無，這種人叫作「說斷滅者」。

「說斷滅者」也有一些差別，最籠統的說法是剛才的說法。可是「說斷滅者」也有它的層次差別，就是隨著各人在三界四禪八定、五神通的修爲上有所不同，因此也會有不同的差別。例如一般人認爲眾生非常、只有一世，就堅持說：「人們死後沒有未來世。」但沒有未來世的事情又有差別，所以有的人認爲：「人只有一世，沒有過去世；這一世假藉父母及四大因緣而出生，將來老死之後就歸於斷滅空無，所以沒有因果可說。」他們不相信因果律，這是最平常、最粗淺的一種斷滅論。

另外有一種斷滅論認爲：「人有過去世，但是這一世死後斷滅。」爲什麼他認爲這一世死後斷滅？因爲他看見所有人死後，都沒有回來告訴他說死後哪裡去、死後繼續存在。所以他不相信人死了會有下一世。但是因爲從各種因緣來看，每一個人的出生各有因緣，即使兄弟姊妹同一對父母、同一個環境出生長大，但是果報各個不同，所以他認爲人有過去世而沒有未來世，這也是「說斷滅者」。

另外有的人認爲說：「人可以有一段時間輪迴生死，但最後依舊歸於斷滅。」他們認爲說：「有的人在人間造作善業，死後會生天享福，那福報也會享盡，死了就斷滅；有的人在人間造作惡業，死後要去受惡報，因爲因果律必須要執行，所以他死後去受惡報，惡報受完以後歸於斷滅。」這也是「說斷滅者」。還有的人因爲有修得宿命通，就主張：「人死了以後還會有一世，然後歸於斷滅。」爲什麼呢？因爲他看見人們都有上一世，但他的宿命通只能看到前一世，所以他認爲既然有上一世來到這一世，再往前世去看時什麼都看不見，所以人只有過去世這麼一世；過去世既然能有一世，那往生到下一世一樣是只有一世，所以人就是只有這麼三世，所以下一世出生受報完了就斷滅了。但有的人出來否定說：「不對！你看錯了，因爲我看到眾生過去曾經活上整整一大劫，在這一劫之前什麼都沒有。」他不知道還有過去世的無量劫，只是因爲他的宿命通看不見更遠之前，所以他認爲是人過去有一大劫。既然過去有一大劫，未來世還會有一大劫，他就這樣推論，但是一大劫之後呢？也是斷滅空。

那麼這一種所謂斷滅論的看法有很多種，這都是「說斷滅者」。有時他們會跟人家爭執，是因爲有的人有宿命通而沒有天眼通，他以自己所見而作推論就認爲是應如他所見。但推論不一定正確，特別是遇到天眼通的人。有天眼通的人也是層次不等，有的人可以看未來一世、兩世、三世，有的人可以看未來幾百世、幾千世或者幾萬年、幾千萬年，更有的人可以看到這個大劫結束。若是有宿命通的人，可以看以前幾世、幾萬年、幾劫的事，同樣是層次差別萬端。所以遇到那些有天眼通的「說斷滅者」會出來抗議或爭執說：「我看到你未來還有很多很多世，一直到這個世界毀壞，怎麼可以說你未來只有一世、只有一百世！」他就出來否定。所以「說斷滅者」其實是有很多種，但是差別都是因爲宿命通或天眼通的能力不同，所以他們主張的斷滅見說法就會跟著有所差異。

就好像一神教一樣，一神教說：「人都是上帝創造的。」那人被創造出來時是用泥巴作材料，然後上帝用泥巴把一個人形捏好了，那個人形其實是他的形狀，所以《聖經》說：「依神的模樣造人。」顯然上帝的模樣跟我們一樣；如果看見上帝有鬍子、沒鬍子都不必奇怪，反正上帝就跟人一樣。泥巴捏好以後或許是吹一口氣就成爲一個人，因爲這個緣故，所以基督教徒主張：所有的人沒有過去世，但是有未來世，因爲是被上帝創造的。他們說有未來世而沒有過去世，這一世死後或者被上帝打入地獄永不超生，或者生去他的天國叫作永生；這都是所見太淺，不能洞澈深遠，才會有這樣的說法。

上帝其實很沒有智慧，他並不是一個全知全能者，因爲他說的道理談不上是福音，是漏洞百出，所以一神教徒說：「人有未來世，沒有過去世。」可是這個邏輯不通，我們現在都講邏輯，以前我們小時候都叫作理則學。也就是說，既然這一世可以去到未來世，顯然這一世就是從過去世來的；因爲邏輯是一樣的，道理是相同的。所以如果有未來世就表示有過去世，這一世死後會去未來世並不是上帝的恩典。上帝說的恩典是把人創造出來，有了亞當、夏娃以後又生了一群人，而且都是近親繁殖，奇怪！都沒有滅絕掉才怪。因爲近親繁殖繼續下去的結果，不是智障就是腦殘，最後一定會有怪病導致消滅。可是亞當、夏娃的後人也蠻聰明的，他們也會發明飛機和造船等，這樣看來他們的基因是沒問題的，表示他們不是兄妹亂倫、不是近親繁殖。這樣看來上帝很笨，說謊不打草稿。如果是有智慧的人，通常都會先打個草稿；要寫出《聖經》來時至少得前後對照一下，結果都沒有，這一章說的會跟那一章衝突，前後又自相矛盾。

那麼上帝既然創造了人，就是說人是沒有過去世的，造了人之後去下一世時不必上帝給恩典，表示人是可以自己去到下一世的；既然是自己可以去下一世，同樣的邏輯顯然人就是自己從上一世往生過來的，不必上帝創造。所以他們的邏輯是講不通的。斷滅論者說上一世是只有一世，這一世也是一世，下一世也只有一世，再也沒有了，那他這個邏輯反而比上帝聰明、比上帝正確。因爲若是可以去下一世，就表示一定從上一世來的；有上一世來到這一世，表示此世也可以往生去下一世。雖然他說的只有這三世，總比上帝好，上帝說的是沒有過去世而只有這一世；如果是這樣，兄弟姊妹出生了以後是不是個性都應該一樣？因爲都沒有過去世，那父母的心態怎麼樣他們出生就應該怎麼樣，這才符合道理。

可是上帝不懂這個道理，怎麼能叫作全知呢？所以那個說法是不對的。如果是全知者，應該造亞當、夏娃時就知道這兩個傢伙能不能經得起誘惑。如果經不起誘惑就不要把他們創造出來，至少創造了以後不要再誘惑他們；結果上帝創造出來以後又把他們誘惑，這不是居心叵測嗎？上帝居心叵測，故意創造出來，然後再用個蘋果來誘惑他們，那結果是害了誰？害了誰？害了上帝自己啊！因爲被害的是上帝分出去的靈，那上帝是不是糊塗蛋？是了，是個糊塗蛋。他閒得發慌，加上有自虐症，就是這樣。所以沒有過去世而有未來世，這是很荒唐的說法，因爲那個理不通。即使是上帝創造萬物的說法，其實本質依舊是「說斷滅者」，因爲沒有過去世就表示沒有未來世，實質上是如此；所以這也是屬於「說斷滅者」。

外道有人四禪八定具足，又修了五神通，所以他的五神通可以看很遠，也許看一萬大劫、兩萬大劫不等，那他們的主張又不一樣，就會出來反對前面的人所講的斷滅見：「**不！人過去世有五萬大劫，因爲我看到你過去五萬大劫有些什麼事情。那過去有五萬大劫，未來一樣會有五萬大劫，那五萬大劫前空無所有，五萬大劫後依舊斷滅。**」這也是「說斷滅者」。可是俱解脫、三明六通大解脫阿羅漢就不會這樣，因爲他們早就知道有一個「本際」可以受持一切有情的法種，所以有情是無始而有，將來是盡未來際一直到他解脫生死。阿羅漢們知道這個正理，所以雖然三明六通者的天眼通可以看到未來的八萬大劫爲止，但他不會說：「**過去只有八萬大劫，所以未來也只有八萬大劫。**」他絕對不這樣說，所以「說斷滅者」其實有很多的矛盾。

那我們一開始就說：「那些主張斷滅的人，其實都應該把他們函蓋在常見中。」「說斷滅者」只是說他們的知見是講斷滅空，但他們個人的種子仍然是常見外道；例如你觀察那些「說斷滅者」，他們有沒有我見？有！有沒有我執？有！我見、我執都具足的人，本質就是「常見」者，所以他們深心中其實不願意斷滅。雖然他們一直主張一切有情都只有一世，最後歸於斷滅空，沒有下一世，可是他們其實也不願意死，不願意死的結果中陰身就出現了；中陰出現以後，看見未來世的父母，他們又起顛倒想投胎去了。結果本質依舊是常見而不是斷滅見。

他們只是見解上面堅持斷滅空，因為他們不相信有第七識意根，不相信有第八識如來藏，那他們的我見、我執都存在著；所以當人家說：「人都有未來世，未來世輪迴無盡。」他們就跳出來反對，而且講得很生氣，認為自己的見解才是正確的，不許你推翻他。但這還是依於「我」而作出來的見解，表示他的種子中其實依舊是落在常見的思想中，還是落在那個執著中；但因為要表明邪見的差別，所以相對於常見就說他是斷見。所以這一類人成為「說斷滅者」。「說斷滅者」也是違逆於佛，是「與佛共諍」的人。

那麼佛門中有沒有「說斷滅者」？有的，印順派等人就是斷滅者。所以他從宗喀巴《廣論》中竊取了很多的法義成爲他自己的東西，再寫出了《成佛之道》那本書。可是宗喀巴的東西他也不完全接受，因爲宗喀巴說色陰是常，受、想、行、識也是常，樂空雙運的抱身佛因此也是常，所以當他們修雙身法時的觸覺就是常，叫作俱生樂，同樣認爲是常；釋印順從《廣論》中去擇取出來以後，他在這個部分就不敢認同，他主張一切都是緣起性空。因爲他知道如果像宗喀巴那樣講的話，把《廣論》的說法也移植過來推廣的話，佛教界會罵他是常見外道；他知道這一點，所以他這個部分就不談，專談緣起性空。那麼一切法緣起性空就表示沒有一個「本住法」常住於三界中，否則是什麼法能藉緣而生起諸法？

我們上回也講過說，他這個說法就是 龍樹菩薩所破的「諸法共生」。龍樹在《中論》說「**諸法不自生，亦不從他生，不共不無因**」，但釋印順主張有情緣起性空，說有情是藉父母的因緣而出生的，六識是藉根觸塵而出生的，那就是共生，他沒有感覺到這主張有錯誤。那我們先不談他，就說他所主張的緣起性空。既然緣起性空就不該有未來世，因爲緣起性空的結果，五陰生起所必須的藉緣毀壞時就沒有所依心——六識全滅後一切都無所憑藉，一生所造的業不就該散失了嗎？因爲他有發覺到這一點，他就來創造一個東西說：「業造了以後，業行雖然滅了，可是業種可以獨自存在。」那麼有情之所以出生是由業種爲因而從如來藏中出生的，那業種是有情還是無情？沒有如來藏時業種應存在何處？眞是很奇怪的說法，所以他那個腦筋很混亂的；看來他那個腦筋應該是裝漿糊的，不是像我們有勝義根，所以他的說法自相矛盾很嚴重。

依邏輯或理則學上都講不通的，那一些就不談它。就說他講的緣起性空，既然他主張有情都是藉諸緣而共生出來、其性皆空，皆空是不是斷滅？對啊！他也知道自己的說法其實就是斷滅見，他的本質就是一個「說斷滅者」，所以他又不得不再從意識中拉出一分來叫作「細意識」，說：「細意識是不壞的。」那他說的細意識其實就是直覺，所以他認爲：「禪宗開悟就是悟得直覺；那樣開悟就是成佛了，所以我印順也成佛了，因爲我知道直覺。」所以他容許人家把他的傳記書名叫作《看見佛陀在人間》，他就是自認爲是佛陀。是什麼樣的佛陀？顚倒佛！完全是個心想顚倒的凡夫。所以他的本質就是「說斷滅者」。

「說斷滅者」就是「與佛共諍」，因爲他所說的不符合 世尊的聖教。世尊都說了：「有一個本識出生了意根和五陰、十八界全部諸法。」那麼阿羅漢證得解脫果時來向 世尊稟告說：「我生已盡，梵行已立，所作已辦，不受後有。」世尊也說：「阿羅漢入無餘涅槃，不是斷滅空，而是有本際恆存。」那麼這樣子看來，顯然 世尊說的不是斷滅法，可是印順講的是斷滅法。然後爲了彌補斷滅法的過失，不得不自己再去建立一個「細意識常住說」。當他建立了意識細心常住時，又重新落回識陰中去；那識陰是生滅的，不能到未來世去，就成爲斷滅空了，所以他的本質依舊是「說斷滅者」。所以印順很可憐，他一生就只有一個知音，就是咱家。而我這個知音一天到晚把他指指點點，所以他眞的很可憐；除了我，他沒有知音，因爲我比他更瞭解他。所以這種人說出來的法，都宣稱是佛法，又說那是 佛陀的本懷，可是卻跟 佛陀打對臺，和 佛陀唱反調。當他跟 佛陀唱反調時就是「與佛共諍」，這就是「說斷滅者」。

接著「說常者」，這個「說常者」最普遍了，但是也最單純，沒有那麼多言語可以去講他們；因爲一切有情心想之中都希望自己永遠是常，即使斷滅見者臨命終時也希望自己還有下一世，所以「常」是最普遍存在的現象。那麼「說常」一樣會有一些層次，但是都很單純，例如「五現見涅槃」等外道涅槃，這最普遍，我們常常講過的。其中最低級的就是在人間或者在欲界天中享受種種五欲，於五欲中得自在時，他認爲說：「我這個住於五欲中的覺知心就是常，盡未來際同樣是這個心，一世又一世不斷地享受五欲永恆不斷，這就是常。」這是最常見的。

而這種最常見的外道見，本來不應該被建立爲宗教，因爲這只是世俗人的說法；講好聽一點，最多只能說是老生常譚；其實還及不上老生常譚，這還有一點高抬它，但是竟然可以建立爲宗教，那就是密宗假藏傳佛教。所以密宗假藏傳佛教是五種現見涅槃外道中的第一種，層次是最低的。他們把層次最低的拿來說：「我比你釋迦牟尼佛更高。」耳根都不紅。爲什麼耳根不紅？因爲歷代以來都這樣教導，大家都這樣信。學佛而無智以至於此，夫復何言？

那麼五種現見涅槃的第二個，就是證得初禪。這一種人說話都很圓融：

「當人家說我們在人間五欲自恣而得自在，這就是涅槃。」他證得初禪以後會出來講：「你這個也算是涅槃，但我這個涅槃比你好一點。」他不否認對方，就說：「你證的也是涅槃，但我比你好一點，因為我超過欲界，我在初禪中自在，這個才是最好的涅槃。」當他講了以後，後來又有人說：「你們這個都是涅槃，也都沒錯，但我這個涅槃是比較高一點，我於二禪中得自在，不必被五塵所喧鬧。但我不說你們那個不是涅槃。」大家互吹互捧啊！臺灣佛教界以前各大山頭都是這樣子，只有一個正覺不跟人家一樣；可是我們不跟人家稱第幾，我們就是正覺，為什麼要排第一？連第一也無。我們就是正覺，正覺就是佛教，這個觀念要記住；以後如果人家談到佛教說「佛教就是正覺」，這樣就對了，沒有排序第幾的問題。

接下來，又有一個證得三禪的人出來講，也是同樣的講法；證得第四禪的人出來講也是同樣的講法。那麼這樣五個人都說現前看見了涅槃，但他們有沒有看見涅槃？其實沒有，一個都沒有。這五種現見涅槃其實都不是涅槃，所以叫作「外道五現涅槃」，全都是外道誤會了涅槃；這一些其實都是錯認五陰是常的人，只是錯認五陰的全部或局部的差別而已。所以密宗假藏傳佛教外道錯認五陰、十八界全部爲常，並且外加了心所法的境界，就是把那個雙身法中的境界也當作是常，所以說它最低級。

所以遇到喇嘛時，你心中就有「最低級」這三個字！這樣就對了。因爲他們確實是人間之最低級，連儒家的仁義道德都還談不上，連世間法都談不上。那麼就這樣子，加上初禪、二禪、三禪、四禪都建立爲常、建立爲涅槃，這些人都是「說常者」。可是密宗假藏傳佛教外道具足五陰、十八界再加上六入具足，六入其實是心所法的境界，這個是「說常者」。

說常本來沒有過失，因爲佛法中也說有一個本住法永恆是常，所以說常本來沒有過失，過失是在他們把非常的法建立爲常，所以有過失，才叫作常見外道。說常，理論上是正確的，但實證是否正確才是關鍵。般若系列諸經不是說眞如嗎？眞如難道不是常嗎？是常啊！同樣也是在講常的見解。可是爲什麼般若諸經說的就對，常見外道講的就錯？原因就是常見外道法把非常之法建立爲常，所以錯了。

那麼證得初禪的人，生到初禪天以後，他的十八界只是少掉六界而已，仍然在五陰之中，沒有超越五陰的範疇；也就是說他少了鼻識、舌識、鼻根的勝義根、舌根的勝義根，所以也就沒有香塵、沒有味塵，少了這六界而已啊！可是他所說的常同樣是覺知心，也同樣是有色界天的色身，那依舊不離五陰身的範疇。那麼到了二禪等至位中也依舊還有意識、法塵以及意根繼續存在著，但這仍然是可滅之法、是非常之法，而他建立爲常，所以他就稱爲外道。那麼三禪、四禪亦復如是。這是佛世最有名而常常可以遇見的五種現見涅槃的外道，他們所謂的現見涅槃其實都是生滅法，都沒有看見涅槃。

眞正現見涅槃的人只有菩薩。菩薩跟隨諸佛修學可以現前看見無餘涅槃中是什麼境界，但不必入無餘涅槃就能看見；因爲涅槃中就是如來藏獨住的境界，這是生前就可以看見的，不必等到死後入了涅槃才看見。說句老實話，阿羅漢入了無餘涅槃後，他啥也看不見，因爲他都不存在了，哪能看見涅槃呢？所以只有菩薩才有資格說現見涅槃。所以五現見涅槃都要加上「外道」兩個字，叫作「外道五現涅槃」，因爲他們把常弄錯了。那麼常見就只有如此嗎？不！包括無想定中和包括四空定等五個狀況，他們也都認爲那是眞實法，其實也不外於常見，因爲同樣都在五陰的範圍內，沒有超出於五陰之外。但五陰不過是緣起緣滅之法，所以他們所認爲的常其實不是眞常，因此就叫作常見外道。因爲他們外於眞實法而求常法，那就叫作外道。

那麼人間有個宗教說：「信我者得永生。」永生的意義是什麼？代名詞是什麼？叫作永死！他們想要永遠一世一世不停的死，正是永死！因爲有生必有死，那麼那一種所謂的永生，是眞的永生嗎？也不是，不過是人間的境界，大不了只是四王天腳下的境界；四王天的境界還有血食嗎？但上帝喜歡血食，所以祭祀上帝時，肉都還不可以煮熟，要用生鮮的；依照《舊約》是這麼講的，那麼請問上帝的層次在哪裡？不過就是須彌山腳下的什麼？羅刹王、夜叉王那一類的。

其實他連夜叉王都當不上，因爲夜叉王是佛弟子，《楞伽經》就是 佛陀爲夜叉王講的，他們吃素不吃葷。上帝吃葷還喜歡吃帶血的肉，所以他的境界不過就是四王天之下的羅刹境界，絕大多數都屬於人間。你們有沒有看過上帝講到四王天的境界？他的天堂是什麼境界有沒有講過？從來都沒聽他講過。我們學佛的人都知道有二十八天的境界，還沒有開悟、尚未斷我見的人就知道了，結果上帝說他是唯一的眞神、全知全能者，竟然還不懂四王天是什麼境界！

四王天的境界很簡單，密宗假藏傳佛教行者有時晚上遇見了空行母來跟他樂空雙運，有時遇見勇父來跟她樂空雙運，那些都是四王天的鬼神；他們所謂的烏金淨土，烏金就是黑金，黑得發亮的暗土還能叫淨土嗎？就是須彌山腳下那一些夜叉、羅剎的境界。那你們看上帝的境界跟他們一樣，所以他們能不能和平共處？能不能？不能？你們看喇嘛教徒跟天主教徒、基督教徒不是有往來嗎？因爲境界一樣，能夠對話，就可以互相往來。正因爲境界一樣就談得來，如果境界不一樣就沒辦法對話，只好稱孤道寡。

咱們正覺如果要跟諸方大法師對話，那要怎麼對話？所以他們都說：「**蕭平實無法跟他們對話。**」我也接受這個說法。就好像一個在大學教微積分的教授，要去跟幼稚園班的小學生講數學代數的事，那要怎麼談？無從談起。但幼稚園的小朋友卻成日裡說大學教授不懂加減乘除，他才懂，無知到這個地步，要怎麼對話？因爲境界不同，落差太大；那你叫那個教微積分的教授來跟幼稚園學生說：「**這一個放上去這樣叫一，再放一個這樣叫二，拿到一個叫作一……。**」他願意講這個話嗎？他也不願意：「**你把我當什麼？**」所以不可能有交集。

同樣的道理，如果兩個人層次一樣，這個幼稚園小班的跟那個幼稚園小班的，就可以談得很融洽，甚至要爭執也可以爭執起來；可是如果大學教授跟那個幼稚園，不說小班的，就說大班的好了，連爭執都沒得爭執，因爲根本不相見。基督教的境界跟喇嘛教的境界一樣，因此可以交流。假使有個禪、淨、密三修的道場要跟天主教的樞機主教交流，也行！要跟喇嘛教交流也行！因爲境界都一樣是人間的世俗法，所以就講一些博愛、慈愛、布施、救濟、放下煩惱等，大家講的都一樣，可以交流，因爲層次相同，水乳交流沒有問題。但是如果你拿個黃金來要跟水交流，怎麼交流？沒辦法了。

因此，「說常」其實是有很多種的，但喇嘛教、一神教其實他們所謂的常，是三界中層次最低的，因爲連忉利天、四王天都上不了。這一些人「說常」都是錯認五陰的局部或全部爲常；可是 佛陀不說五陰、十八界是常，佛陀也不說六入、十二處是常，那他們竟然主張這個是常。譬如宗喀巴《菩提道次第廣論》說五陰是常，五陰又分配爲五方佛，中央毘盧遮那佛，然後東西南北各配一尊佛，那五方佛的意思是什麼？就是五陰；那戴起五方佛帽來，他是在頂戴什麼？正是頂戴五陰！以前南部還有一個某某山的老和尚，前兩年過世了，他也曾經戴著五方佛帽上電視說法，那他戴的正是五陰。

這些人說之爲常的，都是把生滅的五陰說之爲常，這是公然違背前後三轉法輪一切經典聖教。佛陀從阿含初轉法輪開始，就說「五陰非常」，不斷地重複講：色陰非我、無常，說過去色、現在色、未來色、遠色、近色，也說粗色、細色非常非我，乃至受、想、行、識，亦復如是。在阿含諸經中不斷反覆說這一些法，不但如此，第二轉法輪般若諸經也常常反覆在說這一些法，然後強調眞如才是眞實法；到了第三轉法輪諸經乾脆提出來明講：人類總共有八識心王。前六識是生滅法歸類爲第三能變識，意根也是可滅之法歸類爲第二能變識，能生這七轉識的心是常住法叫作阿賴耶識，爲第一能變識。經由修行可以離開分段生死，此時將阿賴耶的名號改叫作「異熟識」，成佛後改名「無垢識」，說這是常住法，是第一能變識。如此將八識心王區分爲三大類。所以識陰六識是一類，意根是一類，如來藏阿賴耶識是另一類，就這樣子很清楚，直接了當說清楚了。因此說那七個識全部叫作「轉識」，祂們會不斷運轉、不斷變異，只有第八識如來藏是眞實法。第三轉法輪諸經中乾脆這樣講明了。

所以不懂的人，誤會了阿含諸經，才會把五陰的全部或局部執著為真實法。那釋印順到底懂得阿含還是不懂阿含？不懂喔？還真不懂！因為阿含明明說了色、受、想、行、識的遠、近、粗、細、過去、現在、未來的，全部函蓋進去，都說這五陰每一法都是非常，所以說非我。但是他把意識否定之前先割了一小部分下來叫作細意識，說這個細意識常住不壞。可問題是，一個無常的東西，你割了一部分下來就會變成常了嗎？不可能的。譬如說，有人拿了一顆爛蘋果來供養父母親，父母親說：「這整顆爛掉，你怎麼可以拿來給我們吃呢？」這傻孩子說：「不！我割下一小部分，那就變成沒壞的。」全部壞掉的水果只要割出一部分來就不壞了，有這個道理嗎？那父母親乾脆說：「好啦！那我乾脆拿狗屎來，我割下一小部分來就不是狗屎了，就讓你吃吧。」因為邏輯是相同的，所以他的腦筋是有問題的。既然識陰六識都是生滅的，那意識在識陰之內，當然也是生滅的；既然意識生滅，不管割多割少出來祂都是生滅的。

就好像一塊鐵、或者一塊銅、或者一塊銀，不管你怎麼樣切割，切割下來以後依舊不會變成黃金。它原來是什麼，你割下來不論多少都是原來的成分，不可能說：「這一塊銅，我割一部分下來把它建立爲黃金，它就叫作黃金。」愚癡人把它命名爲黃金，但本質還是黃銅，沒有改變。而且，世尊早就講了：「**諸所有意識，彼一切皆意、法因緣生故。**」「諸」就是很多種類的意識，不管你講的是哪一個種類的意識，但我說那些意識一切都是意、法因緣生的緣故。既然如此，他把意識切割一部分下來，說那個叫作「細意識」，說是常住不壞的眞我；但細意識依舊是意識，佛都說了「**彼一切皆意、法因緣生故**」，表明意識是有生之法，所以釋印順顯然是個常見外道；這證明釋印順既是斷滅見者又是常見之人，這個人具足兩個愚癡人的邪見——「**說斷滅者**、**說常者**」，枉披一身袈裟。天可憐見，現在已經流落三惡道去了。

「**說常者**」其實就是「**與佛共諍**」的人，因爲 佛陀鉅細靡遺說出來了，不論初轉法輪、二轉法輪、三轉法輪諸經，佛陀都鉅細靡遺說明五陰、十八界全部非常；恐怕眾生落入自性見中，於是還特地講了六入也是非常，沒想到後代這一些大法師們，依舊落在那個窠臼中，成爲「**說常者**」。所以臺灣佛教界後來比較有名的一個大法師不是常常講嗎：「**清清楚楚、明明白白、處處作主，就是眞如佛性。**」這兩年少講了，沒聽見他繼續胡謅，有進步。

他有一次閉關半年，出來以後去師大演講，講著講著就說：「師父在上面說法的一念心，諸位在下面聽法的一念心，就是眞如佛性，聖人講話是不打誑語的。」這還明文登載於他們的月刊中，那請問諸位：「清清楚楚、明明白白是不是要具足六識？」（大眾答：是！）落在識陰中了。但他在識陰後面再加個處處作主，那是什麼？正是意根末那識。

末那識最有名的代名詞叫作「遍計所執性」，因此處處作主。在原來六識的依他起性再加上個遍計所執性，正是具足凡夫。那麼「諸位聽法的一念心，師父我說法的一念心」這到底是什麼？依舊是六識的體性，正是六識具足。因爲聽法得要六識具足，沒有人是瞎了眼、聾了耳前來聽法的，也沒有人可以割了舌頭來說法的；說法的人得要舌根來運作，因爲他舌根運作時，如果心夠細也會知道現在有些口渴了，不然他幹嘛中途去喝水？就是因爲有舌識在運作；他也是六識具足，因爲他爲大家說法時不是從頭到尾全部閉著眼睛，他只有在思惟時才閉著眼睛講，表示他當時識陰六識具足，但卻不知道第七識與第八識。

可是　佛陀都說了：「五陰全部都生滅無常無我，所以是苦、所以是空。」

不是單單講色陰與受、想、行陰而已，包括識陰六識都在其中。我不曉得他們到底讀不讀《阿含經》？好像都不讀。印順號稱把《大正藏》中阿含部兩鉅冊翻到快要爛了，聽說都起毛邊了，可是 佛陀這些聖教他都沒讀過嗎？顯然有讀過，而且還曾經引述，而他的目的是什麼？正是「與佛共諍」——我說的才是正確的。他想的是：「**我說的是演變了兩千五百年後最好的法，你釋迦牟尼佛講的是兩千五百年前的東西，太舊了，所以我釋印順講的才是最正確的。**」所以他雖然推崇阿含，可是他對阿含是選擇性的接受，而他選擇接受的部分在《阿含經》中不到十分之一。由他在書中所說的內容，證明他既是「說斷滅者」又是「說常者」。那麼說斷滅、說常，他就是「與佛共諍」。

接著是「說有者、說無者」。「說有」是比較常見的，例如人類互相來往都喜歡說有，不喜歡說無；即使是大乘氣象很具足的華夏中國也是「說有者」多，「說無者」少；諸位看看是不是如此？即使是道家的《道德經》，不是說「窈兮冥兮，其中有精」？說有一個精明之性存在。老子的思想邏輯是正確的，只是實證缺乏，所以「窈兮冥兮，其中有精」，說有一個精神體存在。

可是因爲沒有實證，只好說是「道可道，非常道」。那問題是，他建立的那個宗旨到底對不對？答案是對，只是缺乏實證。缺乏實證的緣故就無法涉及實相法界，所以他所說的就只能在現象界中。

但是現象界中的法又因爲老子沒有禪定的實證，所以他沒有定力可以看到欲界天的狀況，色界天就不必說了。因此，他所說的東西就只能是人間的層次，所以要講如何齊家、如何治國、治理天下的事，《道德經》的範圍就在這裡面。那麼這樣所說的都是人間的有，雖然理路是正確的，但是缺乏實證，因此說出來的層次就只有在人間這部分。雖然如此已經遠勝過基督教了，因爲他知道人的生命，一定有一個窈窈冥冥中不能了知的精神狀態存在；由那個精神的存在來出生了我們人類，只是沒有辦法現觀與說明。

那麼道家基於這個思想又參考了現象界，於是發展出太極生兩儀，兩儀生四象，四象演變有八卦，八八就有六十四卦，周而復始，所以他講的有道理。那太極圖畫出來時，你們有沒有看過《我與無我》那個封面？正是陽中有陰，陰中有陽，也符合現代生理學等的說法，因爲眾生的輪迴本來就是這樣，你這一世是男生，但不會是永遠當男生，往世也曾經當過女生；而妳們女生往世也曾經當過男生，說明這太極的理論是正確的。問題是，太極是什麼？弄不清楚了，只好說：就因爲有陰有陽所以生了四象，有四象所以有八卦，衍生下去就有六十四卦，全都來自太極。所以道家的思想是說萬法不離其宗，宗是什麼？就是太極。可是太極是什麼？他們不知道，這就是道家爲難的地方。道家如果知道太極：「**原來太極就是如來藏，原來如來藏就是這個心。**」然後道家就消失了，就會消滅而變成佛家了。

所有的宗教都一樣，所有的宗教主持人假使如實證得如來藏以後，他一定要離開原來的宗教，不然就要把他原來的宗教改變爲佛教，那就全球宗教統一。統一好不好？好？人家不要被你統一！因爲統一了以後，教宗、總主教、樞機主教等人全都失業了！神父本來是威風凜凜的，現在不復權威了，變成小學生一個，他們能接受嗎？不可能。所以，「**說有**」是一切眾生普遍的現象，而且是無法滅盡的人間邪見。但是談到「有」，眾生瞭解了多少？太少太少了！一般人知道的就是人間的事，從人間可以看到畜生道，就承認說有人道、有畜生道；至於人間道、畜生道衍生出來的鬼神道，因爲有些奇怪的現象無法解釋，而那些現象確實存在著，所以有時看到電視節目報導了那些奇異現象以後，拉了精神科醫生出來胡說八道一頓（大眾爆笑…），可是精神科醫生自己私下也在求神問卜。這樣看來就推知有鬼道，於是這樣有三道了：人間道、畜生道、鬼神道。

可是又看見因果現象，那些有天眼通的人共同所見，敘述出來是一樣的：造惡者下墮的三惡道中有一個地獄道。凡是眞正有天眼通的人，天眼通同樣修得很好的人，他們對同一個惡人死後的所見是相同的，就證明有地獄道了。於是這一些人就主張：「人間道眞實有，三惡道眞實有，因此不能作壞事。」勸善之說，就由這些人開始流行出來。因為看見人間和三惡道的狀況是一直都存在的，加上宿命通的觀察，觀察到有的畜生道有情是已經在畜生道生活很久了，但有的畜生上一世是個人，才剛下墮，於是就知道說：「原來眾生會在這三道中輪迴，來來去去。」但因為他的天眼通沒有禪定作憑藉，看不到色界天，只能看到欲界天；所以他看到說：「人有生天，也有下墮，有時去畜生道，有時去鬼神道，有時下墮地獄受苦，所以人不應該造惡業。」就這個樣子，導致他們認為這一些都是眞實有；因為在他們的所見永遠都有眾生在，這就是「說有者」。

可是「說有者」隨著他們在禪定的實證上不同，說法又有不同。當他原來的五通背後只有欲界定時，這五通就只能看到欲界天；後來修了禪定，於是他的天眼通層次提升了，他可以看到初禪天，這時他又增加一項「有」，就說：「**超過欲界天之上，還有一個無欲的天，那無欲的天眞實有。**」因爲他還不知道有二禪，所以他就把初禪天建立爲「**無欲天**」，或者叫作「離欲天」。隨著禪定又修證更高，於是有的人看見二禪天、三禪天、四禪天等，也說這是眞實有，這些人都屬於「說有者」。那因爲這些人主張「有」的緣故，愚癡眾生就會向人類大膽宣稱：「**我是永生者！**」有沒有一個宗教這麼說？有啊！上帝宣稱他是永生的神，但他只是四王天以下的境界！也許他在四王天之下過了五十年以後，那裡的五十年等於人間多久？可能好幾萬年了（編案：等於人間 912500 年）。

哪一天忉利天有個天神下來說：「**你再也不要亂講了，我看見你是某個時候才出生在四王天之下的，怎麼可以說你是永生的？你剛出生時的模樣是：……。**」就把它講出來，他一想：「**果然如此，我剛在天上出生時就是這個樣子。**」這時他是不是要嚇一跳？不！是要嚇三跳了！因爲他一定想不到：「竟然有人比我更早存在，曾經看見我出生在這裡。」這時他就不敢再自稱是造物主了。

那他主張說，他自己是永生的眞神，他就是「說有者」。如果有初禪天的天人、天主或者梵輔天自稱是永生者，也是「說有者」。如果有二禪天、三禪天、四禪天的天主說：「你們只要生到我這裡來就得永生。」那也是「說有者」。「說有者」是隨著他所看見不同層次的三界有，去認定自己眞實有，就會認定和他同住天界的有情是天人，就是「說有者」。「說有者」是「與佛共諍」的。因爲，包括無色界在內，細分下來有二十五種有，有的人推翻某一個部分，承認其中的某個部分眞實有。那從二十五有去分類，就有很多種「說有者」。這在《楞嚴經》中也講過很多，包括無想有情、有想有情等等，那一些其實也都是有。

有的人不知道，譬如他生到人間來以後，他的神通都還在，所以天眼通、宿命通都在，那他從無色界下墮到人間來，重新又修得四空定以後，他又看見：「我上一輩子在那種境界，而那種境界是一無所有的，可是我現在變成有了。」他的見解就會開始不同，就會變成「說無者」，他會說：「我本來是沒有。」因爲他要看無色界時看不到東西，只知道自己是從那裡來的，但那裡是空無，他會這樣講。可是無色界眞的空無嗎？不，其實無色界依舊是「有」，只是他不知道，他以爲那是無，因爲他的天眼通和宿命通所看到的那裡是沒有東西，所以認爲自己是從「無」中出生的，就誤會了。

所以告訴諸位：「神通不可靠，智慧才可靠。」今晚我們講的很多都是神通所見，若信神通所見就誤會了，因爲各人所見層次各不相同，隨著自己的神通所見而作那樣的主張。那這個人從無色界下墮來人間，然後他去看自己的前一世「無」，就以爲本來是「無」，突然間變成「有」，那他就成爲「說無者」了！「說無者」也是「與佛共諍」，跟那個「說有者」一樣。

爲什麼這兩個要合起來講？因爲「說有者」跟「說無者」是一體兩面。就好像功德天與黑暗女，她們兩個是不分開的，你想要功德時就會有黑暗面同時存在，所以有智之人二俱不受。沒智慧的人就說：「拜託功德天姊姊，妳來住在我家就好，但那黑暗女妹妹不要來。」不行，黑暗女就說了：「我姊姊所到之處我就在那裡，我跟她從來不分離。」那功德來了又要被黑暗女給剝削走了，結果還是無，白忙一場，何苦呢？乾脆就全都不要。

同樣的道理，有與無其實是一體兩面。因為有情眾生本來就是有時成為無色界天，有時下墮到色界、欲界有之中，總是這樣變來變去的，這兩個是連結在一起的。有的人錯把三界諸有認作眞實法，那他就是「與佛共諍」。因為　佛陀早就說了：「三界無安，猶如火宅。」三界不是永恆的存在，每一個三千大千世界都是成住壞空不斷地變異，所以沒有一個法是眞實有。既然有人出來主張說三界有之中有什麼是眞實有，那他就是「與佛共諍」。

由於有的關係，所以翻轉過來，當他有了四空定以及天眼通時，加上自己的宿命通，去觀察追溯到上一世說：「我原來是從那裡來，那裡原來空無一物。」他認為自己是從空無之中而出生的，然後就認為「無」是眞實法，因為「無」能生一切法；這是擁有很棒的天眼通、宿命通而看見的。你想，證得四空定的人，他所有的天眼通、宿命通，是三界全部都可以看見的，那他看見自己的過去世是無，因為無色界沒有任何法可以給他看見；結果他看見自己當時是有心，心是在「無」的狀態中，從那裡出生來人間，所以「無」生一切法，他就認為「無」眞實有。而他不知道那只是四空天的境界，而四空天境界中的生命本質就是意根、定境法塵加上細意識，可是背後還有一個根本識存在，這三個法才能存在，否則這三個法也不能存在；但他不知道，因爲他沒有實相智慧，因此依他的天眼通、宿命通去觀察的結果，發覺四禪天再上去就是沒有：「那我過去世是從四禪天之上的『無』之中而生下來的，所以『無』是眞實有，因爲『無』能生一切法。」這就是「說有『無』者」，把「無」定義爲眞實有，因此他就建立無中生有的宗旨。

這個無中生有，世俗人還沒有辦法責備他，世俗人都說：「你這是無中生有，騙人的啦。」可是來到他這裡，他會講給你聽：「我看見的是這樣。」有人不信：「你又沒有辦法讓我看見。」他就會告訴對方：「你上一世如何如何，上兩世如何如何。」也許當事人又質問他：「我都看不見我的上兩世，怎麼知道你講的是眞的、是假的？」「那不然我說你小時候好了。」小時候還有的深刻記憶總是正確的，他講出來時又符合，表示他確實是有天眼通與宿命通，所以他的說法就可信了。那他說衆生不斷的輪迴，最早就是從「無」那裡出生來的，這時一般人就沒辦法推翻他。只有誰能推翻他？只有菩薩。因爲菩薩跟隨諸佛學法而有智慧。

菩薩就告訴他：「你弄錯了，你看見的上一世，其實是無色界的事情，無色界不是沒有一法，你的覺知心意識在那時還是存在的，對不對？」他只好說：「對。」不能否認。又告訴他：「那境界其實有四種，你知道嗎？」就一一告訴他：「那裡最粗淺的叫空無邊處，再上去識無邊處，再上去無所有處，再上去非想非非想處，有四種境界，你都去過了嗎？」他說：「沒有，我只知道其中一個。」那菩薩就告訴他：「在那個地方存在，還得要背後有一個根本識，定心就是從那個根本識出生的。而那個根本識無形無色，你如果這樣說：那個『無』就是根本識，就這樣無中生有。那你就說對了。」他聽了只好說：「有道理，可是怎麼樣證明呢？」菩薩說：「那你跟著我學啊！」他所以，當他說「無」是眞實有時，其實違背了世尊的聖教，如果有佛弟子說「無」是眞實有，那麼他就是「與佛共諍」。

以前我聽過某大法師講一個故事，說有一位法師，隔壁是一個道觀，住著一個道士，那道士有七十二變很厲害的，那法師一變也無，什麼都不會，只會誦經；當誦經時學到一個法叫作「無」。有一天道士跟他論法，兩個人爭辯了起來，後來道士就說：「那不然這樣，我們來比一比看誰說的對？晚上我就變化來，看你怎麼應付我。」第一晚變出老虎，第二晚變了豹子，第三晚變了蛇，然後又變了各種奇怪的生物，每一天晚上來寺門前的都不一樣；可是法師來個相應不理，大門緊閉，所有的鼠穴狗洞全部塞住，這道士變了七十二變，七十二天後都變完了，到第七十三天晚上就沒得變了，這法師開門出來問道士：「你還有嗎？」道士說：「我沒有可變的了。」法師就說了：「我就是一個『沒有』，贏了你這七十二變。」所以「無」才是最勝妙的，這道理對不對？你看學佛學到這個模樣，學到落於「無」之中，於是這僧人就是「說有『無』者」。他把「無」認定爲眞實法，標準的「說無者」。佛門中有這樣的人，但他的世俗智慧也眞行：「因爲相應不理，所以我的『無』就勝過別人的七十二變。」意思是，你一切「有」來到我這裡，我不理你，你就沒辦法了。

這個方法倒也不錯，在什麼時候可以用？修定時。修定時當你未到地定出現了以後，特別是晚上打坐，有時白天也會有，突然間什麼妖魔鬼怪來了，你們得要學會掐指來算：子、丑、寅、卯、辰、巳、午、未一直算下去。子時就是晚上十一點到一點時，子時來的就是老鼠精。子、丑、寅，寅是三點到五點出現，只要牠們一出現，你看時鐘是三點到五點，這是虎精，你就罵牠：「你這隻虎精跑來幹嘛？早識破你的手腳了。」牠被識破就不再來了，因為定境中嚇唬人是傷不了人的。這方法在修證禪定遇到幻境時就可以用。

未來修定時一定要先建立一個正見：「在定中所看到的各種動物，牠們全都不能傷害你，除非你被嚇著了。」當你具足發起禪定，比如初禪遍身發時，一週以內天魔就會派女兒來；若是妳們女生發起初禪時，就會遇見他的公子哥兒前來引誘。當年我看見的是女生，但是定中所見天魔的女兒不可能成為你人間的眷屬，她們絕對作不到的，那你就可以告訴她：「妳如果眞有辦法的話，那妳來人間，我就娶妳為妻。來啦！快來快來。」她一想，沒辦法，縱使眞的氣不過而眞的要降生來人間陪你，也來不及的。她降生來人間還要重新投胎出生和長大時，可能你都走人了。而且說眞的，她也捨不下他化自在天的福報，才不肯降生來人間跟隨你。

這時你就可以用這一招：「妳要是眞有辦法就趕快來人間投胎，我等妳，屆時我八十歲了還是會等妳，看妳還愛不愛我？」她一定不來了，所以用這個「無」不理不睬的方式對待一切定中的境界，絕對沒問題。不理它就沒事，千萬不要恐懼。如果恐懼，明天一上座它又來了，你心中有恐懼，就不敢再打坐，禪定就退轉了。如果來的是天魔的女兒，你這麼一說，她就知道被你看破手腳，誘惑不了你，那你的禪定就不會退失了。所以打坐中出現的任何動物，都不須害怕，只要掐指一算：「**唉呀！妳只是一隻豬精變成的女人，回去吧！**」因爲她是晚上十點多來的，你就罵：「**妳這隻豬精跑來幹什麼？下次再來把妳殺掉吃了。**」看破她的手腳以後就不來了。

所以在三界中「有」與「無」是一個對比的現象，而這種對比的狀況是常時存在的，不是有時中斷的。但是，我們要能瞭解整個三界的內涵，那你就會知道說：無不能生有。因爲他們天眼通、宿命通所看見所謂的無，其實只是四空天的境界，不是眞實的無。那他們因爲不懂，就說：「**無能生有，因爲我可以爲你證明，我上一世就是從『無』中出生的。**」他就這麼講，但其實是誤會一場。那麼「**說有、說無**」其實都是 世尊所破斥的，因爲 世尊說的是：「**由如來藏來出生一切諸法。**」而如來藏不是無，祂是心，雖然無形無色不同於有，但祂眞實存在，所以非無；如果有人說三界一切法是眞實，或者說一切有情諸法都是從無而生，這個人是「**說無者**」，說無也是「**與佛共諍**」。

接著是「說諸法者」。「說諸法」是怎麼說？有的人認爲有情生滅無常，法常，他們是這樣想的。有的人很聰明很會思惟，他們說：「人類有生老病死，生老病死的緣故所以人非常，可是人的生老病死這法還是一直存在著，所以法常。」剛學佛時聽起來一定會信：「有道理！我怎麼都沒想過呢？這位師父好有智慧啊！」那我告訴你，這樣不對，因爲他是顛倒想；他沒有想到的是，生老病死是依什麼而生老病死？是依五陰而有生老病死。

就好像印順派說的：「緣起性空是眞實理，不可推翻，所以緣起性空就是眞如，就是眞實的法，佛說的如來藏其實是緣起性空的異名。」他還把這邪見寫在書中。一般學佛人誰也想不到辦法來推翻他，因爲不管你所看到的哪一類有情，所有有情全都緣起性空，你眞的無法推翻他。難道你能找到哪一個有情不是緣起而其性不空嗎？沒有啊！民間傳說彭祖活了八百歲，不也死了？天神就算活上幾萬年、幾十萬年後，也是得死。鬼神更別說了，所以有一些廟往年都很興盛，過了幾十年以後突然間不興盛了，因爲換了神，在人間用的是同樣的名號，可是那個神沒什麼威德，無法調兵遣將來爲眾生辦事，人家來求了不靈，不靈就不來還願也不來拜，風聲傳出去了，於是香火沒落。證明鬼神一樣有死。

既然有死，這個死是依什麼而有？是依有情的生而有死。所以，很多學佛人讀了印順的書以後，都沒有想到很多問題存在，都說他講的有道理，因爲智慧不夠而無法推翻他。所有的眾生緣起性空，這說法確實無法推翻他；可是大家都沒有智慧再往上推溯，當你去推溯「緣起性空是依什麼而有」時，你就懂了！可是有的人一時還轉不過來，你告訴他說：「緣起性空是依有情五陰身心而說緣起性空，所以緣起性空是依有情的五陰身心而有；因此，緣起性空，只能說有情的五陰身心是緣起性空，但緣起性空不是眞實法，因爲有情五陰身心『非常』，依無常的五陰而有的緣起性空當然也無常。」

大家爲什麼沒有辦法推翻印順的說法，讓印順的邪見說法在臺灣猖狂了幾十年？因爲大家讀不懂大乘經典。印順這個說法在《楞伽經》中 世尊早就破過了，就是很有名的「牛有角、兔無角」。一般人讀到《楞伽經》中說的，世尊講牛有角、兔無角，這到底在講什麼？佛法怎麼會跟牛有角、兔無角有關？直到我們把它註解了出來，大家恍然大悟，原來如此！也就是說，緣起性空這個法不是自己可以存在的，這個法是依於緣起性空的蘊處界而存在，才會有緣起性空；也就是說，蘊處界本身是緣起性空的，不是也不能依於常住的蘊處界來講緣起性空，因爲沒有常住的蘊處界。那麼如果蘊處界不存在，跟隨著蘊處界而顯示出來的緣起性空這個法就不存在了。就像兔無角的認知，是因爲你看見了牛頭上有角，後面再看見兔子時，發覺牠頭上沒有角，因此才說兔無角；但兔無角這句話是不可推翻的，因爲你找不到一隻兔子頭上長角。但不可推翻是無智慧的人才說爲不可推翻，因爲無智慧的人都只看在兔子頭上跟牛的頭上，沒有看到的是，兔子頭上無角的說法，是因爲牛的頭上有角，才會引生兔無角這個說法。兔子頭上無角本來就不必講，沒有的東西你還講出來當作是眞實理，眞是愚癡人。

我們常常會有譬喻說，有人肚子餓了，餓到眞的沒辦法時就畫一張餅，然後以筆代刀一切、兩切，或許再三切、四切總共八塊，想像自己正在吃餅然後當作吃飽了——畫餅充飢。問題是，難道畫餅充飢眞的可以充飢嗎？不行的。有智慧的人不會這樣想，有智慧的人不會在現象界上面去看，所以往前面去探究，兔子頭上沒有角的道理，是因爲先前看見牛頭上有角，所以施設兔子頭上沒有角，兔子頭上無角不是實有法，不該作爲第一義諦。如果有人一天到晚說：「兔子頭上沒有角，這是眞理，我要弘揚這個眞理。」那他說的所謂眞理就叫作戲論。

弘揚二乘菩提而說緣起性空時，是要告訴人家說：「蘊處界諸法不是眞實有，不管蘊處界有些什麼法，乃至把蘊處界再細分以後，還有六根、六塵、六識，再細分下來有五位百法等，但這一些法不能說爲眞實有。」同樣的道理，依蘊處界而說的二乘菩提，這二乘菩提諸法歸納起來叫作緣起性空，詳細說就有許多法；但這些法依於有情的蘊處界而有，所以這些法不是實有，非實有。因爲蘊處界都已經是生滅法了，何況是蘊處界所顯現出來的緣起性空等法，當然也是生滅法，也非實有，怎麼可以「說諸法有」？所以，當有人在主張說：「兔無角是眞理，不可推翻，我立志一生一世，盡未來世還要弘揚這個眞理。」那就叫作戲論，因爲，實際上不存在的法何必把它建立宗旨來說呢？

所以我的《中論正義》中才說「應成派中觀是戲論」，因爲他們主張一切法空，換句話說，一切法空是依一切法的生滅而說的，是依一切法而有，所以一切法空不是實法，猶如兔無角一樣。既然一切法空你還說什麼？一切法空就不必說了。譬如有人說：「我富有兩百億元。」他可以提出來炫耀。另一個人說：「我什麼都沒有。」或是說：「我有個不存在的兩百億元。」他每天爲人家炫耀；不值得炫耀嘛！他什麼都沒有，是因爲某甲每天炫耀有兩百億元，所以他來炫耀說：「我有個不存在的兩百億元，這個道理不可推翻，因爲我眞的沒有兩百億。」但他沒有想到，他是依於某甲有兩百億元的事，才能建立自己沒有兩百億元，所以那個人就叫愚癡人。因爲擁有時是眞的存在，才值得一提；若是沒有，就不需要提。

所以印順是一個愚癡的人，主張說：「緣起性空就是眞實理，佛說如來藏常住，就是講緣起性空常住。」那緣起性空是依什麼而緣起性空？他的徒眾都不思索這個問題，就想：「對啊！印順導師說的對，這無法推翻，確實一切都緣起性空。唉呀！導師就是導師，說得太棒啦！」都不知道他說的都是戲論。直到我們寫《楞伽經詳解》講到牛有角、兔無角時把它帶進來舉例說明以後，大家終於才懂：「原來印順法師是個戲論者。」因爲是「無」時就不必提倡。

而他把緣起性空這個法建立爲眞實有，他就是這個「說諸法者」，他認爲緣起性空這個法眞實有。可是這個法卻是依生滅的蘊處界而有，因此緣起性空就不是眞實法。「說諸法者」印順法師這類人，或者應成派中觀這類人，說一切法空是眞實理，不可推翻，不可毀壞，全都是「說諸法者」。既然一切法空，就不必再講諸法了，講那麼多的諸法幹什麼？可是他畢竟講了那麼多，這就成爲「說諸法者」，就是「與佛共諍」。因爲 佛來人間目的不是在講諸法的性空，佛講諸法或空的目的是要讓大家理解生命的眞實相，告訴大家一切諸法都由八識心王生而有，而八識心王的根本是第八識如來藏。佛陀在告訴大家這個道理，講了一切諸法目的也在顯示這道理，所以 佛陀不是「說諸法者」，佛陀是破斥「說諸法者」；今天講到這裡。

《佛藏經》今天要從第五頁第一段倒數第三行中間，「說假名者、說邊者」開始說。「說假名者」可以用「無名相法」來降伏他，但是 世尊所說一切諸法向來都是眞實義，不說假名，如果有人以假名之法說爲佛法，那麼他就是「說假名者」；這一種「說假名者」就是「與佛共諍」，他是違逆於佛。說假名的人其實在佛教界中很常見，附佛法外道的密宗假藏傳佛教，就是從頭到尾都「說假名」。在佛門中幾十年來，大約都說佛法就是緣起性空，不管你如何請問，他所有的回答都圍繞著緣起性空這個道理來答覆，除此而外別無他法，最具體的代表人物就是釋印順。

在正覺弘法邁入第十年之前，那三十年的時間幾乎臺灣佛教界都認同他的說法，所以當年奉承他爲導師的大山頭有三個，小山頭就非常多，只有一個後時才興起的中台山沒有奉他爲導師；所以佛光山、慈濟、法鼓山都奉他爲導師。

當然，這讓我想起來，我如今也被奉爲導師，就是老了；如果不老還不可能當得上，顯然我是老了，不過好在還有氣力可以講經說法，不必坐輪椅。因此還可以再奮鬥二、三十年沒問題（大眾鼓掌⋯），你們是鼓勵我，可是你們也得幫我挑擔子！（大眾回答：好！）這個擔子不輕鬆欸！但是我們有希望達成目標。我們最重大的兩個目標，第一就是把仿冒的密宗假藏傳佛教趕出佛教，要讓西藏佛教回復到正統的佛教來；我們四百年前未竟其功，現在應該要把它完成。第二是積極面的，要把正統佛教復興起來，而這個復興是正面的，跟驅逐仿冒佛教的負面，一搭一唱兩個相配合，那麼中國佛教的復興就可以成功。

這兩天的〈大公報〉刊載了一個專題報導，是正覺同修會的專題報導、彩色的全版，這兩天新浪網採訪孫老師的報導應該會貼上去了，但今天好像還沒看到貼上去？看到了？有喔！我們一步一步來作。如果這個事情沒有作成功，這導師兩個字可能要取消掉，所以我們一定要想辦法把它作成功。將來正法滅沒以後——九千多年後，我們要去晉見彌勒菩薩時，帶著這個成績去，諸位一到，彌勒菩薩一定歡迎：「**你們回來了！**」那道業的成就就會很快。

這是題外話，言歸正傳。說釋印順把整個臺灣佛教將導去了一個錯誤的岔路，那個岔路叫作「**說假名**」，因爲他所說的法其實全部都只是假名，沒有眞實。然而諸佛所說的法全部都是眞實法而不是虛妄法。這個差別就是說他們把假名當作眞實法，當作修學佛法所要實證之標的，是一個完全錯誤的方向。他們所謂的弘傳佛法一向講緣起性空，除了緣起性空以外別無他法。所以你們如果要總結釋印順一生的思想，可以說他的思想就叫作「緣起性空」。那麼在正覺弘法之前無人能推翻他的說法，因爲他所說的緣起性空從世俗的層面來講是不可推翻的；一切諸法有生有滅，一切諸法無常故空，乃至於一切有情五蘊身心都是無常故空，空故無我，完全是藉緣而起之法，所以其性本空，這樣來說緣起性空，單從世俗法層面來說是無法推翻的。

但問題是說，他所主張的緣起性空是虛相法，世尊所說的緣起性空不是虛相法。也就是說，世尊初轉法輪說聲聞、緣覺道時，其實是依實相法來說現象界的蘊處界等法緣起性空；所以，即使是二乘菩提的實證者，將來入無餘涅槃時依舊不是虛相法，因爲涅槃本際常住不壞，仍是實相法。那麼二乘菩提著墨在現象界的蘊處界緣起性空，大乘菩提卻是直接提出宣示說：「**此經**」如來藏恆常不壞性如金剛，能生一切諸法；第三轉法輪諸經更直接說這個「**非心心**」祂是一切諸法的起源，一切有情生、無情生都從如來藏而生；乃至於沒有生命的石頭、地、水、火、風等，也都從如來藏而生，這才是萬法的本源。那麼二、三轉法輪如是主張，然而之前的初轉法輪阿含部諸經，扣除掉其中被結集成聲聞道的大乘經以外，所有的二乘菩提經典本來就是依於眞實法如來藏——也就是《佛藏經》說的「**無名相法、無分別法**」來演述二乘法所說的緣起性空。

所以初轉法輪的二乘解脫道，本來就是依眞實法而施設，從來不是虛相法；但釋印順在所有著作中所講的意思是：不承認第二、第三轉法輪諸經，他只承認四大部阿含諸經是 佛說，但也是選擇性的局部承認，大部分仍不承認。所以，對於阿含部諸經，那二千多部諸經，他只選擇性的承認少數幾部是 佛說，其餘都不接受。那我說：「像這樣的人，披著僧衣，說他是如來的弟子，這是一個很奇怪的現象與事實，但他在臺灣佛教存在了幾十年。」由於他不相信有眞實法的緣故，認定說：佛法就只是緣起性空，而二乘、般若所講的也是在講緣起性空，因爲二乘、般若所說的也是在講一切法空，所以講來講去就是談到一些名相而已。因此他就判第二轉法輪諸經的般若諸經叫作「性空唯名」，那不等於緣起性空嗎？只是換個詞兒，沒有差別，因此他認定般若諸經所說都是虛相法，眞是謗法與謗佛。

第三轉法輪談到八識心王，這八識心王有眞有妄，有虛有實，他全部視而不見。明明寫在那裡—第八識如來藏、阿賴耶識、異熟識、無垢識等—他視而不見。他只看到其中講的六個識，第七、第八識都沒看見，這表示第三轉法輪諸經中的文字，對釋印順而言有很多部分是無字天書，因爲他都沒看見，那些地方都好像沒有文字一樣。所以他對第三轉法輪諸經怎麼判的？說是虛妄唯識，意謂唯識學講的都是虛妄的生滅法六識心。因為他知道六個識都虛妄，意根雖然是虛妄卻是恆審思量，但他視而不見，才會故意把意識種子說是意根，晚年又錯亂地主張意根是腦神經。因為他的眼睛讀到講意根的部分就看不見了——看不懂，然後讀到第八識如來藏時也是空白，也都看不見。所以他只看到《阿含經》中講的六個識，說六個識都是生滅法，既然是生滅法那當然是虛妄的，第三轉法輪諸經都是在講六識的虛妄，所以叫作「虛妄唯識」。

這說法是很荒唐的，因為 佛陀聖教明文具在，到現在為止沒有一字闕漏；我們讀起來是字字珠璣，覺得太寶貴了：佛陀留給我們這樣好的法。怪的是他讀到那裡都變成空白，都沒看見了；所以他只看見經中講的六個識，就判第三轉法輪諸經的內涵是虛妄唯識。問題來了，唯識諸經講的六個識都虛妄，所以是虛妄唯識；「虛妄」同樣是那四個字的代名詞，一樣是緣起性空。所以，他的三系判教就是緣起性空，對第二、第三轉法輪的判教並無差別，只是從他所認知的表相去作不同文字的說明罷了。所以印順的思想很簡單，不複雜，不需要每年開印順思想研討會，我今晚講的不就是一語道破了嗎？他的根本思想就是「緣起性空」，全都落在虛相法中，以外再無別法，這證明他所講的就是「說假名」。

我們可以詳細瞭解看看，他所說的緣起性空只是一個假名，只是人類對蘊處界的認知而產生的一個概念、思想，所以「印順有思想、沒有佛法」。他的東西眞的只能叫思想，全無義學；那麼緣起而性空這個道理是依什麼而存在？依蘊處界而存在；假使沒有蘊處界的出生以及蘊處界將來必歸壞滅，哪來的緣起性空？所以緣起性空是個虛相法而不是眞實法。可是 如來從來不說虛相法，即使是初轉法輪的聲聞、緣覺菩提所說的緣起性空，依舊不是虛相法，因爲 世尊是依實相法如來藏心爲主體，來演述所生的蘊處界緣起性空。所以緣起性空的眞實道理，是有一個眞實法藉著諸緣而生起蘊處界等有情及山河大地等無情；由於有情是由眞實法藉種種因緣來生起的法，所以有情的蘊處界無常必壞、有生必滅、終歸於空，所以說「其性本空」，這樣才叫緣起性空。如果不是有一個眞實法藉諸緣來生起蘊處界，哪來的緣起性空？

釋印順如果沒下地獄而重新再來，生而爲人又學佛了，少小出家，那麼他又來討論這個問題時，我得要問他：「如果不是有一個眞實法，藉緣來出生有情，意思豈不等於有情是純憑機遇率、或然率，而由各種物質來生成的了？」那又有問題：這代表諸法可以共生，諸法也可以從他生，或者有情的精神等諸法還可以由物而生，那就變成物能生心；這些是釋印順的思想中現成的矛盾，現成的過失就全在這裡。因爲他講的是藉著父精母血，藉著地、水、火、風就可以出生了有情，沒有如來藏；那麼因果業種、因果律的報償——也就是業種的實現，不必有如來藏執持業種，業滅謝了以後自然存在，然後緣到了就現行；這其中有很多漏洞、很多破綻，如果是這樣，因果律就不存在了。

因爲他的主張是前世、今世、後世沒有一個主體在，死後識陰六識全滅，都無法去到未來世，各人所造的業應該就是由業種自己存在；但那些業種是有情還是無情？那一切有情所造的業種死後都存在嗎？會存在哪裡？在虛空嗎？若是存在虛空，那是不是全都混在一起？一定會混在一起，即使沒有三界風來吹也會混在一起。若所有有情沒有連貫三世的主體識，那未來世他的業種實現，要怎麼實現報償？是依或然率而由別人來實現？就是誰倒楣拿到壞的業種，誰運氣好拿到好的業種，亂受果報？可是這個說法也不能成立，因爲大家都沒有一個主體識，而六識心是生滅法，不能去到後世，就沒有誰能拿到前世自己所造的業種，然後就是全憑父母的因緣，物質的因緣就產生了有情的五蘊身心，然後倒楣碰到惡業種就受惡報，幸運遇到好業種就受善報，是這樣嗎？那就是物能生心，物能生心的道理能通嗎？所以他的思想漏洞是很多的。有情們也會變成「他生」，因爲不是自己的常住心所生。得要有情各自都有往世自己的意根、自己的如來藏來到這一世，出生這一世五陰身心各自受報，這才是眞正的緣起性空。但釋印順的思想不是如此，純憑外法和物質凝結起來成爲這個身體，再由這身體物質出生了這個覺知心，這叫作「物能生心」。這是哲學界早就推翻的說法，結果號稱很有智慧的釋印順還落在這裡。

可是他完全沒有警覺，就算他說的可以成立——物能生心，算它成立，問題又來了：那要叫作「他生」。是由別人來出生了你這一世的釋印順。既然是由別人生了你釋印順，你釋印順的死就應該由那個能生的來決定，那是不是應該由他的父母來決定印順的生死？因爲法界中的定律就是「**能生的決**

定何時死」。可是，如果眞的這樣，釋印順連死都死不了，因爲他的父母早不在了。所以他的說法破綻百出，我們只是沒有詳細去破他，因爲我們從其他的道理來說其實已經很足夠讓他閉嘴了；眞要詳細去探究起來，他的過失非常之多，說之不盡！

所以總結起來，他對緣起性空的定義是錯誤的。一定是有一個主體識，依於往世所造業種，藉種種緣來生起這蘊處界等有情，而所生的有情五蘊身心因爲有生所以有滅，因此是無常故空，空者無我，其性本空，這才能夠叫「緣起性空」。如果沒有一個主體藉緣生起諸法，哪來的緣起？如果眞是靠物質可以來出生有情五陰身心的話，那就是一個或然率的問題；那也許哪一天某一個或然率該那一顆大石頭蹦出來一個孫悟空，就蹦出來了，因爲是或然率的問題，沒有一個過去世的主體來到這一世；那也應該睡著睡著有一天早上起來身邊多了一個兒子，也是或然率啊！就有可能床鋪分割出一半突然變成兒子，因爲物能生心啊！

所以他的緣起性空說法本來就不對，只是自己依於想像思惟而建立的說法，而他的三系判教依所謂的「性空唯名、虛妄唯識」，本質依舊是「緣起性空」，他只是換個方式而從文字表面來定義罷了。可是他對緣起性空的定義就已經錯誤了，這個人打從一開始就錯，然後錯到底，只能說他叫作糊塗蛋！可是我這樣講還是侮辱了蛋（大眾笑…），現在蛋好貴，現在蛋眞是高貴，一顆要十塊錢，所以他還當不起糊塗蛋；蛋利樂許多有情，但他釋印順對有情無絲毫之利。

那你說他的《妙雲集、華雨集》等講了一大堆佛法名相以後，去閱讀的結果都成爲一個玄想；當你證悟後再去讀他所說的那些內容，會發覺他全部都是玄想之所得，他的一切所說唯有名，而名是虛妄的，所以《妙雲集、華雨集》所說的全部要叫作「性空唯名」。我就把他對般若的判教還給他，那性空唯名的歇後語叫作什麼？戲論。你們講得好，說他就是戲論。因爲既然都是其性本空而只有名相，那就是戲論，不是說眞實法。可是如來三轉法輪所說都不離眞實法，甚至在第三轉法輪直接說叫作阿賴耶識、異熟識、無垢識，結果他說了那麼多的法都與佛法無關，所說全部是假名，這是最具體的代表者。那麼這樣的「說假名者」，他所說全部違逆於佛；每一本書、每一篇、每一章、每一節、每一段、每一句「皆違逆佛」，「違逆佛」者即是「與佛共諍」。因為 佛陀明明這樣講，而他故意那樣講，這就是來跟 佛陀諍。

另外一種「說假名者」就是密宗假藏傳佛教，只要你佛法中有什麼樣的名相，他那邊就有；可是他那邊對名相的定義跟你佛教中的定義完全不同。你講如來藏心，他也有如來藏心；你講的如來藏是能入胎、住胎出生你這個五陰身心的如來藏，他說他的如來藏也是能入胎、住胎出生五陰的如來藏，是說哪一個心呢？就是觀想從頂輪到海底輪成為一條細細的、好像麥桿一樣的中脈；然後觀想中脈裡有一個亮亮的明點，說那個明點叫作如來藏，又說那個如來藏可以出生你這個五陰身心。可是他們編故事不打草稿，聰明人只要一聽就知道，例如儒家有講「物有本末，事有終始」，那你來看看，是五陰身心先有，還是那個觀想出來的中脈先有？是中脈先有，還是那個明點先有？顯然明點已是第三順位了，所以是先有五陰身心然後才有他觀想出來的中脈，然後再觀想出中脈裡的明點，這明點已經排行第三了；排行第三的明點又不是心，卻可以出生老大，等於是三弟出生大哥，有這個道理嗎？沒道理啊！

因為連大哥都不能出生三弟，何況三弟能出生大哥呢？可是他們就是這麼說的；但是以前佛教界沒有人推翻他，從各大山頭堂頭和尚一直到戒疤還沒有乾的小法師們，都沒有人推翻密宗這個邪見；這事情透著邪門兒，也許人家知道密宗不對，出來公開辨正他們的錯誤時，怕會擋人財路，遭來什麼禍？（大眾答：橫禍。）是橫禍，所以人家不把它戳破，由著它繼續漫天謊言籠罩天下。可是咱們看不慣這樣欺瞞眾生的惡人，咱們得要講出來：「那個明點的出生，是五陰身心先有，再經過教育、飲食、睡眠等法而成長之後，終於有一天走到密宗假藏傳佛教中誤以為學佛，然後開始觀想中脈以後才有的；如果明點能出生五陰身心，應該每個人一出生就可以看見自己的明點，那為什麼好多人學密以後觀想中脈，都還觀想不出來？更別說明點。」那這個道理其實不深奧，很淺顯，說穿了其中沒有什麼玄妙；那麼我們把它講解出來以後，聽者一聞立即知解，馬上就知道那是虛妄法，密宗根本只有竊取來的佛法名相，不是眞實法。

所以從密宗所謂的「明點就是如來藏，再由這明點出生了五陰身心」的事，你就知道他們所說全部都是「假名」，正是「說假名者」。從觀想中脈明點這個事情來說，密宗假藏傳佛教的所說正是假名。同樣的道理，他們所說的應成中觀或自續中觀的般若等一切諸法，亦復全部是「假名」。例如說密宗假藏傳佛教很有名的度母，度母是用來幹什麼的？密宗說是度你去西方極樂世界，這樣教大眾：「你要是沒有把握往生西方極樂世界，那你就修這個法呀！那要怎麼修？就修觀想；觀想一尊度母在自己頭上，她下體蓮花含住了你的頭，當你死時本識從頭頂梵穴射出，進入度母的子宮中，然後她就帶你去極樂世界。」這眞是嚴重的妄想。

就算密宗這說法可以成立，那時到底是帶哪個識去極樂世界？要帶哪一個識去，也沒講清楚；更何況密宗的度母是羅刹女一類的有情，她們有能力幫人往生極樂世界？她們連四王天都上不去，說謊都不打草稿。喇嘛們有人說那個識是指本識？有人說是意識，這又有問題：如果說往生極樂時是六識覺知心往生過去的，但六識帶過去是沒有用的，因為到那邊要換一個新的五陰，他們想要帶這裡的六識去極樂世界，縱使眞能帶過去，其實是不能存在的；像這樣的「遷識法」就是一個虛妄法，所說唯有名相，都沒有實質。如果他們主張說要帶本識去極樂世界，是帶哪個本識去？是細意識、粗意識、遠意識、近意識？到底是哪個識可以叫作本識？如果說本識是如來藏第八識，問題是他們密宗否定第八識如來藏了，又哪來的本識可以遷移去極樂世界？而他們從古至今尚未曾見有誰證得第八識本識；如果從實證者的立場來看本識，本識不是他那個「遷識法」能夠遷的。

所以，密宗說的「遷識法」各種度母法門，全部都是「假名」。因爲沒有眞實義，只是一個想像。也許他們是作了一個亂夢，夢見這類事情就當眞，也許是想像了以後就當眞，但全都是妄想，依於妄想所說的一切名相全都是假名。可是 如來不說假名，如來說的是眞實法。即使是二乘菩提入無餘涅槃，雖然入無餘涅槃後滅盡五陰身心——我生已盡，不受後有，那也不是假名，而是可以親證的。可是密宗假藏傳佛教所說的這一些完全都不可親證，因爲即使他們是觀想成功了，死時還能觀想嗎？

觀想是要由意識來執行的，死時意識開始消失了，講一句粗俗的話說：「他們密宗假藏傳佛教喇嘛是要觀想個鬼了！」對啊！只能觀想個鬼，因爲所觀想出來的就是烏漆墨黑，什麼度母都不存在了。當快要進入正死位時，意識開始模糊了，還能觀想清楚度母出來嗎？所以縱使他勉強觀想也會變成鬼，有什麼度母可觀想？從這兩個法就可以證明密宗完全錯誤了，其他的亦復如是啊！

例如最有名的般若中觀，他們對中觀很自豪，特別是宗喀巴這一脈，從佛護、阿底峽繼承下來的叫作「應成派中觀」，全都不是佛法，純屬常見外道法而想像成般若中觀。順便廣告一下，孫老師的《中觀金鑑》本來四月就應該出版，我一忙就忘了；後來才又想起來，這兩天發包了；眞的是忙，忘東忘西。那麼《中觀金鑑》講什麼？主要就是破應成派中觀。他們應成派的中觀師很自豪：「我們應成派中觀，不立一法專破他。」自己一法不立以免被破，然後專門破斥別人。不管你們講什麼，我就把你們說的全都破斥掉，最後再作個結論——「如是應成」，因此他們叫作應成派中觀。

當他們說：「你們講的這個法不對，我說應該怎樣才對，如是應成！」意思就說：「你們講的內涵眞的錯了，所以我破你的道理應該成立。」然後他們又主張說：「一法不立，一切法空，這個說法是不可壞滅的，沒有人能推翻的；一切都是緣起性空，『如是應成』！你沒有辦法破壞我。」眞的應成嗎？我不信邪，換我來「應成」。我說：「你們應成派中觀『一法不立專破他』，『專破他』的事且置，我問你：『一法不立，你立不立？』」「立啊！」「一切法空你立不立？」「立啊！」因為他都主張一切法空了，還能說不立嗎？於是問題來了：「一切法空是依什麼而有一切法空？當然要依一切法來建立。那什麼是一切法？五蘊、六入、十二處、十八界，包括這個五陰身心所衍生出來的諸法在內，得依這一些法才能有一切法空可以建立。那麼請問你：『一切法空是不是依五蘊而成立？』」「是。」「五蘊是生滅的，是虛妄的，所以一切法空也就生滅虛妄，『如是應成』！」他還能推翻嗎？不能。

所以，他們的應成派中觀所說全都只有虛名而無實質。可是佛法講的中道觀行是有個眞實法，就是有個實相心恆住中道，不即兩邊不離兩邊，非即非離，如是成就中道義，這才是 佛說的中道的觀行。然而應成派中觀說的中道的觀行根本不是中道，因爲全都落入識陰六識中，唯有名相而無眞實，沒有中道之可說；全部都落於玄想，玄想即是戲論，戲論則是假法，是虛相之法。那麼你看，他們密宗說的中道觀行簡稱爲中觀，是不是「說假名者」？正是「說假名者」。

那我們粗略舉出三樣他們密宗假藏傳佛教中最重要的東西，完全是「說假名」，至於其他不重要的部分也就不必談它。比如他們講的無上瑜伽即身成佛等法，全部都是有名無實。既是有名無實，就是「說假名者」。像這樣「說假名者」與 世尊說的眞實法三乘菩提完全不相干，而他們說這樣的法不是 釋迦牟尼佛說的，但是比 釋迦牟尼佛更高，這不是「違逆佛」而「與佛共諍」嗎？那我們是 釋迦牟尼佛的弟子，他們所說「皆違逆佛，與佛共諍」，我們需不需要清掃門戶、把他們掃地出門呢？（大眾答：要！）對嘛！聽到諸位回答這麼堅定，大快我心，佛教復興就有希望。

這就好像一個來咱們家借宿的人，他來借宿時不跟我們打招呼，直接住了進來；住進來也許五天、九天、半個月以後，你發現他的存在，然後他說他也是這個屋子的主人之一，跟你同樣是主人；那你爲了和諧，所以要包容密宗，因此你默許他同樣在這個家中住下來，一切生活資源都與他相共；最後他開始說話：「其實我才是眞正的主人，張三他雖然是住得比較久，其實他不是眞的主人，因爲我對這個家庭貢獻更大，我比他更有能力。」就這樣講，如果我們對這事情還能忍，大概忍辱功夫修得非常好。但是你看那些大山頭們都容忍了，我忍不下來，顯然我的忍辱功夫不如他們，所以我要把密宗掃地出門。

除非有一天他們承認說：「**我們以前說的都不對，我們密宗現在就歸依這個佛法大家庭，不再講我們自己的東西，而我們也開始爲這個佛法大家庭而努力。**」以前他們當吸血鬼，現在不當吸血鬼，願意爲這個家庭努力，那我們可以接受他們，否則就得把他們趕出去，不再讓他們貪緣佛門而住。所以修忍辱行時還得要有智慧，若沒有智慧而一味包容所謂修忍，那叫作愚人之忍。

這樣舉例也能少分證明密宗假藏傳佛教是「**說假名者**」，因爲他們所說的一切法都與三乘菩提無關。結果他們說那就是佛法，而且還說：「**我們密宗的祕密佛法不是釋迦牟尼佛傳下來的，是金剛持佛傳下來的，是某某佛**（所謂大日如來）**傳下來的。**」但佛教歷史中不曾有過金剛持佛傳這個法，也不曾有過大日如來傳這個法。而眞正的大日如來叫作　毗盧遮那佛，傳的是第八識的眞實義，根本不是他們講的那個法。所以密宗所說的徒有假名，都是自己妄想而編造了以後，徒託空言說那個叫作佛的法。

到了西藏時更有趣，他們先用一些絹或者別的物質，寫好一些他新創的東西，包捆好了，去到山上某一個地方藏起來，然後把石頭全部都蓋上去；

過個五年、十年說：「我夢見佛告訴我，某個地方有重要的經典，我們一起去把它找出來。」找出來以後就叫作「岩藏」，因爲藏在石頭中，說這樣也叫作佛說的經典。就說：「那是某某佛寫了放在那裡的，現在託夢叫我去找出來。」可是所說的那一些東西，唯有名相而無眞實，所以密宗假藏傳佛教完全是個「說假名者」。

密宗徹頭徹尾是個「說假名者」，因爲他們妄想很多，天馬行空想到什麼就把它寫下來，然後就說是佛法。所以他們密續很多，因爲歷代祖師想到什麼都可以把它寫下來，然後就說那是佛法，愚癡的眾生就信受了。因爲以前的藏胞都不識字，所有知識控制在喇嘛手裡，所以大家的知識淺薄，只好信受，是因爲不懂只好信受。但現在改觀了，現在西藏的年輕人看見喇嘛時，眼神是不屑的，他們把喇嘛看作乞丐等級的有情；只有臺灣人才把喇嘛當作佛一樣看待，顯然現在臺灣人遠比西藏當地的人愚癡；但爲何這麼笨？眞的很奇怪！

那麼從這些舉例來看；我已經舉了三個，人家說舉一反三，你們可以舉三反九；九個都證明是妄想以後，再舉九反二十七，就一直舉下去，依此類推，都可以證明密宗假藏傳佛教所說的一切全部是「說假名」，無一可以驗證爲眞實法。那麼「說假名者」其實「皆違逆佛」。因爲身爲佛弟子、宣稱是佛教徒，結果所說的全是與 釋迦如來所說一概違逆，這樣的人就是「與佛共諍」。

接下來「說邊者，皆違逆佛，與佛共諍。」「說邊」，怎麼叫作「邊」？在《阿含經》中記載，曾經有外道來問佛：「眾生有邊無邊？」也有外道問：「世界有邊無邊？」這些都叫作「說邊者」。還有兩種「說邊者」，只是這兩種已經講夠多了，今天就不必講太多；這兩種叫作常見外道、斷見外道。常見外道落到一邊，說一切有情無始存在，將來盡未來際輪迴生死，所以有情生命無邊，這是常見。那麼斷見是落到另一邊，說有情都只有一世，沒有前世與後世，死了以後永遠空無斷滅而無一法留存，這也是落到另外一邊去。

這兩種人以前講多了，現在不必再談他們。現在就來談「眾生有邊無邊」；對於一般的人來說，都會認爲眾生無邊。從三世流轉而不間斷來說，眾生是無邊的；可是眾生不會全部是有始無終的，除非是常見外道。因爲眾生流轉生死無量無際之後，總有一世會遇到佛法；當他遇到佛法時，三大阿僧祇劫，或是三十大阿僧祇劫乃至三萬大阿僧祇劫之後，他們總是會成佛的；成佛以後依著十無盡願而利樂有情永無窮盡，能不能說有邊？不能。因爲即使是成佛而示現入涅槃以後，利樂有情永無窮盡，但本質是隨時可以取無餘涅槃的。所以，你不能說諸佛成佛以後壽量有邊。

那麼成佛以後或者剛成佛以後所度的眾生，或者剛剛講的接觸佛法之後，如果有努力修學解脫道，那他遲早會證得阿羅漢果；證阿羅漢果以後入了無餘涅槃，那究竟是有邊還是無邊？是有邊際嗎？還是沒有邊際？有邊際？那就變成還有三界有。沒有邊際？那就變成斷滅空了。所以眞的難回答。你們笑是什麼意思？到底是有邊還是無邊？如果你純從五陰身心來說，那就叫作有邊，所以有的眾生說：「**將來成阿羅漢，入無餘涅槃以後，他的生命就到了邊際，所以眾生可以是無始有終。**」因此有邊。一般人聽他這麼說，想想也有道理，認爲不可推翻；因爲不能否定解脫道的眞實存在，所以眾生有邊。可是 佛陀說的並不是說每一個眾生都無始有終，因爲即使成爲阿羅漢入無餘涅槃，他也不是斷滅啊，怎麼能說他有邊？所以這個說有邊的人是不對的。

那釋印順認為　釋迦牟尼佛是無始有終的，他不相信　如來又會在別的世界繼續受生八相成道；在他的《妙雲集》中所說的意思是：釋迦如來在人間成佛只是一個偶然。所以他不承認成佛之道三大阿僧祇劫的修行。我說：「佛門也真悲哀，收了這麼一個弟子專門在挖自己的牆角。」所以他的看法是　釋迦如來已經灰飛煙滅、永遠不存在了，而大乘經典是後代的佛弟子們集體、長期創造出來再編輯起來的，那是後代佛弟子對　佛陀的永恆懷念。他就是這麼說的，這真是個敗家子，當初在佛門中才受戒完畢就該把他趕出佛門了。明知道他會是個敗家子，一出生就把他拋棄算了——把他趕出戒場不讓他受戒出家，可惜的是佛教界把他養那麼大、那麼老，活到一百零一歲才死。不過話說回來，咱們得要感謝他，如果不是他這樣亂搞一場，咱們哪有那麼多的法義辨正可以把勝妙法顯示出來呢？

言歸正傳，他認為　釋迦如來有邊；到了邊際，所以死後入涅槃成為灰飛煙滅，什麼都不存在了，這就是「說邊者」。你們看「說邊者」不只是外道，佛門中號稱導師的人竟然也是「說邊者」。那麼像　如來這樣的境界他可以說有邊，阿羅漢就更甭提了，當然在他的眼中一樣都會變成有邊。可是阿羅漢入無餘涅槃後並不是斷滅空，即使不再於三界中受生而說「我生已盡、不受後有」，但是無餘涅槃中依舊有本際常住不壞，不是斷滅空；因此不迴心阿羅漢入無餘涅槃之前，如果曾經聽聞過大乘法，心中生起一念的愛樂之心，覺得：「大乘法還是究竟，如果有機會我可以修大乘法，那我現在放棄入無餘涅槃算了。」如果他有這樣一念對大乘生歡喜心，他在無餘涅槃中的佛菩提種自心流注的關係，這種子終究有一天會發芽生長，於是他的意根會出現，意根出現之後就有中陰身出現，他就得重新受生，然後他就會成爲菩薩種姓的一分子。如果入無餘涅槃前對大乘法不曾起過一念歡喜之心，他入了無餘涅槃後，永遠不可能再有這類種子自心流注，就是永遠成爲無餘涅槃的狀態。那麼二乘菩提阿羅漢們到底是有邊還是無邊？你不能說他們是有邊的，因爲他們的涅槃本際依舊存在，永遠不會有斷滅時。

所以不懂的人演述三乘菩提時，不是落於有邊就是落於無邊。這些都是「說邊者」，「皆違逆佛，與佛共諍」。因爲佛不是像他們那樣講的，佛陀說的是：「一切有情都有眞如佛性恆常不壞。」所以在三乘菩提中沒有有邊與無邊這回事。因此外道來問「眾生有邊與無邊」時，佛默然不答，這樣叫作

「置答」，就是把他所請問的事情放下來，以不答當作是回答，叫作置答。為什麼　世尊要這樣作呢？因為這種法太深，無法與他們說明，他們沒有資格來探討這件「眾生有邊無邊」的事；他們的智慧不足以理解　佛陀所說的「非有邊、非無邊」的事，所以　佛陀默然。

那麼也有外道來問：「世界有邊無邊？」什麼叫作世界？過去、現在、未來稱之為世，現在十方虛空的邊際稱之為界。過去、現在、未來會有邊嗎？你不可能推究到一個邊被證實出來，因為過去十世之前、百世之前、萬世之前，你不能把它定為一個邊際，因為在那之前還有之前。如果之前已成邊際——有開始，就顯示是生滅之法，是藉緣而有之法，就是一個偶然出現的；如果是偶然出現的就不該有未來世，如果是過去十世之前出現的，就不該有過去的第九世存在，何況能有今世？當然不應該更有未來啊！

那麼，如果過去有十世百世萬世，以那個為最初，那麼再往前推呢？之前全都沒有有情嗎？也許說：「我可能推究的時間太短，那推究過去五劫、十劫、一萬劫。」可是「一萬劫之前就沒有生命存在嗎？你這個生命是一萬劫、十萬劫前才出現的嗎？」如果是這樣，就不應該來到這一世，因為既然可以從那一萬劫前來到現在，也就可以從現在再去到未來一萬劫後；如果過去一萬劫前可以自行存在，難道十萬劫前、一萬萬劫前不能自己存在嗎？依此類推，就顯示生命沒有一個開始，是無始以來法爾存在的；既然沒有開始，未來也就沒有窮盡！所以有情五陰身心是無始以來就已經存在。

但是未來終究有一世會遇到佛法，五陰身心的繼續受生種子終究會壞斷，可是壞斷以後入涅槃依舊不是有邊，但也不是無邊；因爲五陰的種子依舊存在，未來無量劫中佛菩提芽萌發以後，仍可在三界中行菩薩道。如來所說的都不是有邊之法，既然不是有邊之法，那是不是可以說：「**世界這個『世』有邊？**」能不能說？不行的。因爲　如來說的不在有邊、無邊兩邊之中。如來說的，即使是阿羅漢也一樣不在有邊無邊之中，因爲五陰身心可以有窮盡，入無餘涅槃，但是他生命的本質依舊存在。因爲，涅槃的本際如來藏依舊恆住不滅，不能說他的生命有邊。

如果要說他是無邊也不行，因爲他入無餘涅槃以後，明明五陰身心滅盡了，所以叫作「**我生已盡，不受後有**」。因此　如來說的解脫道既「**非有邊亦非無邊**」；但是末法時代有人硬要主張有邊，有人硬要主張無邊，「**皆違逆佛，**

與佛共諍」。

世界的「世」如此，再來看世界的「界」。「界」就是空間。到底十方虛空世界是有窮盡還是無窮盡？你們看現在天文學那麼發達，發達以後能夠推翻 佛陀所說的嗎？根本就不能。反而來證明以前大家所不信受的《華嚴經》中說的世界海中的一小部分，來證實經中所說都是眞實。佛陀說的一個三千大千世界有那麼廣大，可是十方虛空有無量無邊的三千大千世界；現在哈伯望遠鏡又升級了，可以看到幾百個像我們這個娑婆世界一樣的星雲漩系；結果也只是看到了幾百個而已，這還只是我們這個蓮華藏世界海倒三角形廣大世界的第十三層中的一點點而已。現在已經證實了這一點，而這一層中的世界都還看不完，何況是上下另有十九層呢？完全沒有能力看到。那麼到底世界有邊無邊？「界」不能說是有邊或無邊，因爲隨著眾生心而有不同；眾生心量大，「界」就廣大；心量小時，「界」就變小。那眾生的數量無量無邊，界就不可能有邊，所以大家學佛久了以後，才會說「**十方虛空無有窮盡，世界國土不可限量**」。

假使我們地球上那些極低等的生物，譬如細菌等，其數無量，牠們的業盡該生而爲人時，那又得在另一個地方、要有另一個地球給他們住，所以「界」不是一個固定的型態，是隨著眾生心的改變，「界」會跟著改變。世界一定隨著眾生心而改變，有時這樣，有時那樣，你能說它有邊無邊嗎？不能。那麼「世」如此，「界」也如此，就表示說，世界本來就不該說爲有邊或無邊，因爲隨著眾生心而有所改變。所有虛空無量無邊的世界國土都隨著眾生心而有改變，但是眾生無量無邊，就不可以限定世界只到哪裡。也不可以說：「世界有邊只到這裡，或者說世界無邊無窮無盡。」也不能這麼講，因爲它一直隨著眾生心而在改變，而這個改變的本質是如來藏。隨著眾生如來藏含藏的業種變化，十方虛空無量無邊的世界佛土，也跟著不斷在變化，當然不能說世界是有邊或者無邊。但這個道理太深，沒有實證如來藏之前講這個道理形同戲論；聽到的人等於是一個觀念、一個思想、一個知見，對他而言沒有實質。

所以外道來問「世界有邊無邊」時，佛陀默然不答；不是不能回答，而是外道一定聽不懂；要與外道講這個道理，無從說起。他得要從人天善法開始學，從二乘菩提然後第二轉法輪，然後第三轉法輪的法學好並且悟了以後再爲他解說，但要爲他講到第三轉法輪得講多久？他有那個命來聽 佛陀把它講完？所以這個問題得要證了如來藏之後，再聽第三轉法輪的諸經之後才能理解，否則爲他說明也沒有用，所以 世尊默然不答。

就好像一個凡夫外道來問 佛陀：「無餘涅槃中什麼境界？」佛陀一樣會給他來個「默然」，因爲講不清楚。講不清楚的原因不是 佛陀講不清楚，而是外道一定聽不懂，爲他講了並沒有意義。所以，凡是說有邊、說無邊的人「皆違逆佛，與佛共諍」。因爲 佛陀講的不在有邊無邊上來說，而是說一切法界的實際是什麼狀態，然後從法界的實際來理解眾生是有邊或無邊、世界是有邊或無邊，而得到一個智慧出來：知道沒有所謂有邊無邊之可言。但是，不懂的人都會落在現象界中，去試圖理解眾生以及世界究竟是有邊或者無邊；在討論那一些事情時，其實都跟三乘菩提的修證無關。佛陀這麼辛苦來人間示現的目的，是要讓大家實證三乘菩提，結果他專門在這些現象上面來說：「眾生以及世界有邊或無邊。」而討論的結果竟然說：「這就是佛法。」那他所說的當然就是「皆違逆佛，與佛共諍」。

那麼這樣來看印順法師，他就是「違逆佛」者，就是「與佛共諍」者。

可是有誰曾經這樣講過印順法師呢？沒有！因爲沒有人懂這個道理。有誰敢出來這樣講印順法師呢？也沒有！因爲沒有人懂這個道理。可預見的未來幾十年，大概也不會有人講《佛藏經》的；也許未來世咱們又重講一遍，可能就拿著這一世講過的再來複習一下，因爲不需要再作更深入的瞭解。過去誰講了《佛藏經》？目前沒看到，因爲凡是讀過《佛藏經》的人，他如果不是實證者，讀過後就會打退堂鼓。退堂鼓意思知道嗎？就是說縣老爺一上堂，看見來者大有來頭不敢辦，接著大喊：「退堂——！」下面的縣吏就打鼓，退下去了（大眾笑…）。所以假使不是實證了，看到《佛藏經》所講的內容，他第一個念頭起來就是：「那我上座不是要罵我自己啊？」哪有一位大師肯上座罵自己的？可想而知，那些凡夫大法師們都不會講的，而且其中的佛藏內容他們也眞的不會講。

不會講是兩個意思，一個是沒有能力講，第二個是他不可能上來講。所以佛法甚深極甚深、微妙極微妙，不是等閒人之所能知的。而那些凡夫們竟然開口閉嘴都說：「佛法一切我盡知。」並且敢公然宣稱他的證量比釋迦牟尼佛高，一聽就知道那是個凡夫。所以有一句話說「井蛙之見」，牠所看見的天空就那麼一個圓圓的一圈而已啊！但牠卻認爲自己看見全天下了。用井蛙之見來罵人，是罵得很難聽，意思是說：「你不過是井中的一隻青蛙，還不是個人啦！」這不是很難聽的話嗎？我們今天要說密宗假藏傳佛教那些法王上師喇嘛們，下至他們死忠的信徒，我說他們都是「井蛙之見」；井蛙之見而說出來的是井蛙之談，竟然公然說：「我講的就是佛陀說的。」那他是不是「與佛共諍」？甚至外道說：「我講的比佛陀講的更高！」那更是「與佛共諍」！

可是佛弟子很多人不瞭解這個道理，世尊就要把它講清楚，所以 世尊就說：「舍利弗！乃至於法少許得者皆與佛諍，與佛諍者皆入邪道，非我弟子；」那麼多的經典中就這一部經典講得很嚴重，可是講得很棒——講得很嚴重卻是很棒。這部經典比《維摩詰經》還要犀利，《維摩詰經》是照妖鏡，照出妖怪來以後，這一部經典是進一步把照妖鏡所照的再放大百千萬倍來看，所以沒有一個大法師肯出來講這一部經。曾經有一個道場，專門念佛的道場，很有名的念佛道場，叫徒弟們說：「《佛藏經》可以讀，但只要讀前半部，不要讀後半部。」爲什麼不要徒眾們讀後半部？等這部經講完時諸位就瞭解了。

回到這句經文來：「**世尊告訴舍利弗，前面這些所說都是違逆佛，都是與佛共諍的人，那其餘的就不要講那麼多了，乃至……。**」這是略過很多的說法了，說到這裡叫作「乃至」，其他中間部分都略掉不說了。「**乃至於法少許得者皆與佛諍，**」是說那些人所說的法只要有取有捨，有行、有行相等，「**只要有少許法有所得，他就是與佛共諍。**」這種情況是非常多的，但是有人解釋這段經文時，他們的解釋跟我們的解釋不一樣；因為他們對於「有所得」、「無所得」定義和我們不同。他們定義的有所得或無所得是對於境界有沒有去作分別，然後得到一個結論，認為有分別就叫作「有所得」；如果對境界沒有去思惟分別觀察而得出一個結論來，就說那叫「無所得」。這是末法時代普遍的定義，可是他們所說的那種無所得，其實是「有取有捨」的境界，不是《佛藏經》中說的「**不取不捨**」的境界。因為這六識心從早上醒來，一生起就開始取六塵境界了；取六塵境界時，覺得喜歡的就待下來繼續安住，覺得不喜歡的就趕快逃開移到別的境界中去，這就是取捨。有取有捨怎能說是無所得？

所以，「乃至於法少許得者皆與佛諍」，是怎麼樣叫作與佛諍？只要你所謂的開悟境界中，是有六塵具足乃至只有六塵之一，都叫作「少許得」。因為　佛說的「無所得」是沒有六塵的境界可得的。所以　維摩詰菩薩說：「法不可見聞覺知，若行見聞覺知，是則見聞覺知，非求法也。」別的經典也是這麼說：「一切諸法無作無變無覺無觀，無覺觀者名為心性。」這才是眞正的「無所得」。但只要「於法少許得者皆與佛諍」，所以那些人說：「我打坐時，清楚分明一念不生，都不分別，所以證無所得。」那他們其實是與佛諍，因為　佛說的不是這樣。所以一定要實證如來藏「此經」，現見如來藏不是空無、不是唯名施設，而是有眞實法性，但祂卻是於一切諸法都無所得，這樣才能符合《佛藏經》之所說。

那麼　世尊又說：「與佛諍者皆入邪道，非我弟子；」這句話嚴重了！這表示除了咱們正覺以外，那些大法師、小法師們都不是佛弟子。糟了！怎麼辦？依照這樣的定義，佛教徒只剩下幾萬人？一、兩萬人而已吧！所以想要如實理解　佛陀的意旨，眞的不容易；哪有可能一、兩百萬人都瞭解　佛陀意旨，只有我們正覺這幾千人、一兩萬人不懂　佛陀意旨？沒這個道理；因為佛法甚深難解，怎麼可能多數人瞭解而少數人不懂？除非一個狀況才有可能，也就是說臺灣全島都是精神病院，否則不可能這樣啊！精神病院中多數人腦袋有問題，少數腦袋沒問題；現在他們佛教界講的不就是像這樣嗎：「大家都不懂，只有你蕭平實懂？所以你蕭平實根本就不懂啦！其實是我們都懂，而你不懂。」就變成這樣。所以咱們在中國佛教界精神病院中成爲極少數人，極少數人是懂的還是不懂的？（大眾答：懂的。）瞭解了？因爲在精神病院中所有的人都說：「我很正常啊！我沒有問題。」眞正沒有問題的人在裡面是當什麼？當護士、當醫師，他們需要大聲主張說「我沒有問題」嗎？需要嗎？不需要主張。可是每一個病患進得診室來，醫師要看看：「你有沒有問題？」這個診室叫什麼？叫正覺同修會。

所以你們看，這些末法時代的大法師們所說的諸法「皆與佛諍」，他們與佛相諍以後還自稱說他們繼承　如來的家業，說他們才是　如來的眞子，反而指責實證的　佛陀眞子不懂佛法，誣爲外道；但是　佛陀說「與佛諍者皆入邪道」。他們不斷地抗爭說：「正覺的法是不對的。」可是卻又無法舉證；而我們不斷地舉證說：「正覺的法才是對的。」「爲什麼是對的？」又把經文舉證出來，證明與 佛所說完全相符。

那麼二十餘年過去了，顯然我們走的路是正確的，那他們走的路偏了。邪就是不正，離開了正道所以偏邪，才叫作邪道。而他們之所說「皆與佛諍」，就表示已經走入邪道了，才會與 佛諍。如果不是走入邪道，所說的一定與 佛說的相同，就不需要與 佛諍；沒有與 佛諍的任何事實，就是眞正的佛弟子。如果「皆入邪道」與佛所說不同，那不是佛弟子。依照這樣的說法，我們以前呼籲他們脫下袈裟還俗去，不過分；因爲既然出家了還要「與佛諍」，乾脆就還俗離開佛門好，就不要「與佛諍」了，因爲「與佛諍」沒有好處，而且增加未來世障道因緣。

講到這裡，世尊乾脆明講：「非我弟子！」就好像世間法中，如果老爸經營公司，把公司作了好的宣傳，這兒子一天到晚卻在外面放話說：「這家公司拆爛污。」卻又說他是公司的代表，宣稱自己是這家公司董事長的兒子，那董事長會繼續承認他嗎？最後忍無可忍就登了報紙聲明：「我跟我這個兒子脫離父子關係。」不承認他是兒子。但是有用沒有用？沒用，因爲法律說這個血緣關係不可一紙聲明就廢除。可是在佛門中沒有血緣關係，想要把他廢除時就把他廢除。如來說的是這樣，他宣稱是如來的兒子，結果一天到晚說的跟如來相反，就把他的身分剝奪了：「非我弟子。」今天講到這裡。

《佛藏經》我們一直逗留在第四頁、第五頁捨不得離開，是因爲這地方風景太好——這裡佛法的山光水色太勝妙，所以流連忘返，現在終於繼續要往前進了。今天要從第五頁第一段的倒數第二行，最下邊兩個字開始：「若非我弟子，即與涅槃共諍，與佛共諍，與法共諍，與僧共諍。」世尊在這段作了結論，是沿襲前面的結論講下來的。前面的結論是說：「如果眾生落在五蘊我、十八界我、六入我、十二處我、十二入我，都是與佛共諍、非佛弟子。如果他所說的法是斷滅者、常見者，或者說有說無，或者說諸法實有等，只要違背了這個『無名相法、無分別法』，就是與佛共諍，就不是佛弟子。」

好在這話是經文說的，是如來語，不是平實語（大眾笑…），因此我可以講得很坦然，不然的話我還眞不好講；因爲人家會攻擊：「你蕭平實一竹竿打翻佛教界！」打翻的人比一船人還要多，不曉得是幾船。那你看看現代佛教海峽兩岸各大山頭、各大法師，他們所說的哪一個不是落在斷滅或常見中？有的人還具足兩邊，特別是印順。哪一個不是「說人、說眾生、說我」？

那這一些人依照佛的說法，他們其實是在「與佛共諍」，因為 佛已經很清楚說明這些都是虛妄的，偏偏這一大群大法師們都說：「這五蘊是眞實的。」特別是密宗假藏傳佛教，在《廣論》中公然說五蘊眞實。大法師們不敢明著說五蘊眞實，就說一般意識或細意識眞實；所以後山那個大比丘尼講了，甚至還印在書上公開流通：「意識卻是不滅的」。那她的師父釋印順，書上公然講直覺或者細意識是常住法，還誣衊禪宗祖師就是證悟這個細意識——直覺。這些全都違背 世尊的聖教。世尊的聖教中，到現在為止，白紙黑字寫在經中，那些經文都還沒有消失、還沒有變成白紙，他們就敢這樣講，那是不是「與佛共諍」？對了！

所以諸位認知他們是「與佛共諍」，認同了這一點，接著諸位就要認同下一點：他們非佛弟子。這個不是我指控的，「非佛弟子」這個指控是很嚴重的，那 世尊兩千五百年前講在那邊等著，不料末法時代的現在大法師們一個個都落在那裡，自己願意「與佛共諍」，自己都不想眞的當佛弟子。所以到現在為止，他們沒有一個人肯承認意識虛妄，都是「與佛共諍，非佛弟子」。

世尊最後下個結論：「若非我弟子，即與涅槃共諍，」是說：「如果不是我釋迦如來的弟子，那他就是跟涅槃共諍。」為何他們這樣會與涅槃共諍？因為涅槃講的是不生不滅的法，而他們講的是：「一切緣起性空、一切生滅。生滅了以後不會再滅，因為斷滅是空無啊！空無沒有辦法再滅，就是常住，所以這個空無就叫作真如。」我說：「他出家那麼久，活到老、活到死以後，還弄不清楚，應該把他改一個字，那個真如改為『真盧』（編案：閩南語，謂不可理喻），給他當作姓名。」他就是一天到晚纏著斷滅空不放，然後說那是佛講的，那就是「與佛共諍」。

佛若還在人間一定會說：「這不是我講的。」他偏偏說：「那是佛講的。」就是誣賴　世尊，就是「與佛共諍」。「與佛共諍」的人怎麼會是　佛的弟子呢？那現在　世尊又說：「他們不是我的弟子，那就是與涅槃共諍。」因為　世尊早就說了：「涅槃不生不滅。」在阿含部的經中又說，阿羅漢把五蘊十八界在捨壽時全部滅盡，是「常住不變」的。

阿羅漢各個都曾經向　佛報告過：「我生已盡，梵行已立，所作已辦，不受後有。」就表示不再有未來世的五陰十八界了，那大法師們一直都說：「意識是眞實的。」問題是，意識能不能外於識陰呢？不能！意識永遠都是識陰中的一部分；而五陰全部虛妄，識陰當然不可能眞實；識陰既不眞實，意識當然就不眞實，所以這些五陰生滅法滅盡了以後，剩下的就是無餘涅槃，而涅槃是不生不滅的；但他們說的涅槃全都是生滅法，當我們這樣講時他們不服氣，硬要說：「**我們講的不是生滅法，我們講的是常住法。**」「**那你們以什麼爲常住？**」我們要問他們了，釋印順就說了：「**禪宗祖師們悟的就是直覺，我都知道，所以我早就開悟了。**」這就是他的言外之意。

然後又說：「**細意識是常住的。**」那問題就跟著來了，意識不論粗細、遠近、大小全部都是生滅法，世尊早就開示過了，現量觀察也是如此；既然是生滅法，把祂主張爲常的時候，意識不會因此就眞的變成常，依舊是無常；那無常的法不是不生不滅法，就不是涅槃。所以他們認爲說：「**我五蘊十八界滅了，留下細意識常住不壞，所以我們的涅槃是常。**」但他們所講的不是眞正的涅槃，那是誤會涅槃後的識陰境界。所以他們所說的法與 佛相違，不是佛弟子。既然非佛弟子，他們就是 佛講的「**與涅槃共諍**」。

這是不可狡辯的事實，所以我講了那麼多的涅槃法義；我出來弘法二十幾年，我在書中寫出來的涅槃有可能是有中國佛教史以來最多的，大約沒有一個人比我寫的更多。我講的涅槃最多了，可是爲什麼我講那麼多，而釋印順說的被我推翻以後都不敢吭一聲呢？這是什麼緣故？因爲他是實際上「與佛共諍」的非佛弟子，所以他無法開口。不能開口沒關係，動筆也行，問題是他連筆也不敢動，那是什麼緣故？因爲他是眞正的「與涅槃共諍」，所以寫出來的東西被人家一評論就不敢回應了，這證明他們眞的「與涅槃共諍」。

當我在書中印了出來，說他們所講的道理違背了涅槃，此時他們都不敢回應；因爲他們回應時就會更明確顯示出他們一直都「與涅槃共諍」的事實。這是他們無法迴避的問題，一直到死後依舊迴避不了。因爲他們「與涅槃共諍，與佛共諍」，結果是捨壽後要去承受那個果報。因爲誤導眾生就會有大果報，何況他們講的根本不是佛法，但他們卻說：「這是佛說的，這是佛法。」這是謗佛。那因爲他們「與涅槃共諍」，不符涅槃的正義，不論是二乘涅槃或是大乘涅槃都不符合；這樣錯會而自己施設、隨意亂說的所謂涅槃之法，是「與涅槃共諍」的，卻說那是 佛陀講的，那他們就是「與佛共諍」。

「與佛共諍」是很嚴重的事，不是小事。如果你們把四大部《阿含經》

中總共二千多部經典讀完，會發覺一個事實：所有阿羅漢出去托鉢，遇見了在家弟子或者遇見了外道，若於法義有所談論時，他們回來道場中立刻就會去跟 釋迦如來報告說：「我今天在某處，遇見了什麼人，或者遇見什麼外道，我們論法時外道是這麼說的，而我是這麼說的。」報告完了就請問：「世尊！我這樣說法有沒有毀謗世尊？」若是如法說，世尊就說：「你是如法說，沒有謗我。」爲什麼錯說時就會成爲毀謗 世尊？因爲如果錯說了而竟然說那個錯說的法是 佛講的，可是 佛沒有那樣講，當他說那是 佛所教導的，那他就是扭曲而謗佛。

那麼這些大法師們一個個說得理直氣壯，並且印在書中到處流通，所說的法都是「與涅槃共諍，與佛共諍」，於三乘經典都不能印證，而且還與三乘經典相違背，背道而馳，而他們竟然說：「這是佛講的。」這就是謗佛，就是「與佛共諍」。

像這樣的人很容易瞭解，他們一定也是「與法共諍」。因爲 佛說的法是這樣子，而 佛所說的法是法界中的事實，法界中的事實由 佛親證後再來講給我們聽，那麼 佛所說的這一些法都是不可改變的眞相；結果他們說的都

跟 佛講的相違背，顯然他們也是「與法共諍」。「與法共諍」的人馬上就會出現一個問題，就是會「與僧共諍」。所以他們以前隨便亂講都沒事，因爲所有的大法師們都同樣是隨便亂講的，沒有一個人如法說。就好像一群人同樣都當盜賊，大家互相掩護，然後互相標榜：「誰竊盜的功夫最好，他是大師。」那你們想：「他們是不是都屬於竊盜者？」對啊！全部都竊盜了所有佛弟子們的供養。

我這句話也不是沒根據的指控，到下一段 世尊的開示中，你們就會知道他們都是竊盜者。現在一大群竊盜者同在一起就沒有竊盜者了！（大眾笑…）因爲我不會說你竊盜，你也不會說我竊盜，大家都認爲隨意拿別人的東西—用佛法的名稱隨意去拿—全都無罪，而且認爲理所當然。所以沒有人承認自己是竊盜者，也沒有人指控誰是竊盜者，因爲他們都不知道自己就是竊盜者。

這眞的很悲哀！但後來不悲哀了，因爲出了個蕭平實，開始弘法以後就說：「你們這些人說的法不對，爲何是不對。」那他們就開始與我共諍了。但我蕭平實算是菩薩僧中的一分子，我們正覺教團中現在有很多菩薩僧，我算是其中的一分子，而他們與我共諍，我不與他們共諍。如果我覺得必要時就寫在書中，說正法者、說如實法者，就不是與人共諍；但是他們座下的弟子們往往讀了以後就上網路隨便亂批評，就是與我共諍；但我沒時間上網跟他們在那邊瞎扯胡謅，我是寫書要緊。只是我們有些同修們看了，覺得他們太不像樣了就上網去回應；那我們這些同修們也是菩薩僧，因爲都證悟了，那他們繼續瞎扯蠻纏，就是跟我們的同修共諍，那也是「與僧共諍」。

所以最根源的問題，就是他們把這個「無名相法、無分別法」弄錯了，正因爲弄錯了，所以他們講出來的法都錯了，卻說那是佛法，硬栽贓給 佛陀說：「佛陀是這樣說的。」這是「與佛共諍」。那他們講出來的法一定違背涅槃，所以也是「與涅槃共諍」；而他們所說的那些法都不合佛、法、僧的正義，與眞實的法寶完全違背，所以成爲「與法共諍」。「與法共諍」之後，菩薩出來弘法時與他們完全不同，於是他們就得跟菩薩諍，因此他們就變成「與僧共諍」。那這一些共諍的事相有四個，使他們成爲非佛弟子，成爲佛門中的外道。可是追究它的根源到底是什麼？就是這個根本大法弄錯了！這「無名相法、無分別法」是諸法的根源，三寶也是依此而有，三寶也是依這

「無名相法」而出現於人間而繼續流轉；結果他們因爲把這個法弄錯了，就變成「與涅槃共諍，與佛共諍，與法共諍」，也是「與僧共諍」了。

那麼 世尊這一段開示在顯示一個道理：「只要所證的根本法是錯誤的，接下去所有開示的道理以及修行的方法和所證的果位功德，也就跟著全部都變虛妄。」所證錯誤時，而出來弘法，後來只要時局清平容許菩薩弘法了，菩薩就會把正法講出來，然後大家一比對：「唉呀！原來這些大法師都講錯了。」那麼人家會提出來請問，甚至有些人會質疑，於是他們不得不改變說法；所以一改、再改、三改之不足，五、六、七、八改都有的。改到最後又變成前言不對後語，然後又自相矛盾，始終無法解決。一直到有一天如實證得這個「無分別法」，然後他把以前錯誤的說法重講一遍，竟然也對了，這就是自圓其說。

古來就有現成的例子，例如夾山善會禪師，悟前都是用思惟想像的法義亂講一通，其實根本都不通。可是他被船子德誠度了以後，回來說法不同了，他把以前講的法義又重講一遍時，又全部都通了！所以佛門有一句話說得很好：「邪人說正法，正法亦邪；正人說邪法，邪法亦正。」例如後山那個比丘尼說：「意識卻是不滅的。」同樣這句話我來講就對了，不信喔？信喔？你們有智慧。我怎麼說呢：「這意識雖然夜夜斷滅、悶絕斷滅，死後斷滅，無想定、滅盡定中全都斷滅，但意識本來就屬於如來藏中的一部分；由於如來藏恆常存在的緣故，所以上一世滅了，這一世又生一個意識出來；如來藏常住不滅，所以昨夜的意識斷了，今天早上又生出一個意識來；就這樣盡未來際永遠不斷，所以意識確實是不滅的。」這就是「正人說邪法，邪法亦正」。

可是「邪人說正法，正法亦邪」。所以你們看緣起性空被釋印順講了一大堆以後，錯得一塌糊塗；那緣起性空本來是正法，沒有誰可以說緣起性空不是正法，可是被他在《妙雲集、華雨集》那樣一講以後，那正法也變成邪法了，結果所說的法都是「與佛共諍，與法共諍，與僧共諍」，而且還「與涅槃共諍」。所以當正覺同修會弘法以後，講了很多涅槃法義出來，他們聽了不能認同我說的「阿羅漢沒有證涅槃」就與我諍，但後來證明我講的才對；可是前人誰敢這麼講？如今竟然有個蕭平實這麼講，還印在書中去流通，可是他們敢說這個法不對嗎？也都不敢說。因為涅槃本來如是，這是法界中的事實，我經由現觀而講了出來，不是編造的，不是想像推理而去說出來的。

所以要在根本上的實證內容先確定有沒有正確，才是學佛中最重要的第一件事。假使我們的法是不對的，那麼我們弘法二十幾年又遭遇不斷的攻擊質問，我們是不是得要像他們那樣一改再改？可是我們沒有改過，眞如還是那一個眞如，佛性還是那個佛性，乃至成佛的道次第等依舊如是；沒有人能再來作更高層次的質疑了，因爲這是事實。這是經由諦現觀而演述出來的法界實相，所以我們說的法就是涅槃。我們也敢說：「菩薩本來就住在涅槃中，所以菩薩才是證有餘涅槃、無餘涅槃者。」那他們剛聽了，由於還沒有見地，就覺得怪怪的，心想：「不對啊！菩薩沒有證阿羅漢的這兩種涅槃，阿羅漢才有證啊！」

可是我們從另一個方向解釋了出來說：「阿羅漢沒有證涅槃，因爲他們入涅槃以後，蘊處界都不在了，他們哪裡有證得無餘涅槃？但菩薩雖然還沒有證有餘涅槃、無餘涅槃，卻現前看見自己生滅性的五蘊就在不生不滅的如來藏中。在這個不生不滅的『無名相法』中時，親眼看見自己不生不滅的『無名相法』恆而永遠不生不滅，就是涅槃。那生滅的五陰住在不生滅的涅槃中，豈不是住在無餘涅槃中嗎？阿羅漢入了無餘涅槃，還是他的如來藏不生不滅，而菩薩這個五蘊現前就在不生不滅的涅槃之中，這不是證無餘涅槃嗎？」原來我是從理上來說，而實際理地就是如此；說阿羅漢證有餘、無餘涅槃，是 世尊爲了度大家早日出離三界生死，方便施設的證涅槃說。

你看我這樣反過來講也通，而且無懈可擊；無論他們從哪個層面來攻擊，都不能成功，這就是「正人說邪法，邪法亦正」。爲什麼說那個叫邪法？因爲從表面上來看，菩薩不證有餘涅槃、無餘涅槃。如果證無餘涅槃，死後就入無餘涅槃去了，人間哪還有菩薩？所以如果誰說菩薩證無餘涅槃，那個人講的就是邪法。你看我這樣顛著說、倒著說都行，對不對？橫說豎說都由著我，可是如果有人就這樣學著來講，我就說：「你錯了！」我說：「菩薩不證有餘涅槃、無餘涅槃。」「那你剛才不是說菩薩有證有餘涅槃、無餘涅槃嗎？」我說：「現在我講不證。」他一定不信，那我們可以告訴他：「菩薩不證有餘涅槃、無餘涅槃，是因爲菩薩永遠在人間行道，所以不入無餘涅槃；可是菩薩現觀自己生滅的五蘊，就在不生不滅的無餘涅槃之中，菩薩當然也可以說有證無餘涅槃啊！」這叫作「正人說邪法，邪法亦正」。

所以那些外道論，如果我把它拿來解釋的話，它又變成正論了。譬如說常見外道說：「我是常。」他講就錯，我講就對，我也說：「我是常。」那我講的對。所以說，所證的法正確或者錯誤會影響到他爲人所說的法是不是正確，如果所說正確，就沒有「與涅槃共諍」，也不會有與三寶共諍的事。如果他所證的法是錯誤的，那他講出來的法，爲任何弟子所作的教授，就會成爲「與涅槃共諍」，「與佛、法、僧共諍」。所以追根究柢，是否與三寶共諍、與涅槃共諍的根源，就在所證的法對或不對。世尊告訴我們說：「無名相法是一切法的根源，只要證得這個『無名相法』，就不必『與涅槃共諍』，就不必與三寶共諍，那你就是眞正的佛弟子。假使所證的法錯誤，而說那是佛法，那就是『與涅槃共諍』，與三寶共諍，不是佛弟子。」

但是我要吩咐諸位一件事情，雖然今天《佛藏經》聽完了，也許明天你出門看見出家人時（我講的是佛門出家人），不用搖頭，不管你搖得多小都不要搖，也不要起一個念頭說：「非佛弟子。」因爲末法時代這是正常的現象，我們要接受這個現象，然後我們發起大悲心、發起大慈心，設法來使他們改變、使他們轉變；這是末法時代的正常現象，要接受這個事實，就像《法華經》講的，對於有菩薩種性的人，我們要生起大慈心，我們拿書給他們，他們若不想讀也沒關係，我們就盡量設法把其他的在家人都度了；當大家知見都轉正了以後，他們不得不跟著轉，最後你還可以救到他們。但不必起念頭說：「非佛弟子。」不需要這樣。下一段經文：

經文：【「舍利弗！如是見人，我則不聽出家受戒。舍利弗！如是見人，我則不聽受一飲水以自供養。舍利弗！若人除捨如是不善貪著事者，於我法中出家求道，不念涅槃，不以涅槃為念，不貪涅槃，於畢竟空法不驚不畏；是人尚為斷諸法故勤行精進，何況如是不善、貪著，謂著我、著眾生、著人、著法。是人為斷諸貪著故，但勤修習無相三昧，於無相三昧亦不取相；是人通達一切諸相皆是一相，所謂無相。舍利弗！是則名為於聖法中柔順法忍。得是柔順法忍，乃名是我弟子，能消供養，不空受身。所以者何？舍利弗！我是真實相法，不可入不可取，不可捨不可貪，不可說、斷語言道。無歡無喜、斷貪喜心，非眾緣合、離眾因緣；無道斷道至於無道，斷諸語言論議音聲，無形無色無取無著無用，無實無妄無闇無明，無壞無諍無合無散，無動無念無有分別，不可得示；非垢非淨、非名非相，非心數法、非心所解。」】

語譯：【世尊接著又開示說：「舍利弗！像這樣見解的人，我不會聽許他來佛教中出家受具足戒。舍利弗！像這種錯誤見解的人，我也不會聽許或領受別人以一口飲水來供養他。舍利弗！如果有人除掉或捨棄了這一類不善的貪著等種種事情的人，來到我的法中出家而求佛道，他心中都不曾起念想要趕快求證無餘涅槃，他心中也不掛念著無餘涅槃要到何時才能求證，他是一個不貪求涅槃的人，對畢竟空這個法心中不驚怖不畏懼；像這樣的人尚且爲了斷除種種法的緣故，所以殷勤修行精進努力，何況是這一類不善心、有許多貪著的人，也就是執著有我、執著眾生眞實、執著我人眞實、執著諸法眞實，這樣的人爲了斷除種種貪著的緣故，只是很精勤的修習無相三昧，而他證得無相三昧時也不會對三昧執取任何的法相；這個人通達了一切諸法的法相同樣都只是一相，也就是我所說的無相。舍利弗！這樣的人就是我說的，已經在聖法中得到柔順法忍。得到這個柔順法忍，才可以說他是我的弟子，能消受種種的供養，這一世來到人間也不曾空無所證而白白領受這個五蘊之身。爲什麼這樣子說呢？舍利弗！『我』其實是眞實相的法，這個我不可入也不可取，這個我不可捨也不可貪，這個我不可以說、斷離了語言之道。既沒有歡欣也沒有喜悅，斷除了貪著與喜樂之心，而這個我不是藉著眾緣來合成、祂遠離種種的因緣；這個我沒有道，這個我也沒有道可斷，所以最後到達了無道的境界中，斷除了種種的語言論議和音聲，這個我無形無色、沒有任何執取、沒有任何執著、也沒有任何三界之用，祂既不是眞實也不是虛妄，既沒有黑暗也沒有光明，永遠不壞也沒有爭執、沒有諍論，既不與諸法和合也不會與諸法散失，祂從來不動也沒有任何的憶念，而且也沒有任何分別，也沒有辦法可以拿出來讓人家看見；這個我不汙垢但也不是清淨的、沒有名可以形容祂也沒有法相可以顯示，這個我不是眾生所知而可以數得出來的心，這個無名相的我不是眾生心所能理解的。」】

講義：假使沒有證得無名相法，讀起這種經典來，就像道家講的「窈兮冥兮」，眞是窈窈冥冥，也就是很微細很遙遠，都弄不清楚，只能想像；就好像只有在幽冥界才有，而在人間根本看不見一樣。可是對一個實證者來講，這段經文所講的都是自己心裡的事，不外於自心，都是現量可見的，是很貼切的，差別只在於能不能爲人好好的講解出來。實證是無二的，佛法的實證以及演繹不在於口才勝妙，如果要論到說法幽默讓人家聽得哈哈大笑、從頭笑到結束，然後很歡喜回家，這不是我能辦到的，因為我一向口才不好。可是我這個口才不好的人，竟然也能說到讓諸位歡喜而笑，這是因為同一法故。我跟諸位保證，我這樣的講經的內容，換外面的人來聽，沒有一個人會笑。（大眾笑…）因為他們完全聽不懂我在說什麼，保證沒有人會笑；搞不好他們聽完回去路上議論紛紛：「這個瘋子不知道在講什麼。」如果他們沒有人罵我是瘋子，我就要趕快額手稱慶說：「阿彌陀佛！」因為眞是難得。

所以，眞實法得要有知音，可是自古以來知音難得。你們自己可以觀察看看，你這一生能有幾個知音？假使這一生有三個知音，你就非常慶幸了！那麼我是比諸位幸福的，因為我廣有你們這麼多知音，因此我還可以在這法座上繼續講下去。如果大家聽了都面無表情，那我講法會越講越氣餒，因為這表示我講得很爛。可是話說回來，即使我講得很爛，諸位還得擁護我，因為我說的法是正確的，是能使有緣人再三親證及檢驗的，所以衡量善知識不在於他的口才好壞。同樣的道理，我們選擇親教師也是如此，心性好是第一條件，口才好的人我不一定要用；如果心性好加上口才好，我當然就重用他了；如果兩者不可得兼，那麼要取魚還是熊掌呢？那我當然要取這個心性好的人。

禪門古風一向如此，你們看洞山良价禪師說法多麼勝妙，而他的師父叫作雲巖曇晟，口才很差，也沒什麼方便善巧來幫徒弟開悟，可是洞山良价終其一生都很恭敬他的師父。他不得不離開雲巖曇晟，是因為師父那裡沒有住處，如果有住處他就一定來依止。雲巖曇晟過世後，洞山良价每年到了忌日，就辦一席豐盛的供品供養雲巖曇晟，弟子眾們說：**「奇怪！我們在世都沒聽師公講過什麼法，師公對師父您也沒什麼開示，您是為何這麼恭敬他，每年都記住這個日子？」**洞山良价說：**「我不重視先師的道德或佛法口才，我看重先師的地方是他不為我說破。」**（註）正法中正應該如此，因此我必須隱覆密意說法。所以假使我把《佛藏經》講得不好，處處隱覆密意，讓諸位聽得很枯燥，但我說的若是正確的，諸位還是要擁護我；何況我講的深妙法，諸位常常可以會心一笑，那當然沒問題，但最重要的是得自己參究、自己悟入。

（註：《瑞州洞山良价禪師語錄》：「我不重先師道德佛法，祇重他不為我說破。」）

言歸正傳，世尊說了兩種人來作比較，但是先提出一個原則或標準，前面這一段經文所說的：**「與涅槃共諍的人，也就是與佛、與法、與僧共諍的**

人，有這樣邪見的人，我不會聽從他來佛法之中出家受具足戒。」從 世尊這個標準看起來是很嚴格，但不能說是嚴苛，因爲眞的不苛。出家之後對於大乘佛法如果不瞭解就不要強作解人，不要出來解說佛法；要當一個眞實瞭解的人，然後去爲人家演說，千萬別瞎編派，也就是說「不知道就說不知道」，才不會使「相似像法」一大堆，洶湧不絕而把了義正法淹沒；世尊就是這個意思。

在《阿含經》中 世尊對「相似像法」曾經開示過：「譬如一條船如果把石頭放很多，超過它的荷載量，那麼那一條船頓時就沉沒了。」世尊就說：「我釋迦牟尼佛所傳的法，不會像那一條船頓時沉沒，而是在後末世相似像法越來越興盛時，我的正法就漸漸滅沒了。」也就是說「相似像法」如果興盛，正法就會逐漸消失，最後滅絕。由於這個緣故，不懂佛法而強裝爲懂，然後自以爲是而繼續誤導眾生，那就是「相似像法」。繼續作下去，就是以相似像法消滅正法。

「相似像法」是危害佛法最嚴重的事情，所以「相似像法」的流通，有智慧的菩薩都應該加以遏制，不應該讓它廣爲流通。至於遏制它不廣爲流通的最好方法，就是不讓受持**相似像法**的人出家。爲何要這樣作呢？因爲出家了，穿起僧服來，那件僧服有威德力，因爲他代表了三寶；但也因爲代表了三寶而出來演說「**相似像法**」時，所有居士們說的了義正法就會被壓制，沒辦法興盛弘揚，無法廣傳；於是「**相似像法**」越來越興盛，了義正法越來越衰微，最後消失。

諸位不要懷疑這一點，也許你們現在有人起了個想法說：「**不見得吧？因爲蕭老師身爲居士，弘揚正法到今天，現在也沒有人能淹沒你啊！**」說的也是，但我是個異常的現象，我這個現象不正常，在佛教界中不會常常有。因爲自古以來像我這種人很少，眞的不多，我那些很厲害很行的師兄弟們都被派到哪裡去了，目前不知道，只有我這個人傻傻地留下來，畢竟還是有淵源的。那如果我這一世不出來弘法，等到我重新再來時可能很不容易扭轉；因爲才一出頭，馬上就會被幹掉。

而我們，一方面因爲我有淵源，另一方面因爲我們剛好逮到這個時機，如來早就看到這個時機，所以把我從江蘇那邊滴溜過來，說：「你到這個鳥不生蛋的地方來投胎。」我才會來，不然我哪會往生過來？七十年前的臺灣一窮二白，要不是蔣介石從大陸搬了那麼多黃金來臺灣，今天有正覺同修會喔？有這麼興盛的了義正法？不可能有的。所以很多搞臺獨的人罵蔣中正，但是罵歸罵，他這一點功勞卻永遠不可以把它抹煞。

那麼「相似像法」的興盛一定要遏制，遏制時最首要的手段就是不讓專搞相似法的人來佛門出家，要把他們隔絕在外。當他們沒有這件僧衣穿起來時，或者受持相似法的出家菩薩們沒有把菩薩衣穿起來，也還是沒有辦法使「相似像法」廣大流行，了義正法就比較不會被消滅。所以古時提婆達多一天到晚想要出家，世尊每一次都拒絕他，因爲知道他進了僧團以後就會破壞僧團。那提婆達多眞聰明，他自己出家剃度，所以後來僧團中因爲提婆達多而出了很多事。

當然他是個逆行菩薩的示現，但那是另一回事；但他這個示現告訴我們說：「要遏制相似像法流傳的最好方法，就是阻絕他們，不讓他們來僧團中出家。」那他們沒有那件菩薩衣、沒有那件聲聞衣，就無法用「相似像法」來誤導很多的人。所以 佛陀就說：「如是見人，我則不聽出家受戒。」因爲讓他們來出家受戒穿著僧衣時，他們將來會強出頭爲人說法而誤導很多人，

「相似像法」會越來越興盛，了義正法就漸漸滅沒。

不但不讓他們出家受戒，就算讓他們找到機會出家了，還有後續的動作要作，世尊說：「如是見人，我則不聽受一飲水以自供養。」換句話說，假使他們出家住在寺院中，當他們口渴了，有人想要供養他們一口水（「一飲水」就是喝一口水），或者說他們在寺院中想要喝一口水供養自己的色身，世尊也不允許。這樣是不是最嚴重的遏制？還不止，後面還會說到。換句話說，這種人縱使有機會混進佛門出家受具足戒了，也得要加以摒除。他們想要喝水，大家都不要供給；如果連一口水都不能供應給他們，言外之意是不許他們在寺裡吃飯；連喝粥也不行，因爲他們連喝一口水都不行。

這是第一種人，接著 世尊講另外一種人：「如果有人摒除或捨棄了這種人的不善，也捨棄了貪著種種事情的惡事，來到我釋迦牟尼佛的法中出家，想要尋求成佛之道，他心中都不想『我要趕快證得無餘涅槃，離開三界生死的痛苦』，他從來沒有去憶念著自己何時可以證得無餘涅槃，他心中從來都不貪著無餘涅槃，他對無名相法這個畢竟空，既不驚怖也不畏懼；」諸位想想看，世尊講的第二種人，這幾個條件在諸位身上有沒有符合？（有人答話，聽不清楚）大聲一點！（大眾答：有。）答得這麼心虛。這應該勇敢承擔：「我就是這樣的人！」如果你不是這樣的人，來到正覺學法時不要期待什麼實證佛法。所以應該這樣承擔說：「**我就是這樣的人，我是符合《佛藏經》中世尊所說的這些條件。**」那我們就來談談這一類人，也就是要談你們。

在世尊的法中出家求道，到底你們有沒有出家？（大眾答：有。）有？留著頭髮、掛著金項鍊還說是有出家喔？（大眾重答：有。）有！對了！是心出家，不是以身出家。如果身出家、心也出家時是不是更好？更好了！這就是我們正覺學子應該有的正確心態。如果心出家了，還一天到晚想著：「**我得了正覺這個法，我要自己出去弘法，才不管你蕭老師。什麼正覺教團？我自己就是一個教團，我可以藉正法的實證而取得種種資源，自己獨立弘法，與你們正覺不相往來。**」

這樣，他的心到底出家了沒有？（大眾答：沒有。）沒有！因爲他要的是自己的名聲眷屬，正是在家心，而且這本質其實是破和合僧，是破十重戒之一。凡夫僧團中自古以來破和合僧的事情很常見，不是怪事；但是勝義僧團中自古以來沒有分裂過，因爲心出家了，所以就沒有這個事情。那麼如果證悟時只是乾慧，他沒有好好修學定力，來使他的乾慧產生作用，那他的智慧不會作爲前導，而是以私心作爲前導，就沒有解脫功德受用了。所以他說出來的法也會有許多的錯誤，這樣的人就不是眞出家，正因爲他的心沒有出家。

現在說：「若人除捨如是不善貪著事者，於我法中出家求道，」這前提講清楚了，接著說：「不念涅槃，不以涅槃爲念，」他不是一天到晚想著：「我何時可以證得有餘、無餘涅槃。」他並沒有這樣想，心中想的是：「我的智慧該如何趕快生長，快速擴大，然後越來越廣大、越勝妙、越圓滿，我可以利益更多的人；至於我何時可以出離三界生死，那都不重要。所以我在正法中求道，目的不在個人了生死，而在於智慧快速增長，福德快速增長，然後可以利益更多的人。」所以這個人「不念涅槃，不以涅槃爲念」，因爲他心心念念想的是：「怎麼樣使更多的人和我一樣可以證得實相，可以趕快發起實相般若。」他想的是這個，因此他不貪涅槃。

我弘法最早期，那時同修會還沒有成立，度了一個人也姓蕭，他明心以後去他們家七樓頂，去頂樓站在女兒牆上面說：「我看看會不會怕？如果不怕，我就可以取無餘涅槃。」我後來聽說了，就跟某一個同修講：「早知道這樣，砍斷他的腳後跟。」度了這樣一個聲聞人能幹什麼？都沒有用，我不是要度這種人。我們是菩薩法，固然你轉依了眞如以後，可以無所畏懼，但必須珍惜你的生命，可以更長久地爲眾生作事；結果他想的只是涅槃，那我度他是白度了，他就是「貪涅槃」。像這樣「貪涅槃」的人能不能實證涅槃？不能。因爲菩薩絕對不會教他實證無餘涅槃，他還得要在初果、二果之中繼續再混很久，而只能永遠當通教菩薩，還上不了三果、四果。後來證實他眞是如此，所以他離開正覺，自己要去拚阿羅漢果時拚得到嗎？拚不到啦！再給他三十年也拚不到。所以說「貪涅槃」的人就是聲聞人，我們不要這種人，寧可他趕快離開，因爲留著不能爲正法作事，還會影響其他人的菩薩性起不來。

那麼這一個菩薩「不念涅槃，不以涅槃爲念，不貪涅槃」，不但如此，「於畢竟空法不驚不畏」。這就要探討什麼是「畢竟空法」，「空」在《般若經》中有說十八空，但是把它們歸納起來就是兩個空：一個就是蘊處界等萬法緣起性空，另一個叫作第一義空。第一義空就是「畢竟空」，那爲什麼叫作「畢竟空」？空，可以有很多空，例如說在阿含部《央掘魔羅經》有講「空如來藏」，但爲什麼叫作空？是因爲蘊處界無常而空，是因爲修除一切煩惱，使生死流轉的煩惱空了，所以說空如來藏。

但不是如來藏不存在了而說爲空，因爲如來藏能生萬法、具諸功德。所以就用村莊、河流來譬喻如來藏中的煩惱空了；比如說，當我們說那個村莊空了，是因爲村莊中的人都離開了、空了，所以說村莊空；但村莊還是存在著，村莊不空，不空的村莊都沒有人住了，所以叫作空的村莊——空如來藏。又有人說河流空，河流空是因爲河流的水乾枯了，河道中已經沒有水了，叫作河流空；但不是河流不存在了，那條河流依舊存在著。談到河流，現在高雄市多了好些河流，可是那個河空是爲什麼？是因爲河中沒有水。

到底高雄市這回氣爆是天災還是人禍？（大眾答：人禍。）是人禍，表示諸位有智慧，但現在不談它，因爲這是世俗法。河流空是因爲河流中的水空了，所以說河流空，不是因爲河流不存在而叫作空河。空河是因爲水不存在，可是河流的體還在，只是沒有水在流，因此叫作空河。「空如來藏」的道理正是這樣，譬如五陰的煩惱滅盡了，將來可以只剩下如來藏而成爲無餘涅槃，這時就把祂叫作「空如來藏」。那麼「不空如來藏」，是因爲五陰還存在，而如來藏這個空性還是存在著，但時時生其心而有五陰繼續運作，顯示祂具足萬法的功德，就把祂叫作「不空如來藏」。但如來藏依舊是空，因爲祂自個兒的境界中迴無一法，更別說有貪瞋癡等。這就是空與不空的道理。

但是爲何叫作「畢竟空」？這是說，當你轉依如來藏，從如來藏自己的境界來看待一切法時，不但一切法都不存在了，連「看待」這個念頭都不存在，因爲迴無一法，這才是「畢竟空」。無論你五蘊中對什麼樣的法所瞭解的空都還不是「畢竟空」，即使你證得如來藏之後，現觀祂的境界中迴無一法，依舊不是「畢竟空」，因爲這是你的意識之所知，是你的意識知道如來藏的境界中迴無一法而稱爲「畢竟空」；可是「畢竟空」是如來藏自己的境界，不是你意識的境界，所以如來藏自己的境界才是「畢竟空」。

如果不是來正覺學法一段時間，聽到我說如來藏的境界中迴無一法，然後卻要來實證這個如來藏，心中會驚怖、畏懼，因爲他一定誤會：「啊？既然如來藏中迴無一法，那我證得祂要幹嘛？」諸位爲初學的人想一想，站在他們對如來藏所知的知見層面來想一想，是不是會這樣想？會啊！所以，我們說如來藏離見聞覺知，附佛法外道或佛門中的凡夫大師們不能接受。以前還有附佛法外道不但不接受這個事實，還刊了報紙來質問我，就是義雲高的徒弟叫作喜饒根登，俗姓吳，還在報紙買了第一版的半版廣告，振振有詞質疑我：「你既然說開悟的境界是沒有見聞覺知，那我請問你：『沒有見聞覺知、沒分別，當你寫書來說別人不對時，你難道都沒有見聞覺知，也沒有分別嗎？』」他還質疑得振振有詞，這就是世俗凡夫。

所以初學佛的人聽到我說法時，他們心中會起煩惱：「既然你要證的境界是迥無一法，也沒有六塵，那不就是既瞎又聾而且又啞，那我去跟著你學，修證這種境界幹嘛？」他們一定又會猶豫（即使已經進入正覺了，也還是會離開的），這一猶豫可能要延後一年、兩年、三年、五年、十年不等，才會進入正覺來；他們會繼續讀正覺的書，心中老是疑著，疑到最後那一年時才會這樣想：「可是這樣不對啊！蕭平實證得的是既聾又盲又啞的這個境界，可是為什麼他變得這麼有智慧？他講的跟佛經講的也都一樣，挑不出毛病。」於是，他想一想：「可能我誤會了他的意思。」於是心念一轉才又回來，不是沒有這種人。

所以我們有的同修以前拿到正覺的書，讀了幾頁就讀不下去，束之高閣；過了三、五年，人家又推薦他讀這一本書，拿了回家一看：「欸！好像我以前有拿過這一本書。」書架上找一找，一拿下來，手指上都是灰塵，然後拿抹布來擦一擦，看清楚：「對啊！是同一本。」於是好好讀，讀了以後才終於走入正覺，走進正覺可就不簡單了。我們現在很努力、很努力作事，就是要讓大陸往世的同學回來正覺，也要讓更多同胞走進正覺，但是不太容易，我們要大家一起努力。現在大陸有媒體報導我們，標題也是寫「走進臺灣正覺同修會」，就是鼓勵民眾要走進來，免得被密宗假藏傳佛教外道、基督教外道給迷惑了。這意思是說，正法的修學一定要有智慧去判斷，而不是看到文字表相，然後心中恐懼、驚怖。

所以「畢竟空」一般人是不能接受的，不但是讀不懂，從文字表義上根本就不能接受。一般人讀不懂是很平常的現象，所以他們把大乘經典請了出來，看到「法不可見聞覺知，若行見聞覺知，是則見聞覺知，非求法也」。心想：這到底在講什麼？不信，又去讀別部經典，又讀到「無覺觀者名爲心性」，又想：這到底是講什麼？往前面去追溯看看，前一句說「一切諸法無作無變無覺無觀」，怎麼會如此呢？明明一切諸法非常分明顯現時就是覺觀分明的呀！有時人家問：「如何是佛法？」禪師搞不好還答你一句說：「森羅萬象許崢嶸。」看起來諸法中是有覺觀的，都在覺觀中才有的，可為什麼又告訴我們說「一切諸法無作無變無覺無觀」？又再加上畫龍點睛一句說：「無覺觀者名爲心性。」眞的好奇怪：「心性明明有覺有觀，怎麼會無覺無觀呢？到底這在講什麼？」於是弄不清楚了。

始終弄不清楚而又沒有入處時，不然請出第三轉法輪經典來讀，又告訴你說：「阿賴耶識又名如來藏，這個阿賴耶識離見聞覺知，這個阿賴耶識恆而不審。」恆而不審是什麼意思？就是說祂本來就在，永遠都在，不會毀壞，可是祂什麼都不知道。讀到這裡時腦筋又打結了：「既然祂永遠存在，可是祂什麼都不懂，那不是跟傻瓜呆一樣？而且傻瓜呆至少還有見聞覺知，竟然說如來藏離見聞覺知，都不了別六塵，不了別境界，那這到底是在講什麼？那我求證這個法要幹嘛？」於是心中一大團的疑惑，疑雲籠罩在頭上。

疑雲本來是在心中，結果越來越大就籠罩在頭上，每天思索：「這個法義到底是什麼意思？爲什麼大乘佛經都是這樣講的？」不信，再來看念佛法門，念佛法門中有一個觀佛畫像法門說「觀此畫像與如來等」，結果說的是：如此畫像非覺非作、無覺無觀，如來亦如是無覺無觀。這時心想：「糟糕了，無從下手。」不信，繼續讀下去時經中又說「如此畫像非出息、非入息，」又說：「如此畫像……非出息非入息，一切諸法亦復如是無有知者。」諸佛與一切諸法又不是死人，怎麼無出息無入息？誤會到一塌糊塗。

所以說，眞實佛法第八識，祂是「畢竟空」的境界；凡夫大法師讀了以後，心中不能接受；二乘愚癡的聖人因爲不懂，無法講什麼。後來聽到善知識解釋了，終於懂了：原來所要證的如來藏是「畢竟空」，因爲祂自己的境界中迴無一法，無色、聲、香、味、觸、法，無眼、耳、鼻、舌、身、意，無眼界乃至無意識界，甚至於無無明也沒有無明可盡，確實是一切都無，眞的「畢竟空」。可是：「這個『畢竟空』我眞的要去證祂嗎？那我證得祂以後，我會不會變空？」他心中有一大堆的問號，不知道該怎麼辦？後來聽說有一個正覺證了這個「畢竟空」，詳細告訴人家裡面的境界，結果讀了以後果眞是「畢竟空」，但是正覺卻提出了一個很好的說法：這個「畢竟空」就是父母未生我以前的本來面目，就是本地風光，就是一切有情的原鄉。喔！原來如此！

正覺又告訴大家說：「一切山河大地有情衆生，莫不是從畢竟空而生。」原來如此！那這個畢竟空法，祂就是實相的境界了，我懂了！所以我還是要去正覺學法；終於闖進正覺來。闖進正覺時覺得好奇特！你們回想以前第一次來時覺得正覺奇特，以後不管去到哪一個道場中，在和尚上座講經以前都是很吵雜的；來到正覺各地講堂時，有沒有聽到大家嘰嘰呱呱在講話聊天？都沒有，眞的好奇特。以前去到會外各個道場時，只見雕梁畫棟，但正覺竟然都沒有，佛龕也跟人家很不一樣。

但這就是正覺的門風，因爲我們的法很樸實，一點都不虛浮；我們作事腳踏實地，我們說法時也不會天馬行空。我們如果提出主張時，一定不會是打高空，這就是正覺的門風。但爲什麼正覺會這樣？因爲我們依於這個「畢竟空法」，所以我們作事情就是腳踏實地，實實在在。在正覺學法自然也是腳踏實地，不是只有一堆玄想，而是可以實證，然後你們可以眞正的安心。

如果不修學及實證這個「畢竟空法」，不管你提出的是三安、五安、七安，其實都沒有一個法是眞正可安的。不像有些道場提出來「安心、安身……」

等說法，又何曾安？但我們在正覺中學法是很安心的，覺得很實在，因為這個法不是想像之法，所以實證以後可以從各個不同的層面一一現觀，來增長你各個不同層面的智慧，所以得安心。安心不是因為一天到晚有人關心你、來跟你閒聊天兒，而是你得的法是實在的，都不是玄想；而你可以知道接下來的路該怎麼走，成佛的次第都擺在你面前，你可以自己來衡量。所以你的成佛之道走得很安心，也知道自己在成佛之道中眞的已經邁開大步走了。

可是推究這個境界的實證，它的因緣依舊是「畢竟空法」第八識。實證了「畢竟空法」的人，對於「畢竟空法」不驚不畏；沒有實證「畢竟空法」的人，聽到人家演述什麼叫「畢竟空」時，心中會產生驚怖、畏懼，那麼世尊說這個人：「於我法中出家求道，不念涅槃，不以涅槃為念，不貪涅槃，於畢竟空法不驚不畏；」這樣的人很難得了，可是這個人不止如此，「這個很難得的人為了斷種種法的緣故，他尚且要勤行精進，何況是前面那個與涅槃共諍，與佛法僧共諍的人。」

這也是說：「像這樣難得的菩薩，為了斷除諸法還得要勤行精進。」為什麼要「斷諸法」？而斷除諸法又是什麼意思？也就是說：「一切諸法都應該可以完全摒除，然後眞實的住入無名相法之中。」這就要請問諸位了：「眞實的住入無名相法之中，是誰的境界？是哪一個階段的境界？」五十二個階位再加上最後那一個，誰的境界？諸佛如來的境界。諸佛如來才是究竟「斷諸法」的聖者，妙覺以下都還沒有斷盡，這是什麼道理呢？是說：「當你斷諸法時，無一法不斷，表示變易生死已經超越了。」假使你變易生死還沒究竟超越，就表示還有某一些法未斷；如果一切諸法都已經斷了，變易生死已經超越，再也沒有種子的變異了；這個沒有種子的變異，不能想得太單純。第二大阿僧祇劫修行完畢時，把三界愛的習氣種子都斷盡了，可是還有第三大阿僧祇劫要修，那就是無記性的各類異熟種子，這也都是法，這還得要斷盡；當這些無記法種的變異也斷盡時，就是該成佛時。

成佛時意識心可以住在如來藏的境界中，不再像妙覺以下是與如來藏並行的境界了。現在要來講一個譬喻，才告訴人家我爲何要這樣說，這是賣關子，可是我賣這個關子，你們不用付錢來買。譬如一個倉庫有一個管理員，他有一本簿子記載著A倉有什麼物品，鉅細靡遺；B倉有什麼物品，鉅細靡遺，全部都記載著；可是他沒有權限進去看，他只是負責保管而不許進去看，也不許去使用倉庫中的物品。另外有一個人住在裡面，當他需要什麼就告訴裡面那個人：「在C倉中有某一個物品，你把那個物品拿給我。」那個人就去拿出來。可是管理員常常換人，換過以後他沒有那本簿子，然後聽說那裡面有他要的物品，但他能不能去把它取出來？不行！他就叫喚：「裡面的那個人！出來、出來，我問你『裡面是不是有什麼……』。」裡面那個人很笨，你必須要告訴他說：「在哪個地方、長成什麼模樣、大小如何等。」要講一堆，他才懂得要給你。他不太會分別，可是你又不知道如何形容那個東西，你也不知道裡面那個東西究竟眞正的狀況怎麼樣；所以他也聽不懂、你也講不清楚，那你能不能把裡面的東西拿來用？不行。

當你超過了第三大阿僧祇劫諸法斷盡時，就有能力去運作裡面那個人，附在他身上去裡面到處逛，所有裡面的寶物由著你看，然後你想要用什麼就用什麼。那麼裡面那個人是誰？是意根。如來藏則是那個大倉庫。那麼外面這個管理員是誰？是意識。這表示佛地的意識可以進去如來藏中了知一切的種子，那麼最後斷盡一切諸法時，如來藏這個倉庫也可以主動告訴你：「現在有些什麼事該作了。」這就是成佛的境界，成佛的八識心王可以這樣運作，這就表示已經「斷諸法」了。今天講到這裡。

請問我們上週是講到哪一句？因爲今天太忙，書包出門時忘了帶。什麼都沒帶，連海青都是借來穿的，這眼鏡也看得不太清楚。第六頁的第一句「爲斷諸法故勤行精進」，這一句講完了是吧？來到講堂車子停好要拿書包時才看見空空如也，再回去拿也來不及了，所以請我同修跟一位鄭師兄再回去拿，他們大概要八點才會送來，我才能換另一付眼鏡。這眼鏡看得也不很清楚，用來看遠一點的，因爲這是開車用的眼鏡。

《佛藏經》上回第六頁第一句講完了，先把上回講的最後的意思來複述一下。就是說，身爲一個眞正的佛弟子而且是菩薩，能除捨一切邪見等，並且在 世尊的法中出家求道以後，不是心心念念想著要取證涅槃，不是想著要出離三界生死，反而願意永生永世盡未來際一直在三界中自度度他；那麼這樣的人是眞正行菩薩道的人，而這樣眞正行菩薩道的人對於「畢竟空」這個法不驚不畏；這樣的人尚且要很努力精進來勤行佛道，來斷除一切諸法。像這樣的人才是眞正行菩薩道的人，這樣的人不會有前面所說的具足貪瞋癡，而且老是落在人我之中、老是落在我所之中，這樣的人爲什麼說他「於畢竟空法不驚不畏」呢？應該要先來瞭解什麼叫作「畢竟空法」。

我們上週有講「畢竟空」，也就是說這個「畢竟空」需要作一個提示；因爲很多人一談到「畢竟空」就有誤會，譬如經上有講菩薩常遊畢竟空，說這個才叫清涼月。可是「畢竟空」的道理其實是應該歸結到如來藏空性來，只有如來藏空性才能說是「畢竟空」；一般所說的空，大致上都是從蘊處界的緣生緣滅來說是空，因爲無常無我所以空，這樣的空其實是藉所生的蘊處界來顯示「無常故空，空故無我；無常故苦，苦故無我」。然而這樣的空不究竟，不是「畢竟空」，即使死後斷滅而沒有未來世，猶如斷見外道所說那樣，如果眞的能在死後一切斷滅，其實也不是「畢竟空」，而是「斷滅空」。那麼很多人沒有注意到的是現象界的一切法，從各個有情蘊處界的無常、苦、空、無我，乃至於有情所居住的世界，山河大地、星球世間也都是無常故空；但是不論外在環境的無常故空，或者蘊處界的無常故空，其實都要源自於「畢竟空法」；因爲這一些都是所生之法，而這一些所生之法都要由一個能生的「無名相法、無分別法」來出生，這第八識心才是「畢竟空法」。

但是「無名相法、無分別法」這個能生的心，無形無色、迴離六塵，不墮一切六塵境界中；而祂能出生了山河大地一切世間，出生了三界六道的世間，但是這一切全部都要從祂而有、隨祂而滅。如果不是因爲有這個「無分別法、無名相法」，這蘊處界空、三界的無常故空，也就不可能存在，更不可能出現，也就沒有緣起性空之可言。所以緣起性空不是「畢竟空」，當然更不是「畢竟空法」，緣起性空只是蘊處界緣生緣滅所顯示出來的現象而已。緣起性空不畢竟，因爲緣起性空的眞實義固然在世間法中不可推翻，但它卻是依於蘊處界的藉緣生起歸於壞滅而顯示出來，是依於無常的三界世間而顯示出來；這個緣起性空仍然是依附於緣起諸法而顯示它的緣生故空，所以這個空不是畢竟的。

那就要去追溯，到底蘊處界以及三界世間的緣起故空是根源於何處？是根源於「無名相法、無分別法」如來藏。那麼這個如來藏無形無色所以是空，但祂卻有自性而能生蘊處界等諸法，這樣的空而有自性就稱之爲空性，這個空才是「畢竟空法」。也就是說一切三界有諸法，以及一切有情、一切三界世間的緣起故空，都緣於這個「無名相法」空性；如果沒有這個「無名相法」空性，就不會有任何緣起性空之可言。所以畢竟的空還是這個如來藏，而不是由蘊處界顯示出來的緣起性空的現象。因爲緣起性空只是用來顯示所生的蘊處界緣生緣滅的現象，所以那個空不是「畢竟空」，只有能出生三界世間、出生蘊處界，然後又使三界世間和蘊處界緣起性空的那一個空性「無名相法」才是「畢竟空法」。

所以，菩薩證得這個「畢竟空」，心境常常遊於這個「畢竟空」，這樣才叫作「菩薩清涼月」。如果沒有證得這個「無名相法畢竟空」，就談不上清涼月，因爲連月的影子都沒瞧見，又何曾有清涼月可言；那麼這樣就表示他不懂「畢竟空」，無法使他的心境遊於「畢竟空」之中。所以「畢竟空法」是證得「無名相法」如來藏的菩薩之所親證、之所現觀、之所遨遊，因爲這個緣故，所以菩薩生起實相般若智慧，對於這個「畢竟空法」就不驚怖、不畏懼。

接著回到經典來說：「這樣的菩薩爲斷諸法故，勤行精進，」「斷諸法」我們上週好像有講過了，就是要斷除三界愛的諸法，也要斷除三界愛的習氣種子，進而要斷除異熟性的各類種子，使得如來藏心中的一切種子永遠是常而不再變異；當種子是常而不再變異了，而「無名相法」如來藏自體是常也不變異，這樣才是眞正的常。這樣眞正的常才能說已經遠離分段生死，已經遠離變易生死，煩惱障、所知障一切都斷盡了，這時種子不再變異，是眞實的常，這個境界才是諸佛的快樂境界。

那麼有常有樂一定是大家所喜歡的，可以稱之爲我。如果自身是無常的，又是每天每一剎那都是痛苦的，你們願意這個是你們的自我嗎？願意嗎？不願意的，對不對？所以地獄的眾生都希望趕快死掉不要住在那裡，可憐的是惡業未消，就得要繼續在地獄受苦；所以才剛剛死了，業風一吹又活過來，捨報都捨不了，所以他們不願意自我存在，因爲自我的存在就是苦。如果是生滅的，又時時刻刻都是苦，沒有人願意這個是自我。如果自己是常而且永遠都是快樂的境界，那當然可以是我，而且最好我就是這樣子永遠都不變異；到佛地時就像這樣子。

雖然實際上跟眾生因地是大大不同，所謂的樂其實沒有樂，但是因爲是常而不變，內外俱常，因爲心體是常而裡面的種子也是常，內外俱常所以永遠不變異，因此叫作常樂。是常是樂當然可以說：「**這就是眞實的我。**」所以佛地的這個第八識是眞實的我，這樣叫作常樂我。但還有一個呢？（大眾答：淨。）欸！就是淨，因為內外俱淨。既然內外俱淨，就表示淨是經由種子永遠不再變異而顯現出來的清淨現象，所以這叫作「常樂我淨」。「常樂我淨」時就完全無倒。外道以及凡夫眾生之所以會成為凡夫、會成為外道，就是因為四倒：非常說常，常說非常；同理，樂、我、淨也都是如此，所以非樂說為樂，樂說為非樂；不是眞實的我說為眞我，眞我說那不是眞我。這些就是凡夫以及外道們的四倒，而四倒是相對於常樂我淨而說的，但這部分是表示到達佛地時具足「常樂我淨」，才是究竟之法。

那麼到了這個究竟的境界時，佛地的如來藏就不再稱為如來藏。如來藏的意思是什麼呢？有一句話說：「如來藏中藏如來。」表示他的自心如來功德還沒有全部顯發出來，所以才叫如來藏；若是已經成佛了，如來藏中含藏的如來究竟地功德全部顯發出來時，就不能再叫作藏了，就可以稱為究竟位的「如來」。因此有些經中講的如來是在講第八識，不是講應身如來，也不是講化身如來，有時講的如來就是指第八識。佛地第八識不叫作如來藏，只叫作如來或者無垢識，是因為祂內外俱淨。當如來藏中的種子全部清淨而不再變異時，就是度過變易生死了，那時如來藏有一個功德出現了才改名叫作

「無垢識」——就是祂可以跟五個別境心所法相應，也可以和善十一心所法相應。

與五個別境心所法相應，如果你們還沒有破參又沒有在增上班學過，可能不懂這意思，我要解釋一下。我們八識心王每一個識，從眼識到阿賴耶識，都有五個遍行心所法；遍行心所法就是觸、作意、受、想、思，有時候說作意、觸、受、想、思，有不同的意義。總而言之，這五個心所法遍於八個識，每一個識都有這五個心所法。可是接下來的別境心所法就不一樣了，別境心所法就是欲、勝解、念、定、慧。「欲」是什麼？是對某一法有興趣而想要去作，叫作欲。這時不是指五欲的「欲」，而是他有一個欲想要去作某件事，想要去作就是「欲」；那麼，想要去作的事或者想要去聽的事、想要去學的事，想要的作意叫作「欲」。

欲之後有一個心所法叫作「勝解」，例如你來正覺講堂聽聞佛法，一定是你心中有欲：「**我今天想要去聽經。**」才會來講堂。這表示有個欲心所法的功能，使你採取動作來到講堂聽經。來聽經時，且不談路上的事，路上有很多的勝解、很多的欲就不談它；但你是怎麼來的？以及每一個時刻的經過你都知道，這就是「勝解」。再來說聞法的勝解，你在聽法時聽了有理解，這叫作「勝解」。關於勝解，有很多的層次差別，我們現在不談它，先來解釋這五個部分。

這五個別境心所法所謂的「別境」就是了別境界，這五法是了別境界的心所法。這了別境界的心所法是如來藏所沒有的，第八識如來藏沒有這些心所法，直到成佛之後才有。有了欲之後想要來聽經，但坐在這裡時如果沒有欲心所法你就不會想聽，當你不想聽時就會打瞌睡；如果你想聽，即使累了也會硬撐著聽，硬撐開一直要合起來的眼皮：「我要聽，我要聽。」那就是欲心所法。然後聽著聽著，雖然眼皮一直垂下來，可是其實有聽進去，還是不少聽懂的法，懂了就叫作「勝解」；這個勝解是意識心所有的法，這最厲害；欲心所也是一樣，而勝解也是意識心最厲害。那麼經由耳識聽進來，意識心懂了，就說是有勝解；有勝解時就會記住；如果沒有勝解，得要記住每一句話的每一個字——那幾句話的每一個字要去記憶，那就是沒有勝解而用死背的。老實說，用死背的，人腦記憶有限，用背的常常會忘記，也記不了多少，然後常常會背錯。那你如果有勝解就不必死背，自然就記住了，就能知道那是什麼道理，這時就有了念心所。

「念」，譬如說：「你好久都沒有來看我了，我每天念著你呢。」就是那個念，純念就是把它記住的意思。譬如孩子到美國去留學，有些事情都還沒有處理好，就先放下，因爲想媽媽，就打電話回來，媽媽問：「你忙完了嗎？」他說：「還沒有啊！我行李一大堆亂七八糟。」「你怎麼還不趕快整理？還打電話來？」兒子說：「我想念您啊！」這叫作「念」。有念，表示他去到美國時還記著媽媽，這就是念。爲什麼他會記著？因爲他記著媽媽這個人，以及互相之間的關係……等，他完全勝解而記住了，所以他就有了念心所；這個念心所是源自對媽媽有勝解，就會有念心所。諸位來聽經，聽懂了就會有勝解，有勝解就是懂這個意思，雖然我講的那些字句你都忘光光也沒關係，但人家一問起來你就可以爲人解說──「這個道理我告訴你」，這就是有念心所，念心所是從勝解而來的。

這樣欲、勝解、念，有三個心所法了。有了念心所時能不能心得決定？不一定。有時他聽懂了，也瞭解那個意思所以記住了，可是他也許覺得：「好像跟我師父講的不一樣，我不相信。」那他對於所聽的這個法，就不可能心得決定，沒有心得決定就表示他心中沒有這個定心所；所以他會偏來偏去，某甲講這樣子，他又覺得這樣好像有道理，某乙講另外一種，他又覺得好像有道理，然後回來正覺講堂又聽蕭平實這麼講：「好像也有道理。」「可是三個不一樣，到底哪一個正確？」他心中不得決定，這表示他沒有「定心所」。

如果他能有智慧去作思惟、觀察然後加以抉擇，當他有了抉擇分時，就能心得決定：「唉！蕭老師講的才對，某甲、某乙都不對。」於是他有定心所，有定心所時智慧就開始出生了。沒有定心所時這部分的智慧就不會出生，瞭解這個意思嗎？一定有人懷疑說：「眞的嗎？」不必懷疑，從我們退轉的人爲例子來講，那三批人都是一樣的；當他們對於所證的這個如來藏不信受，認爲這不是如來藏時，他的知見與說法就開始偏，越偏越遠，然後自以爲是增上，就敢來否定我們的正法，就會被我們師兄姊破到一塌糊塗。這表示他們智慧退失了，他們雖然以爲是增上，其實是退失。所以說，對如來藏的妙理沒有定心所時，智慧生不出來。

這是從法義上來講，可是如果要從「境界受」來講，也是一樣有欲、勝解、念、定、慧，這個就不再談，不然再談下去將會談到很遠的法義去了。

境界受中一樣有欲、勝解、念、定、慧。因爲有欲、勝解、念、定、慧，所以你們來聽經時，能了別我所講的法道理是什麼，就是你能了別出聽經時所聽到的這一些境界內容如何，這就是聞法時的五別境心所法。「境界受」還是要講，不然你們無法如實瞭解，因爲你們不是增上班的同修，大部分人還不是，因此還是得要講。

例如我突然把手伸出來轉一轉，大家看見了，那你想要見，所以眼睛就會盯著我的手看，這就是「欲」的表現。那麼有這個欲心所，所以你眞的來看我的手在動，那你對我手動的狀況有了「勝解」，你知道是這樣動的，就不會去跟人家形容是那樣動，而且你可以用動作來形容：「他就是這樣動的。」表示對我的手在作這樣的動作有勝解。有欲而且實際上見了而有勝解，那麼有勝解時下課回去，或者明天、後天一直到後來十年後，你都還會記得：「十年前某一天講經時，蕭老師手這樣動作。」這表示什麼？這就是念心所，幫你記住了。因爲你親眼所見，你瞭解是怎麼樣作的，你也可以模仿來作。

這表示你已經有「欲心所」想要去見，而看見了以後你有了「勝解」，所以你記住了是怎麼動的，有這個「念心所」。有念心所時，當別人跟你說：

「不！那天蕭老師手是這樣動的，和你說的不同。」你就說：「不！他是這樣動的。」表示你對於所見心得決定，不會被人家改變，這就是有「定心所」；有定心所時就可以跟人家說明：他那天動手時是怎麼樣動的，大概舉多高，大概什麼方向，不是在胸前，不是在那一邊動而是在這一邊。你都可以形容清楚，表示你有對這件事的智慧，你對於所見有慧，就是有「慧心所」。這樣子就因爲欲、勝解、念、定、慧，使你能了別境界。謝謝！救兵到了，不是這付眼鏡。現在才知道爲什麼一個老人要那麼多付眼鏡？換眼鏡了，就可以把經文挪近一點。剛剛講到哪裡？講到別境心所的「慧心所」，這表示你對於所見的境界可以確定內涵，那你就有智慧可以來爲人家說明，爲人家解釋說：「那一天蕭老師的手是怎麼動的。」這就是五個別境心所法，如果沒有這五個別境心所法，你沒有辦法了別境界。

那麼意根沒有這五個別境心所法中的前四個，所以意根不會說：「我想要這樣，我不想要那樣。」這都是意識所分別的事。五別境中祂只有一個心所法，就是最後那個「慧」。可是祂的慧又很差，爲什麼很差呢？因爲祂什麼都攀緣，就像八爪章魚，應該叫十六爪章魚一般什麼都攀緣；包括上一世埋在泥巴裡的臭骨頭也攀緣……等。因爲這個緣故祂的了別慧很差，而且祂又不會思惟，那只好靠意識；意識若是思惟錯了，祂就跟著生起錯誤的認知和決定。

至於如來藏，這五個別境心所法完全沒有，如來藏什麼時候才會有這五個別境心所法？到了究竟成佛時。所以成佛時如來藏也可以直接了別一切六塵境界，並且也能有所決定。你們找到如來藏的人想想看：你的如來藏能幹什麼？在五別境的功能上絕對一點點功德都沒有。得要到如來藏中所有的種子不再變異，成爲內外俱常，因爲究竟清淨了，如來藏這時才成爲「佛地眞如」，才叫作「無垢識」，才能跟五個別境心所法相應。因爲，這時如來藏除了本有的五個遍行心所法以外，還有五個別境心所法，那就是跟意識一樣可以了別六塵。這樣像不像世間人所說的「我」？很像了；但畢竟不是，因爲是究竟清淨的法。但是有世間人所認知的「我」的特性，所以又叫「常樂我淨」的「我」。這樣的我具有這個意義，是佛教界所不知道的，這是我們正覺才敢說、才曾經說過的，但是平常講經沒機會講，只有在增上班講過。

這樣子，既然像意識一樣又可以了別境界，當然那時可以自覺有我，可以自知有我，這時誰都不能說祂不是「我」了，所以佛地可以叫作「常樂我淨」，因爲祂是究竟清淨的，也可以自行決定要作什麼。而且佛地這個「無垢識」每一個心所法祂都可以自行去運作，妙覺菩薩們無法想像。所以妙覺菩薩見到了 佛陀依舊恭恭敬敬五體投地禮拜，因爲根本無法想像佛地的境界。至於佛地有十個境界相，那就不談它，因爲那十個境界相連妙覺菩薩都聽不懂；單單第一個境界相就聽不懂了，就別說後面九個。那我們距離妙覺還那麼遠，就不必談它，說之無義。要像這樣子，這個「常樂我淨」才可以說是佛地的境界相，到這個地步才可以說一切法已經斷盡，如果沒有到這個地步而說他成佛了，顯然他還有無量無邊的法都還得要斷，那都是徒託空言，絕無實義，地獄報在不遠。

眞正的菩薩證得這個「無名相法」以後，對這個「畢竟空法」不驚不畏；就是證得如來藏以後，瞭解這才是眞正的空，而且智慧生起心得決定而不驚疑。所謂的緣起性空、一切法空、十八空等都不是眞正的空，這個空才是眞正的空，所以這個空是畢竟的。菩薩證得這個法以後，對這個「畢竟空」不驚不畏，可是也自覺還沒有成佛，因此要努力悟後起修的目的是「爲斷諸法」，斷諸法目的是什麼？就是把如來藏所含藏的一切種子，該斷的斷、該除的除，最後該發顯出來的就能發顯出來。

換句話說，如來藏本有的功德要具足發顯出來，是要經由斷諸法把一切煩惱障、所知障全部斷盡；斷盡之後，如來藏本有的佛地功德才能夠顯發出來。所以證得「畢竟空法」而不驚不畏的菩薩，「尚爲斷諸法故勤行精進」，也就是說，證得「畢竟空法」的人不會像前一段經文所說的成爲「說有者、說無者、說假名者」，都不會成爲那些邪見者，但這樣的人尚且爲了斷諸法的緣故而「勤行精進」，何況落入這一些說有、說無、說人、說眾生的不善境界和貪著境界的人？

也就是說，這一些人是執著於我——執著三界我，不是執著常樂我淨那個我；又執著於眾生、執著於人，是執著互相觀待而了知、而看見、而相待的人，執著於種種法。就是說 世尊把這兩種不同的人作出一個對比來：不落入邪見的人，不貪著於三界世間的人證得「畢竟空法」而「不驚不畏」，尚且「爲斷諸法故勤行精進」，何況是落入邪見、有不善業而貪著—著於我、著於眾生、著於人、著於法—的人？這是先作一個對比，然後接著說：「是人爲斷諸貪著故，但勤修習無相三昧，於無相三昧亦不取相；」就是說，實證這個「畢竟空法」的菩薩，爲了斷除種種貪著的緣故，他只專心精進地、殷勤地修習「無相三昧」，可是所修習的「無相三昧」，修習成功了也不取相。不會說：「『我』修習成功了。」

「斷諸貪著」，當然貪著有很廣泛的定義，於我所的貪著是世間人最常見的現象；我所的貪著以外再談到對五蘊自我的貪著，然後再來談到對世界的貪著，再談到對於色界我、無色界我的貪著，甚至於進而言之還有對於如來藏中各類種子的貪著——就是對如來藏含藏的各種功能差別的貪著。那證得「畢竟空法」的人爲了斷除種種貪著的緣故，還要很精勤的修學熏習「無相三昧」。那什麼是眞正的無相？什麼是眞實證得無相又有三昧？

什麼叫作「無相三昧」？例如我們說無相念佛，我們弘揚無相念佛，這是我們正覺的招牌；一開始就是要作功夫，當你無相念佛的功夫作得很純熟時，你就有動中的未到地定了；正覺的道次第就是這樣，我們每一本書後面都有明載同修會修學正法的三個階段，第一個階段就是要作功夫，作功夫就是要培養動中的未到地定；爲了修得動中的未到地定，我們施設了方便法門，叫作「無相念佛」。可是無相念佛要怎麼修？要藉無相拜佛的方式來鍛鍊；那我們說無相拜佛其實這個名詞別人比我們更早用，就是我們這個鄰居法鼓山他們最早用；可是我不管它，我照樣用無相拜佛這個名稱，因爲他那個無相不是無相，我這個無相比較像無相，但也不是眞的無相——不是實相那樣的無相。

但我比他像無相，所以我比較有資格說我這個無相拜佛。那我們弘揚無相拜佛，他們後來不再講無相拜佛了，因爲怕跟我們混淆。其實不聰明，因爲我們未來一定成爲名牌，他那個名牌會銹蝕，所以他們應該繼續用才對；他們不繼續用的結果，就只好消失了！他們所謂的無相拜佛是什麼？就是專心地拜佛，什麼念頭都沒有，說那樣叫作無相拜佛。但他們心中眞的沒有念頭嗎？不！一大堆的妄想，永遠都達不到淨念相繼。但我們心中有個清淨念去拜，結果我們就可以達到淨念相繼的境界。淨念相繼時只憶佛，什麼都丟開來，這不是更有資格談無相嗎！所以就叫無相拜佛。修成了以後我們就說這叫作無相念佛。其實也不是眞的無相，因爲還有憶佛之心相，眞正的無相是實相的境界。

這個無相念佛是人間的法，可以是色界天的法，但不可能是無色界的法，因為無色界連這個念也不存在了。也就是說，這個無相念佛是個方便施設，讓大家比較容易跟未來要證的「畢竟空法」的無相相應。如果心中一直攀緣著佛號，那就有聲相、有心相，甚至於有佛的形像，這不容易與「畢竟空法」的無相相應，這就是我們施設無相念佛的目的。那麼這個無相念佛修成了還不是眞的無相，還得要藉這個功夫轉入看話頭的功夫，然後藉純熟的看話頭功夫來參禪，不必用到語言文字，這樣相應才會快。如果老是在語言文字那邊轉，都會落到語言文字中去，一定會跟思惟相應，想要與眞正的「畢竟空」無相法相應就難。

那麼參禪有一天終於實證了，再來看你所實證的如來藏「畢竟空法、無分別法、無名相法」，你這時去看祂，祂會有什麼相？你說祂像人嗎？不像人；像鬼嗎？也不像鬼。不像人不像鬼，可是人是祂作的，鬼也是祂作的。你一個人有辦法說：「我下輩子要長成什麼模樣，我自己來生。」能嗎？不行，得由祂來生。下墮去作餓鬼，祂是不是說：「我先設想，作了這個業，我下輩子要作鬼；那我現在先觀想自己所要成為的某種鬼。」會嗎？不會啦！

祂連想都不會想，何況去塑造出自己未來世那個鬼模鬼樣。

所以祂不像人不像鬼，因此人家問你說：「如來藏到底是什麼？」你說：「非人非鬼。」不像人不像鬼。這意思就是說祂什麼都不像，當祂什麼都不像時，祂就什麼都像。所以，那隻阿花來了，你說：「貓咪！來來！吃飯了。」你這時看到的是如來藏菩薩來吃飯，但這如來藏像貓咪。等一下老闆來了：「老闆！你來了，請坐請坐，今天要喝什麼啊？」祂又像老闆了，說祂什麼都像。你也可說：「如來藏像我啊！」沒錯！就是像你自己。不管誰問你：「如來藏像什麼？」你就說：「像我啊！」永遠都對，沒有人能說你錯。所以祂同時什麼都不像，才能夠什麼都像，這時就叫作「無相無不相」；因爲祂沒有相，可是祂能生一切相，沒有一相不是祂所生。

不然你正在插花，拿著剪刀要去剪一枝花時，看到一隻小蚱蜢，那小蚱蜢像不像如來藏？像？不像？牠不像如來藏，可是如來藏像牠？對啊！因爲你一看就是如來藏。當你看到小蚱蜢時就看到如來藏，怎麼能說牠不像如來藏？所以遇到一個沒有悟的人，你又反過來跟他講不像，也可以講得通；可是他就講不通，他想要模仿你時也是講不通。因爲祂沒有任何的相，所以祂能生一切法時祂又像一切法，所以就叫作「無不相」。你又反過來說如來藏像小蚱蜢，那不知道的人說：「喔！那我知道了，如來藏就是像小蚱蜢。」就這樣畫一隻出來：「這就是如來藏。」有的人就這樣子執言取義。那你就把筆拿過來：「你畫的不像啦。」拿了筆把那個小蚱蜢畫一圈，你就告訴他：「這樣就像了。」好奇怪！如來藏怎麼又變成圓的，中央還有小蚱蜢。所以他不懂就是不懂，那你會了就全部都對。對啊！就是這樣！

所以祂沒有相，可是祂因為沒有相，才能像任何的法。所以你剛剛挖了土要把花種下去，沒想到看到一條蚯蚓，你說：「如來藏像蚯蚓。」所以如來藏就變成這樣，其實這樣都不是，可是因為祂什麼都不是，而祂能生一切法，所以從一切法中看見了時，就是看見如來藏；因此祂本身是無相的，這樣的無相的法才是這個「無分別法、無名相法」。

你證得這個「無名相法」如來藏時，就可以說：「我現在證得無相。」這時可不可以說「我證得無相三昧」了？還不行！因為你有沒有心得決定，這是一個關鍵。這個心得決定要有前提，首先要修定，把攀緣的心、把執著自我的心給降伏下來，所以一來到同修會就是要學無相念佛；學無相念佛只是五停心觀中的一種，叫作念佛觀。五停心觀的目的是什麼？就是五種方法讓你的心可以停止下來，不再攀緣。所以叫作五種停心的觀法，五停心觀就是不淨觀、數息觀、界差別觀、念佛觀（編案：《菩薩地持經》中則說是慈心觀），還有一個因緣觀。修學這五法的目的是讓自己的心可以得定，不會再攀緣。不會再攀緣意思是說，心已經基本上降伏了；把心降伏之後，接著要觀行蘊處界的虛妄，但是在這之前要先瞭解蘊處界的內涵而不能遺漏，全部都具足了，然後一一觀察是由蘊處界組成一個我，而這個我是三界中的我，不是佛地常樂我淨的我。

蘊處界的我都是因緣生、因緣滅，所以無常無我，這樣子如實觀行而斷我見，有定力的人就不會退轉，然後再求證眞如第八識。沒有斷我見而悟了以後依舊會退的，先斷我見以後心得決定，有了定心所，然後初果人的見地智慧才會出現；見地出現以後接著再來參禪，終於找到了如來藏，你來看說：「這如來藏眞的無相，祂能生一切法，所以一切相莫不從之而生，可是祂自己無相。」這就是無相。證得這「無相三昧」以後要深入去觀察、去整理，使自己心得決定：再也沒有第二個可以稱為無相之法了。這樣心得決定時，才能說你已經有了「定心所」。有了定心所以後就可以開始為人家解釋：「如來藏為什麼無相？祂無相為什麼可以無不相？」就解說一切相莫非是祂，表示你的智慧生起來，智慧生起來就說你得到「無相三昧」了。

所以不是知道如來藏就算證得了，而是能實際上去觀察以後心得決定，然後才會有智慧出來，才叫作「證得三昧」。所以剛明心時，是不是就真的得到了「無相三昧」？並不一定。有的人得，有的人不得；所以我們必須要施設很多的方法加以鍛鍊；當他這麼說，把他錘上一錘，他痛得不得了，得到教訓：「原來這邊是不對的。」就會往那邊去，在那邊又給他一錘，再把他敲過來；就這樣不斷地錘，這叫作千錘百鍊。這樣通過考驗以後就弄清楚了，心得決定時就有智慧開始出現，未來就不會退轉。

會退轉的人都是心中不得決定，還在猶豫，那我把金剛寶印給他也沒有用；他很快就會把金剛寶印丟了，然後你就得說：「他沒有開悟。」那他會不服氣質問：「你以前印證我開悟，為什麼現在又說我沒有開悟？」因為他把金剛寶印丟了，那我的印證當然也就不算數了，那就是沒有開悟。他自己丟棄金剛寶印了，就是沒有開悟的凡夫，我當然就把開悟收回來，這是一定的道理。

那爲什麼他會把我爲他印證的寶印丟了？因爲心不得決定。心中沒有決定，定心所不存在時智慧就起不來，那就無法爲人家說明，也無法讓自己對這個法有更深入的觀察和印定，所以他就不會有慧心所出現。沒有慧心所就表示他不得三昧，所以不是知道答案就算是有「無相三昧」。知道答案而退轉的人太多了，知道答案而沒有智慧生起的人也太多了，表示他在「無相三昧」修習上面有欲心所、有勝解心所、有念心所，可是心不得決定——沒有定心所的功德；當他心不得決定時，慧心所就失去了，於是他包括前面的勝解都會自己再去扭曲，那就全部消失了。所以證得「無相三昧」的人必須要這五個心所法全部具足，才眞的是證得「無相三昧」。

他證得「無相三昧」時，不會去取某一個相說這個叫「無相三昧」。假使他有「無相三昧」但是拙於口才，例如洞山良价禪師鼎鼎有名，他的師父雲巖曇晟卻不太會說法，拙於口才；那這時你如果去質疑他說：「你開悟了，證如來藏，但如來藏是什麼東西？拿出來我看看啊！」他一定跟你說：「我拿不出來啊！我沒有東西。祂無相啊！我怎麼拿得出來？」他有機鋒也不會用，只會老老實實跟你教導。可是來到我這裡問我說：「你把如來藏拿來我看看，否則我怎麼信你？」我就一巴掌給他了。「你爲什麼打我？」「你不是說要看如來藏嗎？」「對啊！」「就是這樣啊！」「我又沒有看見。」「沒有看見是你家的事。」「拜託啦！你告訴我，讓我看見！」「明天再來。」當他明天一上來時我一棍把他打出去，就是這樣啊。這就是說，祂絕對不會起一個什麼相叫作如來藏。如果他拙於口才，就不會跟你講解，雲巖曇晟就是這樣子。

你看洞山良价說禪多麼妙，可是雲巖曇晟不會講話，但是他眞的能幫人開悟，他只是不會講而已。但爲什麼他不會講？因爲他差別智不夠。他很老實，那你要他拿出來時他也許拿不出一個東西來，永遠只會一招。因爲無相的法，你要他怎麼拿出來？可是如果他的智慧好：「你要如來藏？好！給你！」他就伸手拿過去。對方不會看，就問：「這怎麼叫如來藏？」可是人家眞的給他了。這就是說，祂本身是無相的，可是祂不斷地示現出來。那這時你證得「無相三昧」，你就不會取相，因爲如來藏無相，怎麼有相讓你取？所以說「於無相三昧亦不取相」。

接下來「是人通達一切諸相皆是一相，所謂無相。」這就是剛剛我講的：因爲祂無相所以無不相，一切相莫非是祂。不要懷疑我這個說法，我說一切相都是祂，但是難會。假使有人不信邪，我就告訴他說：「你到處所見都是如來藏。」他說：「哪有？我看來看去都沒有。」我說：「你不知道啦！等你悟了就知道。」可是有一天眞的悟了，他又想起這句話，就來問：「欸！老師您幾年前跟我講的，我覺得還是不對。」我說：「爲什麼不對？」他可能會說：「這如來藏無相啊！那您說一切相都是如來藏，可是我昨天到外面去散步，走到河邊看看，那河水潺潺，也沒有看到如來藏啊！河水潺潺不是相嗎？」我說：「你還看到什麼相不是如來藏？」他可能會說：「那我想起上個月去爬山，我爬到山頂看，那雲在半山腰飄啊、飄啊，我看到那雲很漂亮，但我也沒看到如來藏。那個雲不是相嗎？」我就告訴他：「那你要記得，明天早上到河邊再去看，明天下午爬到山上再去看，不論河水之相、白雲之相，你只要有見，那就是如來藏。」如果後天又來說：「我昨天有聽您的話，眞的去河邊看河水，昨天下午也爬到山上看雲，可是我依舊沒有看見如來藏啊！」那我倒要問他：「那你說阿哪個是相？你到德山去也是相，你下了澧水游泳也是相，不都是如來藏嗎？要不信的話，你哪一天買了登月的機票，一個人到月球上去，有沒有如來藏？」怎麼會沒有？眞的胡說八道！那我就說：「他沒有得無相三昧，因爲給他給得太輕易了，以致他的智慧起不來。」

所以一切諸相皆是一相，即使你去到極樂世界；不說去極樂世界，單說去到太空迴無一人，那時有沒有相？有啊！自己的五陰相還在那裡，那不是就有如來藏嗎？所以「是人通達一切諸相皆是一相，所謂無相」。如果跑到德山去，爬得氣喘吁吁，這也是一相，叫作「無相」；覺得天氣太熱就下了山，跑到澧州跳進澧水游一趟下來，也是相，依舊是一相，叫作無相，因爲莫不是如來藏相。如來藏無相，所以一切相都是一相，叫作無相，無相就是如來藏相，這樣很容易瞭解呀！

「一切諸相皆是一相，所謂無相。」世尊就告訴舍利弗說：「舍利弗啊！這樣子就叫作於聖法中得到了柔順法忍了。」於聖法中得到「柔順法忍」，表示說你已經很清楚知道「凡所有相皆是虛妄」，但是有一個無相的永遠都是無相，就只有無相這一個相是眞實法，所以《金剛經》說「無所有相即是眞實」，是眞實而不是如虛。以前大法師們都把《金剛經》弄錯了，都說是講一切法空，就成爲講虛妄法了；明明經文就告訴大家是眞實法而不是空無。這時能觀察一切諸法無相就是如來藏相，是因爲他現前觀察到一切諸法其實就是如來藏；因爲如果離開了如來藏沒有一法可得，都是依附於如來藏不斷生住異滅，所以一切諸法本來就是如來藏中的一部分，所以一切相就是如來藏相。可是如來藏無相，因此「**一切諸相皆是一相，所謂無相**」。當他能這樣子觀察了，而且心得決定不猶豫了，能隨順這個「**無名相法**」，心中不再剛強自愎，能接納善知識的說法而不再封閉自己的心，表示他的心調柔，能隨順這個無相之法，這樣子就叫作「**柔順法忍**」。

關於「**柔順法忍**」，我收集了一些資料來給大家看。《大智度論》有說：**【忍法，世間第一法，則是菩薩柔順法忍。】**「忍」是四加行中的一法，四加行是煖、頂、忍、世第一法。《大智度論》所說的煖、頂、忍、世第一法，得要稍微解釋一下。「煖」是要去先觀察瞭解五蘊、十八界等一切法之中你所取的法，就是六塵境界等，所謂名、義、自性、差別；這六塵境界等法都是你所取的法，但你所取的法都是如來藏所生，並無外法被自己所取，那麼你能夠這樣接受，雖然你還沒有實際上觀察出來，而你接受了，那你距離大乘法的見道就近了一點。在來到煖法之前，距離大乘法的見道還有四大步；當你聽聞之後有智慧去思惟，有了抉擇分、有智慧思惟而願意接受，這就是第一個「煖」法成功。

為什麼叫作「煖」？例如你要取火，以前沒有像現在這麼方便，拿出打火機一打就有火。古人是拿一根木頭挖個小洞，然後拿一根比那個洞粗一點的木頭，插在洞上面一直搓，那個大木頭的洞下方再放一些乾燥的細屑或者棉花等，然後把木棍在洞上一直搓，搓到大木頭有一點熱熱的，那就叫作「煖」。煖是生火的第一步，你的智慧之火要生起來時先要有「煖」；就是能接受「**一切境界都是如來藏所生**」。瞭解這個道理，善知識會解釋或告訴你說，為什麼你所見的名與六塵等境界都是生滅法，沒有一法是眞實的，沒有一法具有常住的自性。你能觀察名等四法—也就是所取與能取—全都虛妄時，就是「煖」法生起了。

接著再一直搓下去，木頭會開始有一點熱氣發生，即將冒煙時就叫作「頂」，也就是說你還得要繼續去觀察名、義、自性、差別等法都是如來藏所生的，其實你沒有攝取到外法，確定對外法一無所取，不過是自心取自心罷了。這樣子也能接受了，這個見解是三界之頂。為什麼是三界頂？因為阿羅漢的所知也不過如此，阿羅漢聽聞　佛陀開示而知道這一點，所以這是三界頂，但畢竟還沒有超過三界的境界。

當木棍繼續在木頭上搓著，開始冒出煙來了，就好像忍著熱而不能發出火來一樣，就是忍。這時是觀察自我這個能觀察、能了知、能了別、能領受各種境界的心，其實是自己的如來藏所生的，不是法爾而有，所以能取的心其實只是如來藏中的一部分，並無眞實法可言，這就是「忍」。

接著再來觀察，為什麼所取與能取這都是如來藏？深入觀察以後確定是這樣子，否則不可能有能取、所取；能取是自己，所取是六塵境界，而能取與所取全都是自心如來藏所變現的，所以能取與所取都是空，心得決定而最後印順定了，就是世第一法，即將證悟了。就好比木棍繼續在大木頭的孔洞搓著，從很熱的煙中突然發出火來一樣，就稱為「世第一法」。

《大智度論》說：「**忍法、世間第一法，則是菩薩柔順法忍。**」現在跟這裡所說的有點不一樣，跟《佛藏經》中　世尊的開示意思有點不一樣。《佛藏經》中　世尊的開示是說：「**你已經證得無相三昧了，你對無相三昧已經通**

達了，所以能了知一切相皆是一相，就是無相。這樣心得決定時就是於聖法中得柔順法忍。」那麼請問這樣的「柔順法忍」有沒有見道？有沒有？一定是有的，不然怎麼能觀察「一切相皆是一相，所謂無相」？換句話說，你見道以後心已經調柔而隨順於這個無相法，那就不會退轉，這樣叫作「柔順法忍」。

在二乘法中所說的「柔順法忍」，是初果到三果，是隨順於涅槃解脫。可是，在大乘法中，有的祖師說到了第六地滿心得「柔順法忍」，就跟這一段經文的開示不同，那你就不能依止他的所說，而要依止 佛陀的開示。在《佛說法華三昧經》中有這麼一段話：「諸六通道者十萬五千人，三萬須陀洹皆得阿惟越致，八萬六千人及阿那含，皆得柔順法忍。」這表示什麼？剛剛我講的，就是二乘法中初果到三果人都是「柔順法忍」，但這只是聲聞解脫道，不是講佛菩提道；所以那些已經有了六通的人，而且六通以後又得須陀洹而不退轉，會退轉的須陀洹還不算數，他會退轉就表示沒有「柔順法忍」。那麼已經得六通又得初果乃至得三果，這樣的人都叫二乘解脫道的「柔順法忍」，這是《佛說法華三昧經》講的。

那麼現在我們再來看另一部經典《漸備一切智德經》卷三〈目前住品第六〉，我先來唸一遍：「金剛藏曰：『諸佛子聽！菩薩大士，已能修成第五住者，輒超進入第六住地，則行十法。何謂爲十？了一切法皆無有想，而普平等；諸相平坦，永無形類；悉無所生，超絕無侶；皆無所起，故曰平等；爲其清淨，調定眞正；皆無放逸，不爲馳騁；無應不應，無雙無隻；寂寞坦然，而無倫匹；猶幻夢影，山中呼響，水月現像，等亦如化；所行道業，而無二意；是爲十法。從第五地，逮第六住，作是行已，自然觀是一切諸法，計校思惟，反覆察之，不令錯亂近第六住，自然目見，以逮成此，則得通利柔順法忍。』」

這裡講的是從第一度布施度開始修行，修行來到了第五住位已經圓滿了，第五住位是修什麼？修靜慮。修靜慮一般稱爲修禪定，那麼第五住位靜慮已經完成，就超越而進入第六住地，進入第六住的境界；第六住的境界都要修學般若，那麼要修行這十法。這十法是了知一切法皆沒有想而普遍的平等。想就是了知，了知一切法都沒有知，而觀察一切法平等。那麼一切法當然包括六識見聞覺知心，六識見聞覺知心明明有知爲什麼說無知，因爲依於如來藏才有這六識的見聞覺知；而如來藏無知，所以六識見聞覺知就無知。所以說「**了一切法皆無有想，而普平等**」。

當你從如來藏來看時，請問：「**是六塵比較殊勝還是六識比較殊勝？**」六識比較殊勝啊？不用六塵？要！既然要，怎麼可以說六識比較殊勝？不然說六塵，六塵比較殊勝或者六根比較殊勝？全都要嘛！可是這十八界的法，你從如來藏來看時有哪一個可以比較高下？都沒有，所以「**而普平等**」。那麼也許有人說：「**那不然來比較我們十八界跟外面的六塵、山河大地好了，哪個比較殊勝？**」這能比較嗎？不能。因爲這外塵相分也是如來藏所變現，是共業眾生如來藏共同變現的；若沒有外塵相分時，你還能有十八界的內塵相分嗎？也不行！所以「**了一切法皆無有想，而普平等**」。

「**諸相平坦，永無形類**」。你們看諸相有沒有互相計較說誰比較突出，誰比較下賤？都沒有啊！小孩子最單純，妳問他：「**你眼睛能見比較厲害，還是耳朵能聽比較厲害？**」他一時被妳騙了，也許講出其中的一種，後來他過幾天想想：「**媽媽！不對、不對，都一樣！**」因爲不論是哪一樣，他都不願意喪失。所以「**諸相平坦，永無形類**」，你從如來藏來看時，能說哪一個像什麼？也不行，全都像如來藏；但如來藏無相，哪有形類可說？所以「悉無所生，超絕無侶」，你能說「我現在這個覺知心出生了然後又消失了」嗎？不行！因爲無始以來你就有覺知心，未來世還會有覺知心。依於二乘菩提方便說覺知心只有一世，沒有兩世、三世的存在，世世各有不同的覺知心。但依大乘菩提來看時，覺知心「悉無所生」；依如來藏來看時本來就在如來藏中，你覺知心何曾超出於如來藏之外，而如來藏本來無生，你怎麼可以說祂有生？

例如現代有人製造人工的水晶球，其中充滿了液體，就像水一樣；液體中放進一些東西，把它通了電以後，那些物質就在液體中飄來飄去；把電拔掉以後就全部都停下來，可是它那些物質都還在，並沒有消失；把電接通了它又開始飄動了，但還是一樣那些東西。所以它的本體和液體及液體中的其他物質一直都存在，並沒有消失。同理，你晚上睡覺時說覺知心消失了；睡覺起來時說覺知心又在了，那到底覺知心是有沒有消失？沒有消失，因爲你覺知心的種子還在，眠熟時是成爲種子的狀態而不現行；可是第二天早上通了電，活力充沛又醒來、又出現了，其實還是同一個覺知心，全都在你的如來藏中，何曾外於不生滅的如來藏；但是如來藏從來無所生，所以你這個覺知心也是無所生。

這樣聽起來好像跟二乘菩提不一樣，達賴就是讀不懂，所以指控 佛陀前後三轉法輪互相矛盾。但何曾矛盾？二乘菩提是施設方便為了接引眾生，大乘菩提是從實相來講，內涵根本沒有牴觸，但不懂的人就說是不一樣，其實完全一樣，只是淺深狹廣的差別罷了。所以說「**悉無所生，超絕無侶**」，因為如來藏是不能與世間法相提並論的，如來藏不與萬法為侶。所以萬法儘管生住異滅，而如來藏還是那樣的常住性，永遠無相，「**超絕無侶**」。

「**皆無所起，故曰平等**」，我們就不必一句一句解釋了，一直到最後說「**是為十法**」之後，「**從第五地，逮第六住**」，第五地就是第五個境界相，地是境界，第五個境界相，逮得第六住，那麼你已經進入第六住位了。第六住位主修般若，這時「**作是行已，自然觀是一切諸法**」；當你證得如來藏以後，只要有人指點，你自然能觀察一切諸法，然後「**計校思惟**」；「計」就是一個一個把它指出來、算出來，「校」就是去把它核對，一一把它核對。這是說，一一把法點出來，一一把法加以核對，然後再作思惟，反覆地去觀察它，使自己不會錯亂而在第六住位中可以清淨而住。這樣子就說你第六住位已經滿心了。

「自然目見」，滿心時就是說，你已經實證這個如來藏了。必須修到滿心位才能實證；滿心位實證了，「以逮成此，則得通利柔順法忍」，一樣也是告訴你，你得要證得如來藏而能調柔隨順於所證的如來藏，這樣才叫作能通達、能隨順於這個如來藏而得到「柔順法忍」。所以，大乘法中的「柔順法忍」是你實證了如來藏時心得決定，轉依之後心已經調柔而能隨順如來藏，那時你才能叫作得到「柔順法忍」，這時就可以進入第七住位了。若沒有「柔順法忍」就是心中不得決定，就進不了第七住位。

接著是下段《賢劫經》卷三〈神通品第十〉：「何謂娛樂度無極有六事？有所給與，以開難化眾，令發道意，是曰布施以行將養。佛興世時，說其報應而度脫之，猶如往古太子勢首救眾危厄，是曰持戒。所修仁和，如功勳國王安和萬民，如是安身亦安他人，一切適安我身亦安，是曰忍辱。所進勤修，逮得總持，辯才無量，是曰精進。所習禪定以用勸助，是功福報令眾生安，是曰一心。其以聖明在六住地，柔順法忍至不退轉，是曰智慧。是為六。」

這樣「**柔順法忍**」是不是到第六住位滿心呢？就是啊！告訴你從初住位修布施將養眾生，這是平常就一直要作的，作了很多世、很多劫，然後 佛陀出興在世間了，這時 佛陀為大家說明各種行的報應，這樣來度脫眾生。就好像遠古時代的太子勢首救護眾生於危厄之中，這叫作持戒。就是不害眾生，然後所修仁和，如同有功勳的國王能安和萬民，那國王自己身安，萬民也都身安，這樣一切都安了，國王才說：「**這樣我自己也安身安心下來。**」這才叫作「忍辱」，這已經是第三度了。

接著所精進勤修而逮得總持，辯才無量，這叫作精進行。然後修學禪定並且用來勸助自己的道業，以這個功德福報自己安下來，眾生也安下來，這叫作一心，一心就是指「禪定」。接著修「般若」，以聖明而在第六住地；第六住的境界中得到「**柔順法忍**」而不退轉，就是第六住滿心位，這叫作智慧。所以這裡講的是六度萬行，也是在「**無名相法**」的實證上。所以大乘法講的「**柔順法忍**」就是大乘的見道。

接著來看《勝思惟梵天所問經》卷三：【日：「**若如是者，為於何所是貪恚癡能染眾生者？**」答言：「**善男子！若如是者，一切諸法從本已來，自性**

離於貪恚癡相。」網明菩薩言：「大迦葉！是故我說一切法相如佛所化。」說是法時，四萬四千菩薩得柔順法忍。爾時，長老大迦葉白佛言：「世尊！若有得聞網明童子菩薩名者，彼人不復墮三惡道；若有得見網明童子菩薩身者，當知彼人一切魔業不能障難；若有眾生得聞網明童子菩薩所說法者，彼諸眾生不墮聲聞辟支佛地；若蒙網明童子菩薩所教化者，彼諸眾生於大菩提畢竟不退。」】

這是在說什麼？這其實就是告訴我們，一切諸法從本以來，自性離於貪恚癡相。明明一切諸法都在貪恚癡相中，為什麼會說一切諸法從本以來的自性就是離開貪恚癡的法相呢？這看來跟《阿含經》講的好像不一樣，其實一樣！因為《阿含經》是講現象界的法，是單講蘊處界諸法的生滅有為，不談實相法界如來藏的法，不用實相來函蓋蘊處界諸法；所以蘊處界這些現象界諸法，本來就有貪恚癡，離開了貪恚癡出了三界，才沒有貪恚癡相。但這所說的都是蘊處界等法範圍，然而《勝思惟梵天所問經》是般若部的經典，般若部諸經都是從實相法界來談眞如的境界，兼及一切蘊處界等生滅法，是把一切生滅之法攝歸於永遠不生滅的如來藏中來說。

例如一個水晶球中有許多的亮片，在具中不斷地上下流轉，你說那裡面的亮片是有生滅相，但是若從水晶球全體來說時，就沒有生滅相了。這道理是一樣的，單從裡面的生滅相譬如貪瞋癡來看時，一下子貪相出現，一下子瞋相出現，一下子愚癡相出現，你單從它裡面的現象說它有貪瞋癡，是生滅有爲的；可是水晶球本身有沒有貪瞋癡呢？都沒有，它是常住而不動的。例如說一個玻璃球中裝著滿水，然後你放進三個板子，第一片寫貪，另一片寫瞋，第三片寫癡，放進玻璃球後密封起來，下方通了電以後產生向上的水流了，一下子貪飄上來，一下子瞋飄上來，一下子癡飄上來，如果不看玻璃球而只看裡面的那三片貪瞋癡，你就說貪瞋癡有生滅相；沉下去就譬如是滅了，浮上來就譬如是生了，可是這些貪瞋癡的生滅相都在哪裡生滅？在如來藏這個玻璃球中生滅，而玻璃球如來藏沒有生滅。所以當貪瞋癡不斷在裡面生滅時，只是在不生滅的玻璃球如來藏中生滅而成爲一種影像，沒有實質；實質是玻璃球如來藏始終無生無滅而包含著裡面的貪瞋癡等生滅影像，依玻璃球如來藏來看時，就說貪瞋癡沒有生滅。這樣子比喻就很容易懂了。

同樣的道理，因爲這樣的緣故，網明菩薩就說：「大迦葉！由於這個緣故，我說一切法相如佛所化。」這個「佛」是講誰？是如來藏，都是你自己的佛所化現的。這時本來還在懷疑說：「這如來藏是眞正的如來藏嗎？貪瞋癡眞的是如來藏所化現的嗎？我這個五陰十八界眞的是如來藏所化現的嗎？」聽到網明這位初地菩薩這麼講時，他信受了，心得決定——定心所生起了，那就表示他有這個智慧了，他就得到「無相三昧」。所以要在他心得決定時才能得到「柔順法忍」。因此，若是找到如來藏時心中不得決定，老是在懷疑：「我十八界眞的是如來藏生的嗎？」當他無法如是現觀而導致心中不得決定時，他的慧心所就不會出現，就不得「無相三昧」。

當他這時得「無相三昧」，表示他六住位滿心了；第六住位滿心時要作什麼？想要進入第七住了，這時就叫作「柔順法忍」。因爲第六住修的是般若，不是修蘊處界空的二乘解脫道；那麼這時煖、頂、忍、世第一法全部完成了，心得決定說：「原來我能取與所取等一切法眞的是如來藏所生。」所以他滿足六住位而證得如來藏，有了這個現觀時，進入第七住常住不退。如果入了第七住位又退回來，表示他六住位都還沒滿心，才會退轉。退轉就很麻煩了，如果沒有善知識攝受，就好像王子法才、淨目天子、舍利弗無數劫前悟後沒有善知識攝受而退轉之後，十劫之中無惡不造，因爲他們就不信因果了。如果知道自己五陰十八界一向都在如來藏中，他就會相信說：「我所造的一切惡業種子不會跑到外面去，都在我如來藏中收存，那我未來世就要承受這些惡業的苦果。」他就不敢造惡業，這時才叫作「得柔順法忍」。「得柔順法忍」時表示他已進入第七住，從此以後常住不退，就是位不退的菩薩了。由這裡來看「柔順法忍」是什麼位階？是第七住初心，也就是六住位滿心而離開第六住時，這就很清楚了。

所以，如果人間的眾生每一次遇到的都是四地菩薩、五地菩薩，菩薩們總是高來高去，神足通示現後就立即飛走，都沒時間慢慢爲你說法，不能一一爲你細說，這樣好不好親近？（大眾答：不好！）諸位眞聰明，應該要親近什麼菩薩最好呢？初地菩薩，因爲離大眾不遠；他又沒有修神通，不會飛來飛去，你想要跟他挖寶他也願意給你挖，不會想說：「你一天到晚想跟我挖寶。」因爲他沒有他心通，也因爲他於法無吝。懂嗎？如果他有他心通的話，你心裡想：「我今天要多挖一點。」他馬上知道：「你今天又要跟我多挖一點。」那你好不好挖寶？不好。那時你只能用恭敬心向他請法了。

網明菩薩是初地菩薩，最好親近。如果到三地還沒有修學五神通，我告訴你也不好親近，像我這樣的人不好親近；諸位覺得我很好親近，是因為你們跟我學久了，可是外面的人會怕，一聽到蕭平實就想：「這不好惹。」在他們的想法中：「蕭平實是很兇的人，你看他寫書破斥別人不留餘地。」他們都是這樣想的，就不敢來親近。可是我如果用初地菩薩的境界來應對他們，初地菩薩破斥人家時不會破得很完整、很犀利的，他們就會覺得這個菩薩還可以。所以這時敢來親近我的人，一定很確定知道：「我已經求證清楚了，蕭平實不打人也不罵人，很好親近。」因為大家口風傳出來都是如此，有口碑的了，才敢來親近。

可是如果對蕭平實不瞭解的人，光讀蕭平實的書會覺得恐怖，就是這樣啊！所以最好親近的人是什麼人？是才剛入初地不久的菩薩，這是最好親近的；因為他還有許多的無明，所以才叫作網明菩薩。講白一點就叫作無明菩薩，因為他還有許多眾生也有的無明存在，跟眾生的距離還不遠。那如果我忽然跳到四地去了，我告訴你：「不好親近。」因為我還有許多事情要忙，一天到晚忙什麼？忙著其他世界眾生的事，那就不會把很多心思花在諸位身上了，道理就是這樣。

所以，從我們所舉證的這些經文來印證，世尊這段經文所說的，其實沒有前後矛盾，完全是前後一致的。所以「於聖法中柔順法忍」，條件是證得「無相三昧亦不取相」。那麼證得「無相三昧」的人一定有一個中心的實證，那個實證叫作「是人通達一切諸相皆是一相，所謂無相」。但是在正覺弘法之前，大家如果要解釋這一句時都說：一切都是緣起性空，所以到最後一切法空，就是這個空相，都空了以後就無相。他們是這樣解釋的。

可是《金剛經》明明告訴你：「般若的眞實主旨就是眞實，不是虛相法。」因此，應該是有一個眞實相而祂是無相的，一切諸法從祂所生，所以諸法都是這個眞實相。不管諸法有多少的相，回歸到這「一相法」來時，這個一相法無相，這樣才是眞正的已經證得無相三昧的人。證得無相三昧的人，對這個聖法心中得忍，永不改易、心得決定。這時他的心是調柔的，不是剛強的，不會一天到晚再來主張：「不！這個不對，應該要依照我說的這樣才對。」那他每天跟 佛陀經中的聖教唱反調，表示他心中不柔也不順；不柔是因爲他太剛強，不順是因爲他沒有足夠的智慧來隨順諸佛的聖教，也不隨順於如來藏的一切法無相的境界，就表示他沒有得「柔順法忍」。沒有得「柔順法忍」的人，就說他在六住位中還不滿心，仍不能進入第七住位常住不退。今天講到這裡。

我們上週補充的經文講完了沒有？這段經文講完了嗎？只講到一半？講到「四萬四千菩薩得柔順法忍」，謝謝。接著從第二段再開始：【爾時，長老大迦葉白佛言：「世尊！若有得聞網明童子菩薩名者，彼人不復墮三惡道；若有得見網明童子菩薩身者，當知彼人一切魔業不能障難；若有眾生得聞網明童子菩薩所說法者，彼諸眾生不墮聲聞辟支佛地；若蒙網明童子菩薩所教化者，彼諸眾生於大菩提畢竟不退。】

這是延續上週網明菩薩跟大迦葉說法時，有四萬四千菩薩得「柔順法忍」，我們好像講了「柔順法忍」吧？這個「柔順法忍」比較正確的解釋，或者說應該是最正確的解釋，是六住的滿心位。六住的滿心位跟六住的初心位是不一樣的；六住的初心位才剛剛學習般若，要了知、要開始熏習：「我們所見的六塵境界，都是自心如來藏之所出生、所顯現，因此是自心現量。」「自心現量」意思是說是自心所顯現的事實，不是純憑想像而得的見解。然後還要再熏習：**「我們的能見、能聞、能嗅、能嚐、能觸、能知的心，是能取者，也是自心現量。」**就是說六識同樣由我們的自心如來藏之所出生。接著再熏習我們所取的六塵境界，以及能取六塵境界的覺知心，兩種都是如來藏之所生現，然後以能取的覺知心自己來攝取如來藏所生現的六塵自己。就是自心取自心，這樣就到了忍法了。

接著再來重新作深觀，深觀以後完全相信而如實接受，心得決定而不改變，相信能取的覺知心和所取的六塵都是自心現量，都是自心如來藏之所生所現。所以高興時是自己高興自己，生氣時是自己生氣自己，到處遊山玩水其實也是自己玩自己；就是因爲你所看見的多麼美妙的山光水色，所聽聞的天籟、鳥叫蟲鳴、水聲潺潺，其實都是六塵境界；你所領受到的六塵都是你自己的如來藏之所生現，那這個六塵都是內相分的六塵。能夠領受這個內相分六塵的是自己覺知心，也是自己的如來藏所生。所以如來藏所生的覺知心自己，攝取了如來藏所生的六塵境界，在那裡面玩得不亦樂乎。所以爬山爬了一天說：**「哇！我今天看見角板山多麼美！」**然後下山，**「我又到某地看風景，又多麼美！」**玩了一天結果是自己玩自己，就是這樣而已。

所以當你能這樣完全理解而能完全的信受，心得決定而不猶豫，那麼你已經得世第一法了。這是阿羅漢之所不知的，定性聲聞之所不信，這時就說你即將親證如來藏，將得「**柔順法忍**」。接著對於大乘本來無生之法能不能接受？你現在可以檢驗之後，確定自己眞的接受了，也就是對於這個無生法的安忍，你心中已經柔順了，那就得到「**柔順法忍**」。

接著說，怎麼樣才是得到「**柔順法忍**」呢？是因爲你已經實證如來藏，心得決定而不退轉，也能如實觀察能取的自己跟所取的六塵都是自心如來藏的現量，這時就是第七住位的不退菩薩了！這意思是說網明菩薩與大迦葉尊者對談時，那個對談的眞實義講過之後，在場有四萬四千位菩薩就完全信受不疑，所以他們四萬四千菩薩得「**柔順法忍**」。這時長老大迦葉向 佛陀稟白說：「**世尊！如果有人聽聞到網明童子菩薩名號的人，那個人不會再下墮三惡道。**」諸位想一想，上週聽到他的大名，今天又再聽到他的大名，還會再下墮三惡道嗎？不會了。但是有個問題，爲什麼他有這個功德？大迦葉敢在佛前向 佛這樣報告，一定是有所見的。到底他看見了什麼道理而敢這麼說？這要從網明菩薩的故事說起。

我們以前也曾經講過，我記得是在演繹《法華經》時曾經講過，在《佛藏經》中不妨再略說一下：有一個女子聽經時，在佛座旁邊入定，有人就問世尊：「**這女子怎麼可以在佛座下就這麼入定？**」她是應該好好聽聞 世尊說法的，卻入定去了。世尊就說：「**那你請她出定。**」然後這位菩薩就去她耳邊彈指，但沒有用；打雲板、敲引磬都沒有用，後來又請 文殊師利菩薩來叫這個女子出定，沒想到 文殊師利菩薩使盡了辦法，乃至把這個女子的境界托上梵天去，依舊不能使她出定，大家都覺得很奇怪，世尊就說了：「**從我們這裡往下方經過多少恆河沙數的世界，有個某某世界，那裡有個罔明菩薩，他來了就能使她出定。**」話才剛說完，罔明菩薩從下方世界來了，然後他到女子旁邊，在她耳旁一彈指，這女子就出定了。我說 釋迦老子師徒幾個人，這一場戲不是小小，眞是大大的一場戲。

這到底在告訴我們什麼？這是說這個女子入了定時，她是依如來藏的境界作依止而入定的，那 文殊師利菩薩故意示現自己的境界太高、越往上就越趣入眞如境界，越不會出定；但 文殊師利菩薩何嘗不知這個道理，只是 佛陀一開口時，文殊菩薩就知道又要演戲了，所以他就故意來演這一場戲，然

後　佛陀才可以把下方世界的罔明菩薩引出來，不然就來得沒道理了。所以你當菩薩時該演什麼戲，得要恰如其分；超過你的戲分，那是別人的戲，你可別代人家演出。如果　文殊菩薩代演，如來就沒機會從下方世界把罔明菩薩叫來，就不能作一場勝妙開示；所以　文殊菩薩就故意這樣子，用一個又一個的境界，甚至於托上梵天境界──就是到初禪、二禪一直到四禪天的境界──這女子依舊出不了定。然後　世尊就從下方世界呼召了罔明菩薩來，這罔明菩薩一來，到女子耳朵旁一彈指，她就出定了。

這到底是什麼道理？諸位先要瞭解，爲什麼他叫作罔明？這罔明有兩個譯法，一個是沒有糸字旁的罔，叫作罔明菩薩其實就是無明菩薩；那麼有糸字旁的翻譯也對，也就是說被無明網──貪瞋癡的網子給網住了，是這樣的網明菩薩。但這位菩薩是初地菩薩，所以你如果叫二地、三地、五地、八地菩薩來叫女子出定，都出不得定；若是剛剛入初地的菩薩來了，一彈指就讓她出定了。這是爲什麼呢？是因爲只要用三界中的「**無名相法**」來跟她相應，她馬上就出定。那這個女子所住的境界代表眞如境界，眞如境界無六根、無六塵、無六識，沒有知者與被知者，那你如果用無生法忍的境界要她出定，絕不可能的。所以罔明菩薩來了，用三界的境界一弄，她就出定了。這表示什麼意思？表示罔明菩薩來了，是讓那個女子重新回到剛剛證悟的境界，她就不得不出定了。

因此，假使遇到了罔明菩薩，聽到了罔明菩薩就會立刻聯想到這個道理，眞要聯想到這個道理時就會立刻檢討：爲何那麼多的菩薩們相信能取的自己、所取的六塵境界都是自心如來所生？都是自己心內的事？然後看見這麼多菩薩都比自己有智慧，而這麼多菩薩們大家都信受這個道理。不但信受，還有一大批菩薩都已經實證，把這個道理講出來了，所以當大迦葉提問，網明菩薩回答完了，大家心得決定：「雖然我證得如來藏，但還不能現觀能取與所取都是我自心如來藏之所生所現，但是聽聞這麼一說就能現觀了，心得決定了！我完全信受了！」完全信受時就表示對這個無生法的接受度，已經成功建立了，所以他對無生法的接受心已經很柔順，再也不會懷疑了，這時就稱爲「柔順法忍」。

那麼網明菩薩有這樣的功德，當眾生明白這個道理時就會知道：「我無始劫以來到了今生，包括我今生的所作所為都是自心取自心，所以藉由這個五蘊身來造作一切善業、一切惡業之後，乃至世間技藝等無記業之後，所有種子都仍然在自心中。因爲都在自心中造作，所以種子成就以後當然也存在自心中，都不外於如來藏心。」當眾生瞭解所取是自己的第八識心，能取的七轉識—包括心所法等—也是自己的第八識時，知道一切業種全部功不唐捐，都在自心如來藏中，這時還會再去欺騙眾生、訛詐錢財、殺人掠貨、放火燒屋嗎？都不會了。還會再誹謗三寶、誹謗賢聖嗎？也不會了，當然更不敢大妄語。因爲這一切都在自心如來第八識中所造所存，所有種子不會外漏、不會散失，這時就知道所有惡業幹不得，善業多作也不會遺失。當一個人有了「柔順法忍」而有這樣認知時，他怎麼可能再造作惡業呢？所以當人家聽到網明童子菩薩的名號，去探索了以後知道這個道理，當然不再造作惡業，未來就不會墮落三惡道。所以長老大迦葉敢在 佛前這麼說，並非無因，所以他說：「若有得聞網明童子菩薩名者，彼人不復墮三惡道；」這是如實語。

「若有得見網明童子菩薩身者，當知彼人一切魔業不能障難；」魔業在初學人中最大的是隨順煩惱魔而造的業。因爲初學人還牽涉不到五陰魔，最重要的就是煩惱。我舉個眞的事情給諸位聽，有一個人跑去大陸流通我的書籍《禪－悟前與悟後》，眞的很努力，該讚歎，但他最近宣稱是七地菩薩，然後宣稱說：「你們別再跟蕭平實學習，來跟我學吧！蕭平實已經喪失戒體了。」因爲我否定他的證量，他認爲我是毀謗聖位菩薩，犯了十重戒。現在問題來了，七地菩薩寫不出一本像樣的書來，這樣的七地菩薩也沒有禪定的證量，也不曾三歸、受菩薩戒。我們講過，證三果者至少要有初禪的證量，沒有證得頂級三果的人是不可能入地的。那這位七地菩薩沒有初禪，而且還繼續流通「喪失戒體的蕭平實寫的書」來度人，自己卻寫不出半本書來，就別說一本了，這表示什麼？他有沒有「柔順法忍」？（有人答話，聽不清楚。）沒有。

有「柔順法忍」的人，一定會認清楚：「我所造的一切惡業，這些種子落謝以後不會旁落，一定仍然在自心如來藏中。」因爲他絕對信受：能取的自己、造業的自己，以及造業時所經歷的六塵相分整個過程，兩者（也就是造業者跟所造業的過程等境界相）都是在自心如來藏中造作，不外於自心如來藏，所以造了以後種子一定存在。既然種子存在，這個業該不該造？自己很清楚，所以得「柔順法忍」的人就不敢這樣作了。但一個自稱七地菩薩的人敢這樣作，這其實是不得了的事，表示他不用跟天借膽，因爲天的膽子也沒他那麼大，表示他的膽子比天大。可是有誰膽子比天大？不可能的，表示他是基於妄想而產生的一個作爲。

這表示這類人想要聽見網明菩薩的名號而得「柔順法忍」是不可能的。這樣子的人正好表現出來：如今正處在煩惱魔的境界中。不離煩惱魔的境界而造作這些業以後，得要淪墮三塗，將來重新回到人間時重新學法，才會瞭解什麼是「柔順法忍」。等實修六度圓滿而能如實理解「柔順法忍」的內涵時，他才能圓滿世第一法，那時才有證悟成爲第七住菩薩的可能，這證明他不是七地菩薩，以他現在的層次連禪三的第一關都考不過去。所以，由某一些行爲具體上的表現可以理解這個人到底是怎麼回事，那我們就知道他已經被魔業所障難，那個魔業就是煩惱魔。由於他的荒誕行爲，我們現在不許他再來聽經，所以他起了煩惱。至於爲什麼不許他來聽經，我們現在就不必談他，幫他留一點面子，以冀未來。

也就是說，如實得見網明童子菩薩身的人，就不會被一切魔業所障難。

那請問：「網明童子菩薩身是什麼？」（有人答話，聽不清楚）再講一遍！（大眾答：如來藏。）對了！要有把握一點。爲什麼如來藏是網明菩薩身？一定得要有道理，不能隨便講。諸位實證的人或者已找到如來藏而來不及被印證、或者還沒有考過去的人，這時你來觀察一下，你的如來藏像不像無明童子？你的如來藏眞的是具足無明，因爲你爲祂說法祂聽不懂，告訴祂說：「這個是惡業不能造。」祂也聽不懂，告訴祂說：「這個善業要多造一點。」祂也聽不懂，不論你說什麼祂都聽不懂，是不是罔明（網明）？正是罔明童子！所以罔明童子菩薩來到那個女人旁邊耳朵這麼一彈指，這女子馬上就知道、就出定，也就是說讓她從罔明童子菩薩身的境界轉爲三界的境界。這得要用粗淺的證悟境界來運用，如果用深妙的無生法忍要來促使　佛座旁的女子出定是不可能的，因爲無生法忍越深，她就入眞如境界越深，越不可能出定。所以「罔明童子菩薩身」指的是如來藏，假使有誰具足了見道所應有的條件，一旦看見罔明童子菩薩身，這個人一切魔也不能障難。

可是有個問題，有人見了以後轉依仍然不成功，爲何不成功？因爲他證悟的條件還不夠就先悟了。我的《涅槃》一書正在《正覺電子報》連載，漸漸都會談到這一些（編案：已經連載完畢而在二〇一八年九月底出版完畢，共有上、下二冊）。換句話說，見道之前先要信解「施論、戒論、生天之論」，信受了這些以後得實行，但還沒有出離的動機，只是懂得因果而已，只是懂得三界境界而已。接著要懂得厭離三界，所以第二個階段要聽聞、觀行：「**欲為不淨，上漏為患，出要為上**。」但這個層次都理解、都實修以後，就能在見到罔明童子菩薩身時信受不退嗎？還不行，還要有降伏自心的過程。那個降伏自心的過程，要藉修定來降伏。如果不能把未到地定修得很好（在我們同修會中講的未到地定是指動中的未到地定，就是無相念佛的功夫要作很好），如果這個定力不具備，縱使前面這一些都有了，哪一天看見罔明童子菩薩身，依舊不能見道，縱使見道了還是會退轉。

所以《菩薩瓔珞本業經》中，佛陀說很多個無量劫以前，淨目天子、法才王子、舍利弗三人，當時般若正觀現在前，也就是證悟了，但是沒有善知識攝受於是退轉；退轉後十劫之中無惡不造，果報就是要先去地獄受報，然後漸次來到最淺的地獄，再來到餓鬼道一一受報，再來畜生道，最後成為寵物，再來到人間，這是很慘痛的過程。所以該有的基本條件得先具足，否則縱使親見了罔明童子菩薩身——也就是親見如來藏了，心中終究是猶豫不定，無法轉依成功，智慧就不能生起。

如果因此就公開宣示說：「我已經證悟了，我是幾住菩薩、幾行菩薩。」或者說：「我是幾地菩薩。」小心了，死前得要先對眾懺悔，莫等死後；因爲死後捨報時開不了口，別人無法爲他作什麼，那時再來懊惱懺悔都來不及。所以這一點得要講清楚。若是有將次法等都學好了，再來求悟就沒有這些問題，因此說：「若有得見網明童子菩薩身者，當知彼人一切魔業不能障難；」這是有前提在的，這前提不能捨棄不說。

接著「若有眾生得聞網明童子菩薩所說法者，彼諸眾生不墮聲聞辟支佛地；」聲聞辟支佛地是不知實相法界的，也就是不知眞如、不知如來藏，或者說是不知「金剛經」、「妙法蓮華經」的境界。他們之所觀行的內涵只有蘊處界的苦、空、無常、無我，捨報時可以滅除蘊處界的自我，所以叫作「我生已盡，不受後有」，但是沒有證得第八識如來藏。如果有人看見了網明童子菩薩身，也就是看見如來藏了，又得聽聞網明童子菩薩爲他演說無生法忍等種種深妙法，這個人當然要依止最勝妙的佛菩提道；因爲從三賢位所證的般若別相智來看二乘菩提時，就已經知道那二乘菩提所證的阿羅漢辟支佛境界是多麼粗淺。所以對二乘菩提的境界再也不生欣樂之情，因此當他聽到網明菩薩—如來藏—的深妙法義演述出來之後，心中更是歡喜，再也不會退墮於聲聞、緣覺境界。

接著說：「若蒙網明童子菩薩所教化者，彼諸眾生於大菩提畢竟不退。」證悟大菩提最怕的是根基不足以支撐所證悟的境界，於是退轉，但是如果願意接受善知識的攝受就不會退轉。從我們弘法二十幾年的過程來看，最早期是因為他們的根基都還沒有建立，我就先幫他們證悟，還來不及繼續攝受他們，他們就已經心疑退轉了，這就是我們正覺弘法最初期的狀況。這讓我想起一貫道有講到築基：一貫道有個「九節佛風」或者叫「九節玄功」，他們想要練功時，剛開始就是要築基。這道理是對的，只是他們築錯基了；說什麼伸直雙腿，坐在那邊這樣推，就叫作築基，那叫作一貫胡說八道。但「築基」是需要的，築基就是我們剛剛講的先修學次法；就是我在《涅槃》書中說的「施論、戒論、生天之論，欲為不淨，上漏為患，出要為上」，這些實修的內容一定要先作好，後來進入同修會中要修的則是無相念佛，這就是作功夫，也還是在築基。

所以進得同修會不肯作功夫的人，錄取了他去禪三也沒有用，我一定不幫助他，因爲他拜佛時一直東張西望，不拜佛時坐在那邊應該參禪的，但還是到處看。這種人一點定力都沒有，我幫他幹什麼？是要幫他證悟了再出來否定正法喔？那不是搬石頭砸自己的腳嗎？當然不能幫助他。得要讓他的心沉潛下來，發起了定力，使他整個融入疑團之中：「到底如來藏在哪裡？」心無旁騖。我一看就知道：「這個人有一點定力，可以試著幫幫看。」因此沒有定力的人，禪堂的監香和糾察老師們大家都看得清清楚楚，那他上山當然就是鎩羽而歸。

這就是說基本的條件一定要具備。我們同修會一進來就是要作功夫，要會無相念佛，然後轉爲看話頭的功夫。作功夫有兩個好處，第一、無相念佛修得很好時至少可以上品往生，是上品中生而往生去極樂世界，這受用多麼大！上品中生是多少人求之不得的，但在同修會把無相念佛功夫作很好了，又繼續熏習大乘第一義諦的佛法，這就符合上品中生的條件。所以一進同修會立刻要作的第一件事，就是如何學習無相念佛；接著就是如何鍛鍊這個功夫成爲淨念相繼。能淨念相繼時，就是動中的未到地定了，然後再轉爲看話頭，這是第一個條件。

然後就是次法，次法的部分學好了，接著在課堂中親教師會教導：這六塵是自心現量，覺知心能攝取六塵也是自心現量。然後告訴諸位說：「**名相、覺想，全部都是自心現量。**」這時如果能如實瞭解，對於能取和所取都是如來藏所生——自心現量，心就得安忍，而且已經柔順下來不再懷疑，那就是得「**柔順法忍**」；有了「**柔順法忍**」當然就有足夠證悟的基礎；有善知識幫忙，想要證悟不難。而且悟後不會退轉，這個才最重要。如果悟了肯接受善知識的攝受，一定可以在佛菩提道中畢竟不退。

也就是說，佛菩提道深妙而廣大，難以具足理解。諸位可以想想看，在正覺同修會中，學法證悟以來二十幾年還繼續在增上班修學，沒有人自以爲說：「**我懂的比你蕭平實更多。**」沒有人敢這麼說。因爲在增上班的課程中，從《瑜伽師地論》中學到很多法時，你從文字表面來理解時是讀不懂的。但有我爲諸位詳細解說以後，諸位就懂了，就能繼續往上實修，所以進步就很快。可是也有人認爲自己比蕭平實厲害，一部《瑜伽師地論》一年或者半載就全部講完了；但我比他們早講，現在才講完一半多一點，講了十一年，才講完一半多一點。現在每次上課都盡量開快車在趕，可是有時眞的快不起來，因爲有很多深妙法不能丟了不講；我希望可以在未來六、七年內把它講完，這得要開快車；假使如期講完，總共就是講解將近二十年。但他們半年、一年不到，已經講完了，我說他們這麼厲害啊？其實是不懂而沒得講，只是唸過一遍就算講完了。

他們不肯被善知識攝受，因此就退轉了。而我相信另一位誹謗我、自稱七地菩薩的一貫道，他來到增上班時一定聽不懂，我保證他聽不懂。可是我們增上班的同修們大家聽得好歡喜，因爲聽懂，而且又那麼勝妙，聽得懂當然歡喜。這告訴我們什麼道理？就是要我們好好接受網明童子菩薩的教化；也就是依於第八識的眞如性，針對佛菩提道的次第與內涵一一如實受教，一一如實履踐，這樣的人才能在大菩提中畢竟不退。因爲大菩提的見道修道都很難令人信受的，得要接受網明菩薩的教化。

而網明童子菩薩就是譬喻如來藏——要接受如來藏的教化，如來藏教化你什麼呢？教化你說：「有難以計數的這麼多功能差別，今天顯示這個功能差別教給你，明天顯示另一個功能差別教給你，一年一年都不同。」然後又教導你說：「眞如境界是無貪的，連貪的習氣種子都不存在；瞋和瞋的習氣種子、無明和無明的習氣種子全部都不在。」網明童子菩薩如來藏就是這樣教化的。如果能承蒙網明童子菩薩所教化的人，這一些眾生在佛菩提道中畢竟不退；如果從位不退、行不退、念不退繼續保持著不退，一直修上去成佛就快了，否則成佛將會很慢。

那麼《勝思惟梵天所問經》這個補充經文就是告訴大家說：「其實修學佛法最重要的就是柔順法忍。」如果沒有「柔順法忍」之前就先硬把他拉上來，強行幫他印證，有一天他就會發作起來。爲什麼會發作？因爲一個小小的地震他就會發作，可是不能怪那個小地震；因爲這棟樓邸中充滿保麗龍、沙拉油空桶，鋼筋水泥嚴重不足，所以一個輕微的小地震它就垮了！我剛剛說的，諸位不要以爲那是隨便講的；十幾年前我去臺中看我妹妹，她家對面正好在蓋三層樓類似連棟別墅的建築，模板剛拆下來，那橫梁中就有兩個沙拉油桶；我沒有看到直的柱子裡是怎麼回事，因爲水泥已經敷好了看不見。聽說有不少建商在柱子裡塞保麗龍，地震來時若還不倒，那眞的每天要好好唸「阿彌陀佛」。那建築商眞的很惡劣，不是拿沙拉油桶的鐵皮來當模板，而是整個四方的沙拉油桶在橫梁中，你說要命不要命？不需要大地震，只要小地震來了它就會垮。所以得「柔順法忍」之前的築基作爲佛法實證的基礎，這很重要。

那麼「柔順法忍」我跟諸位如此詳細講過了，目的就是不想重蹈覆轍。因爲我們以前爲了正法久住，爲了讓眾生起信，所以弄了很多人悟出來，但當年大多數是急就章，沒有按部就班來幫大家證悟；所以遇到一些小地震，他們那些樓宇就垮了。那我希望諸位一個個健壯起來，都像 多寶如來的七寶大塔，怎麼樣都無法摧壞；然後在悟後我就藉著網明童子菩薩身來教化大家，可以繼續往前走，從位不退推進到行不退，未來世再推到念不退去，這樣成佛才會快。

補充的經文說完了，現在回到《佛藏經》的經文來，世尊說「是人通達一切諸相皆是一相，所謂無相。舍利弗！是則名爲於聖法中柔順法忍。」佛陀作了這個小小的結論當然有目的。但這個「柔順法忍」的內涵是說：「這個人經由多聞熏習以後已經通達到一切諸相皆是一相。」因爲他已經實證而能現觀能取的自心和所取的五色根與六塵境界都是自心如來之所生所現。而他知道其實這一切諸相的法相，表面上看起來是有相，其實都是附屬於無相的自心如來——都附屬於無相的「妙法蓮華經」；這樣子，一切相全部攝歸於如來藏時就是無相。所以他這時弄清楚了「通達一切諸相皆是一相，所謂無相」。世尊因此就下了一個定義：「舍利弗！像這樣子，就說已經在我釋迦牟尼佛最神聖的法中，得到柔順法忍了。」所以，以後如果再聽到某位菩薩說：「一切法莫非是如來藏。」或者有菩薩說：「一切所見莫非是如來藏。」「一切諸法莫非是自心所顯。」他的心能得柔順而不會再起一念的懷疑，這樣就是得了「柔順法忍」。

但是得到「柔順法忍」到底有什麼好處？世尊接著說「得是柔順法忍，乃名是我弟子，能消供養，不空受身。」糟糕！世尊這話說得很嚴重：在大乘法中，二乘法中且就不談，說：「在大乘法中能得到這個柔順法忍的人，才可以說是我釋迦牟尼佛的弟子。」那麼請問：「那些否定第八識如來藏的人，是不是佛的弟子？」（大眾答：不是！）那要叫作什麼？外道。可是他們又住在佛門中，喔！是佛門外道。所以你看，以前會中有好多人不服氣說：

「老師！您老是要講佛門外道，進入佛門就不是外道了。」我說：「不！佛門中還是有許多外道。」果然如此！世尊都講了：沒有「柔順法忍」的人就不是 佛的弟子。既不是 佛的弟子當然就是外道。

世尊又說：「有柔順法忍的人才是我的弟子，可以消受供養。」那些不信如來藏的人能不能消受佛弟子們的供養？眞的不行嗎？眞的不行喔！可是他們都已經受了供養，該怎麼辦？還給信徒們喔？但他們要怎麼還？剛才陸老師講的好嚴重，說要披毛戴角還。我說那可慘了，眞的很慘，尤其是一弄下來就是一、兩百公頃的寺院，那資金得要花掉一、兩百億元臺幣。還是陸老師說的對，來世眞是要披毛戴角還。可是請諸位替他們想一想：披毛戴角一世能還多少？能還多少？很有限喔！那他們披毛戴角的時間得要多久？眞是愚癡的可憐人。

因此，舍利弗才會說那隻螞蟻和須達長者之間的故事。說有須達長者在過去佛時，是在過去七佛之前；過去七佛到 釋迦牟尼佛時已經過了幾劫？總共過了九十一劫；說須達長者從毘婆尸佛時，奉侍一尊佛又一尊佛下來，每一尊佛他都遇到了，也都建造寺院供養於佛；當他建造寺院時那隻螞蟻就已經跟他同時存在世上；在這七佛中的每一尊佛時都是如此，都有那一隻螞蟻同在，來到 釋迦牟尼佛時依舊如是。這很嚴重吧？整整九十一劫都當螞蟻。但還不夠嚴重，還有更嚴重的；有一次 世尊問舍利弗：「你看這一隻鴿子，牠過去多久以來一直當鴿子？」舍利弗一劫又一劫往上看，看到以前八萬大劫時牠還是鴿子；這比九十一劫更久了。接著 世尊又叫舍利弗說：「你以天眼通往以後看，牠這鴿子還會當多久？」舍利弗用天眼往後一直看，看到八萬大劫，牠還是當鴿子，因爲往昔所欠的債眞的難還。

那些大法師們弄了一、兩百公頃的地，花了一、兩百億元，把一個大道場造起來，結果卻是在否定如來藏：「阿賴耶識是妄識，應該要把祂壞掉，要消滅祂；所以，開悟就是要把如來藏找出來，要把祂毀壞或滅掉。」問題是他連阿賴耶識都沒找到，憑什麼把阿賴耶識毀壞？又憑什麼爲人家印證開悟？這叫作前言不對後語，自己講出來都不知道毛病，卻又聚集眾生的錢財建造那麼大規模的道場，花了一、兩百億元，造好了沒幾年就走人了，像這樣子要還到什麼時候？未來世眞的很難還。

好在否定正法的事情他作得不多，就只有那麼一句「正覺不如法，不是眞正的開悟」，所以他還算好；因此我看見四千多年後，他變成一個女人，清湯掛麵，有一個大講堂很大，就像禮堂那麼大，在山坳中，隔壁是一所中學；他也很環保，裡面不論什麼都很環保，而且裡面都是綠色的。可是如果像釋印順那樣，該怎麼辦？那就嚴重了。但這也是因爲那位大法師懂得在死前懺悔，所以未來世當個女人，不再是男人。但是當女人符合他的心性，因爲他就像小家碧玉；還有一句閩南語形容他很恰當：「**捏驚（怕）死，放驚（怕）飛。**」但我認爲他還算不錯，死前懂得懺悔。

可是印順他們怎麼辦？這就是個大問題。他們之中也有廣募錢財，建造了一、兩百公頃的地，花了兩、三百億元，結果是禪淨密三修，都沒有「**柔順法忍**」，這還能叫作佛弟子嗎？他們又不信有如來藏，有時又寫個文章說有如來藏，然後又沒消沒息了，始終不曾承認意識是虛妄的。這樣的人當然沒有「**柔順法忍**」，佛說：「**沒有柔順法忍的人，不名是我弟子，不能消供養，空受其身。**」反面解釋就是這樣子。

所以必須要信受而能現觀能取與所取都是自心現量——都是自心如來藏所顯現的事實，而且心得柔順，從不懷疑，這樣的人才是有「**柔順法忍**」

的人。有了「**柔順法忍**」才能說他是 釋迦牟尼佛的弟子，能消得供養；那麼有人如果這一世就算還沒證悟「**此經**」如來藏，也不會空受其身，因爲他未來一世、兩世、三世一定會開悟的。但如果不信此法，就不是佛弟子，他不能消得供養；若不能消得供養，他出家後以這個人身去當僧寶，其實是「**空受其身**」，對己對人皆無利益。

「**能消供養**」得要有基本的條件，古時和現代實證的人都是同樣的看法。古時有一個狀元郎辭官出家，在溈山靈祐座下出家；出家後當然大家一視同仁都要幹活，因爲自從百丈大師以來就是一日不作、一日不食。那他分配到什麼工作呢？就是挑水，每天從溪中挑水到寺中來。有一天挑著有點累了，一面挑水一面心裡喃喃自語想：「**我好歹是個狀元郎，大禪師不過就是一個和尚，能夠消受得了我狀元郎挑水給他用嗎？**」我就說他眞的像是井底的水蛙一樣，坐井觀天就以爲說：「**天就這麼點大。**」如果在井口看天那還大一點，在井底看天時就只有這麼一點點，他就以爲說：「**我最大。**」他不曉得狀元郎不算啥，就算是皇帝也不算啥，因爲皇帝依舊只是個凡夫，連初果都不是。這個狀元郎都還不是皇帝，就起這個慢心，心中自言自語，護法神早聽見了；晚上跟溈山靈祐講了，溈山靈祐第二天找了他來：「你昨天挑水，在心中講個什麼？我告訴你，不說你那幾擔水，老僧我每日裡消得萬石糧，不為過分。」一天可以消受一萬石的糧食，一石是十斗，斗這麼高、這麼寬，就是一個米斗。一石是十斗，一萬石是十萬斗，溈山靈祐說：「老僧我日消一萬石都不為過分，喝你那幾擔水算什麼？」

再來談現代，一群人去水里懺公那裡打了佛七，回來時懺公率領著大家去參見廣老，廣老伸手搦戰：「來來來，你們告訴我，打了佛七，得了什麼寶，拿來我看看。」伸手就要了！大家不是面面相覷嗎？最後有個比丘尼爆出來一句話說「過去心不可得」那三句經文。廣老不客氣地說：「我們關起門說話，這件衣服不好穿的。」為什麼他會這樣講？因為穿起僧衣受人供養，你得要有功德田的實質，這至少要得「柔順法忍」才行。但十之八九連「柔順法忍」都沒有，一談到所見的六塵境界全部都是自心如來所現，全都不信：「明明就是外面的境界，哪裡是自心如來所現？」還跟你爭論呢！表示他們沒有「柔順法忍」。

那麼沒有「柔順法忍」的人多的是，臺灣佛教界、大陸佛教界莫不如是。

有幾個人相信所見的六塵境界都是自心現量？只有咱們正覺的會員、學員相信，所以他們都沒有「柔順法忍」。佛說，沒有「柔順法忍」的人非佛弟子，不消供養。所以你們如果見了那一些山頭的大法師們，不說新臺幣，連紅包袋子都不用供養，因爲他們消不得——消受不了的。你供養越多，表示他們將來死後在那些不好的地方要待越久，那是害他們。所以拜託諸位要救救他們。

那麼有「柔順法忍」的人已經證悟，無妨是眞正佛弟子而「能消供養」；不但如此，而且「不空受身」，他們接受這一世的五蘊身並沒有白受，因爲他們至少在這一世得到了「柔順法忍」。有了「柔順法忍」後，即使心中仍有疑，只要再一世兩世努力，再修集一些福德，同時把定力修起來——心調伏下來，未來一世兩世就一定心得決定，一定要證悟的。

那麼這個「柔順法忍」獲得了，就成爲眞正的佛弟子，就可以消得供養，就是「不空受身」，這到底原因何在？世尊就說：「舍利弗！『我』是眞實相法，不可入不可取，不可捨不可貪，」乃至最後「非垢非淨、非名非相、非心數法、非心所解。」你看「柔順法忍」眞是不容易得的。世尊告訴舍利弗說：「『我』是眞實相法，」這個「我」到底是誰？（大眾答：如來藏！）欸！三句不離本行，講如來藏就對了！世尊說：「這個『我』是眞實相的法，」所以眞我如來藏不是虛相法，是眞實相。

如果有人說：「佛法就是緣起性空。」那是實相還是虛相？（大眾答：虛相。）是虛相！所以他們不能如實理解二乘菩提講的緣起性空，因爲在二乘菩提中 世尊已經很明確說明：有個第八識存在，還有個意根存在。否則哪來的「意、法因緣生意識」呢？又從何來說「齊識而還，不能過彼」？這已經講得很清楚：「名色，一直追究下去，這名色的『名』有七種識；『色』，有五色根加上六塵。說名色以及祂輾轉所生的一切法，不能超過那個識。所以追究一切法到那個能生名色的識爲止，就得要退回來，否則就無一切法可以追究得到。」才說「齊識而還」，才說「不能過彼」，這已經告訴我們有意根在，也有第八識在，可怪的是他們偏偏都不信。

聽說釋印順把《阿含經》翻到快要爛了，據說他翻到經本的邊邊都起毛，結果依舊讀不懂；可我讀的經典邊邊都沒有起毛，都還很整潔，因爲我不會重複閱讀，最多讀兩遍；第一遍是當我想要講解哪部經時，我把它先讀一遍，斷句好；斷句作好時當然是已經整部讀完了，這時是讀了第一遍。然後讀第二遍時就是講經，我講完時就是第二遍讀完了。所以我的經本都很整潔。聽說他讀到邊邊都起毛了，結果都會弄錯，爲什麼呢？因爲他沒有「**柔順法忍**」，他壓根兒就不相信有如來藏，何況能接受「**能取的心、所取的境都是如來藏所生**」。

所以沒有「**柔順法忍**」的人都是邪見在心，就會用邪見來解釋經中的說法，然後就產生一個現象——處處矛盾。由於他們覺得處處矛盾，就要反覆再三閱讀，讀到這一頁又翻到前面再來比對，比對完了再回到後面這一頁再讀，然後發覺到下一頁不一樣，又要翻到這一頁來，所以他的經本就讀到邊邊起毛，可是我的經本都不會起毛，我只讀一遍就行了。這就是說：「**他對於這個『我』一開始就不信。**」這個「我」爲什麼稱爲「我」？因爲相對於蘊處界的苦空無常無我，所以說祂是我。可是祂沒有蘊處界的三界我性，只要落在蘊處界的我性中，就不可能是眞我；因爲有蘊處界的我性就一定無常故無我。但沒有蘊處界我性的「此經」如來藏——「**無名相法、無分別法**」，才能稱之爲「我」。那麼 世尊是說：「『**我**』**是眞實相法，**」表示祂不是緣起性空之法，從本以來本自存在、法爾如是，本來已在而不曾有生，是眞實相的法，不是虛相法的緣起性空。

但這個「我」卻是「不可入不可取」。如果有人說：「我進入眞如的境界中。」那就是「有所入」；如果有人說：「我要取眞如境界，要捨棄世間境界。」那就是「有所取」，你就可以判斷，他一定落入意識思惟想像的境界中了。換句話說，他一定是想：「我現在意識有妄想、有語言文字，就不眞也不如；那我把語言妄想全部都滅除了，保持一念不生成爲離念靈知，就是眞實的存在，這就是眞如。」所以他想要轉入這個境界中當作是眞如。當他想要去住在這個境界時，表示他還是在意識的境界中，只是從妄想雜念之中轉入一念不生的境界，認爲他這樣就是進入眞如境界，其實依舊是意識境界，這表示他根本不懂眞如。

證眞如以後，眞如的境界不必你去入，祂本來就在；你沒有入眞如境界時祂依舊是眞如，所以第八識眞如不可入。緣何如此呢？這是因爲你七轉識所住的境界並非眞如，可是你本來就有的「無分別法、無名相法」是本來就眞如。如來藏那個眞如境界，是和你七轉識等境界同時並存，而你永遠住於這七轉識的境界中，「無名相法」如來藏卻繼續保持在祂的眞如境界中。然後你找到祂以後，看見祂眞實而如如，而你因此有了般若智慧，知道原來自己的「此經」如來藏就是眞如。

但是你沒辦法說：「我七轉識下一個鐘頭要像眞如那樣。」不能說：「我要進入眞如的境界中。」爲什麼呢？因爲假設你可以進入眞如的境界中，那麼你預定要進入一小時，這一小時中你的七轉識應該離見聞覺知，因爲眞如心的境界中離見聞覺知，應該就不懂六塵；是完全不了別六塵的，也不知道自己的存在。如果有人一定要跟你狡辯說：「我眞的可以進入眞如境界。」那你就來跟他作個實驗，遇到這種強辭狡辯的人一定要捉弄他一下，你就告訴他：「現在定時器的時間定在這裡，整整一小時，一秒都不會多。這一小時的時間從你一說開始時，我過一秒鐘後再按『開始』。我們就來實驗。」當他說：「開始。」你就按下開始計時，五十九秒、五十八秒、五十七秒……一直倒數著，十秒後，他還在想：「嗯！我在眞如境界中。」你就給他一巴掌！他瞪著你，另一邊再給他一巴掌！反正你一巴掌又一巴掌，好整以暇，慢慢打。

打急了手會疼，你就慢慢打，換手慢慢來；但我告訴你，不用一小時，才打不到十秒鐘他就不斷抗議說：「你爲什麼打我？」你就告訴他：「你不是已經在眞如境界了嗎？那你怎麼會知道我打你？」他一定不懂你爲什麼打他，又爲什麼這樣質疑他？你得要花費一番脣舌爲他解釋眞如的境界是什麼。當你解釋到他聽懂時，定時器響了，你說：「你看！我爲你解釋這麼久，而你住在眞如境界中有多久？」他說：「差不多十秒鐘。」你就告訴他：「連一秒都沒有，因爲你本來就不是眞如的境界，都是七轉識的境界。」這時，剛開始那十秒過後的時間，挨你打了幾掌他都得認，不認也不行。那麼他如果夠聰明，趕快禮三拜：「我明日設齋奉請，您務必賞光！」那這個人就有證道的希望，否則永世絕緣。

也就是說，不論你有沒有證眞如，眞如本來都是存在，法爾如然，祂不曾有一剎那不如，永遠是如。既然祂本來就如，那你想要進入那個如的境界中，顯然「不可入」，因爲祂本來就如，而你是本來就生活在祂的眞如境界中，也是「不可入」。凡是「有所入」，是同一個法轉進另一個境界才叫作入。例如意識心修定，本來是在散亂狀態中，心中的思潮波濤洶湧；然後修定，漸漸的波濤越來越小，最後成爲一條直線，最後終於入定了；可是定外跟定中是不是同一心？就是同一心啊！定外妄想紛飛是意識心，入了定後制心一處而不打妄想時依舊是意識心，這樣才叫作「入」。可是眞如跟你意識是兩個法，眞如是眞如，意識是意識，一個是第八識，一個是第六識，第六識怎麼能進入第八識眞如所住的境界中？當你進入眞如境界中時，就表示你變成眞如了；如果你眞能變成眞如，原來又有個眞如，就是兩個眞如了，但是實相中不可能有兩個眞如。

所以，如果有誰說：「眞如的境界，我隨時想進去就進去。」他才剛講完，你就一巴掌給他：「你何曾進入？說來看看！」等他說了，你告訴他：「這都是意識的境界，何曾進入眞如？」那他要問你了：「那我要怎麼進入眞如？」你就告訴他：「你挨那一巴掌時，我已經告訴你了，還不知道，難道你想挨棍嗎？」這時他連問都不敢問，因爲再問要挨棍了。這就是「無名相法」厲害之處。所以這個「無名相法」，這個眞實我的境界「不可入」。老實說，想要入的人其實都是傻瓜蛋，都是笨蛋！爲什麼呢？因爲你住在這個「我」眞如的境界中，跟眞如同時在一起，然後你又繼續可以吃喝玩樂，繼續可以法樂無窮，這有什麼不好？爲什麼要像眞如那樣什麼都不知道？那不是笨蛋一個！

例如世間聰明人，一邊是財、一邊是利，兩邊都得，左右逢源。笨蛋才一天到晚修苦行，但心裡其實很想著那些享受，可都忍住，都在那邊硬撐；這樣可以得到名，完全沒有利，這就是笨蛋。聰明人是名也有、利也有！所以要當聰明人，就是要當菩薩啊！菩薩不就這樣，就告訴他：『我』實相法界中，清淨無爲，眞如無爲，所有的無漏法都有，絕對清淨。但我在現象界中好吃的照吃，好喝的照喝；如果有什麼特殊的機緣，大大出名一番也無所謂，左右逢源，這不是最好嗎？要談到無漏無爲，我這邊也有啊！可是你沒有；那要談到享受，你有我也有，這不是最妙的事嗎？所以不必入。」因爲「我」這個境界是本來就在的，我們只要觀察祂、受用祂就好了，何必要跟祂一樣。你若是想要跟祂一樣，永遠也不可能一樣。

中國人有個好習慣，不管兒子的成就超越老爸多少倍，當老爸捨報時訃聞一定寫「不孝子」；所以不管你的智慧多麼好，即使成佛了，你的智慧遠遠超過大圓鏡智，因爲有上品具足圓滿的平等性智、妙觀察智、成所作智，但是永遠都要稱自己是第八識眞如心的不孝子，因爲你的五蘊還是要從佛地眞如無垢識來出生的。而且，菩薩出生後一直都生活在眞如心中，成爲眞如心的一部分，不外於眞如心，不需要再入，所以「**不可入**」。你根本不用入，眞如無妨繼續眞如，你有智慧可以利樂有情就繼續用智慧來利樂有情，你不必一上座就是眞如無見聞覺知心，誰要跟你學啊？記住這個要領，一定要左右逢源，腳踏兩條船，這才是實證的菩薩。實相法界這邊踩得穩穩的，然後不離現象法界這邊，這邊一切法也全都踩住了，這才是菩薩。既然如此就不需要入了。

實際上也「**不可入**」，而「**不可入**」就表示「**不可取**」，實相法界能取嗎？「**無名相法**、**無分別法**」能取諸法嗎？你們搖頭是什麼意思呢？是不能取喔？問題來了，既然不能取，那你來正覺修學幹嘛？對了！正因爲「**不可取**」所以來正覺要取；也就是說，本來對於眞如、對這「**無名相法**」怎麼樣都證不得，就成爲取不得，所以才要來正覺修學；因爲聽說「**想要求開悟就得去正覺**」，所以來了！可是等到有一天你證悟了以後，竟然發覺：「**沒辦法取啊！**」但沒辦法取不是等於沒有，不是拿不到，而是因爲本來就有，何必再取？

取是因為本來沒有，所以去取，如果是你本來就有的還要再取嗎？不需要取了。例如你的銀行存摺中有一百億元，只是一時找不到存摺，人家告訴你說：「你有一百億元，一直都還沒有受用。」但是，找不到存摺、找不到身分證，什麼都不能辦；可是有一天把身分證弄好了，去到銀行，行員說雖然沒有存摺，但沒有關係，把身分證印給銀行存檔補辦新存摺，就等於是開悟；這一百億元現在可以取了，可是取了以後，究竟有沒有取？還是沒有，仍然存放在銀行你的帳戶中，而這一百億元本來就是你的，不需要再取。

同樣的道理，這個真實我本來就是你的，你並不曾遺失；只是忘了在家裡何處。如果是有遺失的，才要去外面找回來；但本來就不曾遺失，一直都在你家裡，那善知識只是告訴你說：「在你家裡的某個地方。」你依照善知識的教導去到那個地方，在自己家裡就找出來了。那找出來時證明自己真的有此心，那你算是有取嗎？還是沒有取，因為本來就是你的，所以你也不需要取。

同樣的道理，這個「無名相法、無分別法」名為「此經」如來藏，名為

「此經」「妙法蓮華經」，祂本來就在，一直都跟你五陰形影不離，本來就是你的；你找出來只是證明祂存在的事實而已，但是你不需要取祂。正因爲本來就在你五陰家裡，所以你才能找得到；那麼你找到時何須取？本來就在自己手裡，不需要去取，所以說這個法「不可取」。

佛陀又說這個法：「不可捨不可貪，」這「無名相法」方便稱之爲「我」，眞的不可捨。我們同修會辦第二次禪三時，中午過堂後大家去休息一會兒，有個師姊不睡覺也不休息，在那一直甩手，後來甩之不足，繼之以踢，我問她說：「妳在幹嘛？」她說：「好奇怪！我身上這個東西，怎麼甩都甩不掉，我踢也踢不掉。」我說：「妳好傻，當妳把祂甩掉了，或者妳把祂踢掉時就沒命了！」「啊？我會沒命喔！」這表示什麼？表示以前我們用奉送的，所以她的智慧沒有起來。那天她在那邊一直甩、一直踢，我說：「等到妳死時就甩掉了，可是那時不是妳甩掉祂，是祂甩掉妳。」所以這個「我」眞的「不可捨」，不管誰都不能捨祂。

既然「不可捨」，貪一貪祂總行吧？結果竟然說「不可貪」。捨不行，反過來該貪一貪，結果竟然說也「不可貪」。你看 釋迦老爸專門害人——苦惱無邊，教人沒下手處。因爲眾生不是這邊、就是那邊，結果告訴你說：「這邊不行，那邊也不行。」那怎麼辦？只有一個境界，叫作無所依倚，那要叫作什麼？叫作中道。這眞的很難，所以人家問老趙州：「如何是佛？」老趙州答覆說：「與一切人煩惱。」依文解義想想也有道理。佛沒有來人間時，大家輪迴時，輪迴得很快樂，痛苦時也痛苦得很快樂，因爲大家都要繼續受生，沒有人願意自己是「善逝」。佛來人間以後大家痛苦就是痛苦，快樂也是痛苦，一切都是痛苦！因爲沒有一項是好的，心心念念想著：「到底佛法怎麼啦？」一天到晚煩煩惱惱，只要有認眞在學佛的人都是很煩惱的，因爲求證無門。至於不認眞學佛的佛教徒都是在吃喝玩樂，像慈濟功德會的多數委員們就是這樣，那就不必管它。

可是眞正在學佛的道場，你看他們哪個是快樂的？都是愁眉苦臉。眞正在學佛而有快樂，有法樂自娛的只有諸位。所以你看，佛不是「與一切人煩惱」嗎？老趙州說的是。可是如果他言下會了，知道趙州這一句「與一切人煩惱」是什麼義，他就知道 佛沒有與人煩惱，從來不曾與人煩惱。當人家又來問：「如何是佛！」你可以說：「不與人煩惱。」這才是瞭解「爲什麼不可捨也不可貪」。但我們這樣講解了，大家聽了也是白聽，所以我還得要從理上把它說明一下爲什麼是「不可貪」？

當你實證了以後，你會發覺：「證悟了這個無名相法，悟得這個眞實我以後，好歡喜！每天都想著祂。」祂是這樣、祂又是那樣，又是這樣、又是那樣，每天都在注意祂，眞的是起貪。假使人家告訴你說：「我用一千億美元買你這個眞實我，好不好？」你必然一口回絕：「不好！」爲什麼呢？因爲你很清楚知道：「我拿到你一千億美元，把我賣給你時我就死掉了，那我哪來一千億美元？」可是沒過多久，根本就不貪祂了，因爲我縱使要賣，人家也拿不走；他拿不走，永遠都是我的，那我貪祂幹什麼？所以不需要貪。想想看，怎麼甩都甩不掉，怎麼踢都踢不掉，這表示祂永遠跟隨著你，比你的拜把子兄弟、拜把子姊妹都還要親密；而且不論你怎麼糟蹋祂，祂也不會離開你，你何需要貪祂？根本不需要。

既然不需要貪祂，只管看祂就好；晚上拉著祂睡覺，暫時不管祂，睡醒繼續看祂到底在幹什麼？然後就從祂的一點一滴中去學習、去增長自己的眞如智；這樣繼續進行到三年後、五年後還是常常把祂忘了，只管在智慧上不斷增長，增長到竟然忘了祂存在。然後學到某一個階段，需要驗證時再來看祂，否則平常都不看祂，完全對祂無貪。可是愚癡眾生一天到晚都在貪祂，卻不知道自己正在貪愛祂。所以唯識增上慧學說：「眾生把這個阿賴耶識無名相法，『恆內執我』——把祂的功德當作是眞實的五陰自我，卻又不肯承認祂。」這就是釋印順，所以他眞的叫凡夫眾生，由此證明「我」是「不可捨不可貪」，今天講到這裡。

《佛藏經》今天要從第六頁第五行中間開始講。今天要說的是「不可說、斷語言道」。爲什麼 如來所傳授的這個法是「不可說」也是「斷語言道」的？對於一般初學者來講，因爲對三寶的歸依和信受，所以讀到這裡就自認爲不懂，然後不妄作評論。但如果是外道或者主張大乘非佛說的法師居士們，他們可能就大膽地評論說：「你看啊！這些人乘經，前言不對後語；既然說三乘菩提是可以傳授的，但是竟然又說是不可說的，那麼不可說時要怎麼傳？」就好像印順派中有人批評禪宗說：「禪宗傳的法是離語言道的，可偏偏禪宗留下的語言文字最多，這不是自相矛盾嗎？」還罵得振振有詞。

所以他們有的人乾脆就說：「禪宗這一些祖師們的開悟都是自由心證，

沒有一個明確的定義。」有的更說：「禪宗那一些公案叫作無頭公案。」這就是說，他們完全不解「如來」這個法。我說的「如來」兩個字不是指釋迦牟尼佛，而是講自心如來。有人也許想：「如來不就是指釋迦佛嗎？還有什麼如來？」我說：「不！了義法中說的『如來』就是指第八識眞如，眞如就是『我』。」在《佛藏經》中又叫作「無分別法、無名相法」，在《楞伽經》中也說如來就是如來藏，是第八識，名爲阿賴耶識。

由於他們未曾親證，導致對於大乘經典中的聖教產生誤會，然後出之於自己粗淺思惟所得的邪慧而妄自加以評判。可是「如來」這個法並不是那麼容易懂的，因爲「如來」不是三界中法。雖然「如來」在每一個人的七寶大塔中安坐，每一個人其實也都在供養自己七寶大塔中的「多寶如來」。可是一旦被人問著時，各個面面相覷，你看我我看你，心中狐疑著：「如來在哪裡？」可是爲了要證「如來」的緣故，因此投入了禪宗一生參學直到垂垂老矣，依舊不覺「如來」。

等到捨報前，來到師父面前問：「師父！您比我年輕，如今我都要捨報了，每次問師父您，您都說『不可說不可說』，那叫我如何證？如今我已經要死了，師父您也為我講一下，讓我走得痛快一點。」師父卻告訴他說：「那好，你再好好參究，眞到撐不住要走人時，叫某甲來告訴我，我馬上過來告訴你。」於是他自己努力參究，已經快捨報剩下沒幾天的壽命，到最後一天撐不住了說：「某甲！趕快去請師父來，我快要走了！」師父來了問他說：「你眞要走了？」「眞的要走！」師父就說：「好，那我告訴你。」把他耳朵拉著告訴他：「不可說！」然後師父就走了。他心中一氣，也跟著走人了。那麼到底師父說了沒？（大眾答：說了。）為什麼是已經為他說了？不為什麼，眞的為他說了！可是對門外人來說，這裡面的蹊蹺在哪裡？眞的費思量，多少人打從少小出家或者束髮、及笄之年出家，然後剃了髮努力修學，就這樣一直修學參究到老死，終究不得其門而入；這在叢林中是很平常的事，都不奇怪。

但問題是，禪師既然說「不可說」，如來聖教中也是說「不可說」，既然「不可說」，那是傳個什麼法呢？可偏偏就能傳。就像夾山善會悟前依文解義亂說一通，他也說：「目前無法意在目前，不是目前法，非耳目所到。」意思就是「不可說」，但也只是依文解義之所得，當時被道吾禪師一笑，明知自己未悟，趕忙講完便請道吾禪師留下來請教，後來才有被指去求見船子德誠而得開悟的善會禪師。那麼既然「不可說」，師徒之間究竟繼承個什麼？又如何把這個法傳了給徒弟而使徒弟一生到死爲止都不後悔，很清苦地修行接引眾生。徒弟們爲了這個法，可以整整一世沒有絲毫後悔，這究竟是什麼道理？也就是說這個法確實是「不可說」，因爲只能意會不可言傳。

可是諸位如果把中國禪宗記載的那一些公案翻了出來，大部分不都是言傳嗎？弟子上來參問：「如何是佛？」和尚就說：「東山水上行。」這不是說了嗎？是說了，可是此說非彼說。弟子第二天又上來問：「如何是東山水上行？」也許那一天和尚夜裡沒睡好，就告訴他：「乾屎橛。」說是乾掉的大便。你可別怪說：「禪師家這麼粗魯！」這句話千萬不能講，你要是不小心講了出來，禪師家舉起手來，望你胸前這麼一掌打過去：「這是什麼所在？說粗說細。」那到底說了沒有？眞的好怪喔？有人說是禪師已經說了，有人說禪師好像沒有說，有人就想：「我還是別答話的好。」可是家裡人都說：「已經講了！」明明不可說，爲什麼他那一句話或者這麼一掌打了過去說：「已經說了！」其中當然有蹊蹺，能瞧得出其中的關節，那你只管大步的走了，就像黃龍禪師講的：「還沒有過關的人，才需要問守門的官吏說『我可不可以過去』，已經過關的人邁開大步甩起雙手走了，才不問過不過關的事。」

所以說，「如來」這個法，或者說眞如這個法眞的難會。如果有人想要用思惟的方式來理解，或者聽了別人直接明講，那已經都不是了。表面上看來也許會說是，其實依舊不是。所以 克勤老和尚常常會罵人說，那些解悟的人一來到他面前報告或討教，他就說：「似則似，是則不是。」好像繞口令，意思是說：「這要講到相似的話，看起來是很相似；若要說到這個就是，其實依舊不是。」這到底是可說或者不可說？不管誰如實把祂說了出來時依舊不是；因爲聽聞而瞭解者，和實證者之間有一段很長的距離。

實證的人不會退轉，聽來的或者善知識明講而贈送的，未來難免退轉。所以佛菩提道很公平，有的人因緣好，遇到善知識，偏偏這個善知識濫慈悲而爲他明講，奉送之後沒幾年就退轉了；退轉之後反過來無根誹謗善知識，這過失其實都在善知識身上，而末法時代的這個善知識叫作蕭平實。我早期就是這樣走過來的，因爲早期沒有讀到聖教中 世尊的那些吩咐，所以明講，但最後那些人大部分都陣亡了。好在如今留下幾個已經是五朝、六朝元老的人，差堪大用。

所以說，講了就不是，但不講的是不是？不講的到底是不是？如果不講的就是，那大家來個默然就好了。辦禪三時每晚普說，一上座，口掛壁上，什麼都不用講；如果能這樣悟得去，眞是一把好手，這叫作「維摩杜口」，維摩詰菩薩就是閉嘴不言，該他說時他不說了，而這樣的不說才是眞說，結果文殊菩薩大大讚歎他。那麼不說的就是，平常大家也都沒有開口那就是了，那麼諸位現在聽我講經時也都沒有開口，應該也就是了；依照這樣依此類推、舉一反三，那麼會外大法師們辦的萬人大活動，他一個人在臺上胡說八道，臺下的信眾們大家都不言不語的默然，儘管聽他胡說八道，那時應該就是了，可爲什麼都說是未開慧眼的凡夫？這究竟是何道理？所以，說與不說之間還眞的費思量。

但是費思量的只是還沒有實證的人，對實證的人而言，說亦可，不說亦可；斷語言道亦可，不斷語言道亦可，根本沒有說與不說的問題，也就沒有可說與不可說的問題。世尊在這裡講「不可說」三字，是爲大眾方便施設；因爲假使眞的不可說，那麼 世尊來人間前後三轉法輪講的一代時教三大藏教，大家又如何實證？所以，「不可說」是從祂的自性，從祂所住境界、以及從證悟者說出來的語言文字及不上祂的境界來說的。然而禪師往往就用「不可說」三個字接人，有緣者只這三個字就引進門了。

有時禪師還嫌三個字太多：「我不要用『不可說』三個字。」他單用一個字。所以中國禪宗很有名的一字禪，全都是一個字，因緣成熟的人就這樣悟入。雖然是短短一個字，畢竟也是說了；可是他說了，卻違背了世尊的「不可說」；可是由他所說而悟入的弟子卻發覺：「師父跟自己的實證的開悟境界，竟然都不違背世尊不可說的聖教。」這裡面透著奇怪。可是，說個奇怪，那都是二乘聖者與凡夫的事，對菩薩來講都不奇怪，因爲本來就該如此。那麼到底是可說或不可說呢？諸位要怎麼說？（有人答話，聽不清楚）大聲一點！怎麼講得畏畏縮縮呢？你就大大聲聲地說：「不可說！」（有人大聲說：不可說。）對了！這就對了！

所以眞實的法就是這麼奇妙，說是不可言傳，可是禪師們儘管語言文字這樣傳，傳的卻不是語言文字中的意涵，這就是佛法厲害之處；直叫二乘聖者、一切佛門凡夫大法師們，個個丈二金剛摸不著頭腦。所以有時禪師就形容說：「禪這個法就像一根硬鐵橛。」鐵橛像什麼？像我們現在敲打東西時拿著一根鋼做的鑽子，然後用槌子敲打的那一根，就叫作鐵橛。說禪這個東西猶如鐵橛一般，直叫汝無下嘴處。你想要從什麼地方下嘴？沒地方給你下嘴，咬不動；但是沒有下嘴之處，卻是你下嘴之處，所以講個「不可說」已經多餘了。你眞要會得時，其實不必講可說或不可說，因爲你講出來的都是語言文字，正在講時都是在五蘊之中，不離色蘊、行蘊，也不離識蘊，受、想也具足了。

所以外道來到　佛前請問說：「不問有言，不問無言。」世尊踞座默然，良久之後，外道突然醒悟，禮佛三拜而讚歎　世尊說：「世尊大慈大悲，開我迷雲。」歡喜而去。但　世尊眞的沒有說，只是踞座默然。面對大迦葉等人時至少還拈起梵天供養的青蓮花給大家瞧，但這個外道來問法時，世尊什麼話都沒有，只是坐著他就這樣悟了，當然隨後就成爲大菩薩，恢復往世的證量。所以　世尊這裡告訴我們說「不可說」，還眞的「不可說」，所以　世尊沒有說法。可是禪宗祖師們一向慣耍嘴皮，一張嘴籠罩天下人；即使是皇帝照樣籠罩不誤，何況那些達官貴人。那麼這個「不可說」在弘法的過程與歷史的記載中，一直都是如此。

可是祖師要幫弟子證悟之前，卻先要把道理告訴弟子們，然後再施加機鋒，弟子們才有辦法開悟。否則，每天在弟子面前不可說、不可說……，弟子們一直都悟不了的。因此要先告訴大家說「言語道斷」，也就是告訴弟子們說：「這眞實如來的境界中沒有言語之道，一切言語之法來到自心如來的境界時，全部消失了！」那麼 世尊在這裡，就說「斷語言道」，這是從實證者來講。還沒有實證之前，跟著瞎眼阿師學禪修禪參禪，修的都是意識的一念不生境界，每天都要跟語言妄想對抗，一定對抗不了的，因爲每天共修同住，常住事事都需要溝通，語言道一定得要用，否則如何溝通？假使整個寺院都不講話，那麼所有僧眾分配執事要怎麼溝通？是不是要學聾啞學校來比手語？是不是要這樣？要不然，像那個沒有學手語的啞巴在那邊嗯來嗯去，要怎麼溝通？事情都甭辦了。然而話說回來，手語也還是言語。

眞實證悟的道場儘管放大聲，一堆的語言文字溝通都無所謂。兩個證悟師兄弟在寺院中討論某一件事情該如何作時，來了個外道說：「你們不是證得語言道斷之法嗎？爲什麼你們還一直在說話？」可能師兄也可能是師弟會戳著他的鼻子罵：「**我正在罵你時，我也沒有在講話，你懂不懂？**」那麼你說這個法到底是怎麼回事？其實不奇怪，因爲法界中本來如是。當他們倆個人正在說很多話、互相溝通一件事情時，其實他們實際理地沒有任何語言；他們的所證是斷除語言道的，但是無妨蘊處界繼續不斷地有語言道來爲眾生作事，來互相討論如何利益眾生。

因此這個法是「**不可說**」的，是「**斷語言道**」的，因爲所依止的是沒有語言道的眞如境界，依止於這樣的境界，從此永遠轉依這個眞如境界，就沒有語言道可說了，那就是斷語言之道了。這樣「**斷語言道**」時，卻無妨利用所有的語言之道，來幫助眾生實證這個「**不可說**」而「**斷語言道**」的「**無名相法**」眞如。懂得這個道理，心能安忍，願意接受善知識依現量所說：能取的覺知心是自己的「如來」所變現的，所取的六塵和五色根境界也是自己的「如來」所變現的，從來都是自心取自心；重新再來觀察能取與所取互相和合運作時，現觀一切諸法都是自心如來之所變現，這樣得到「**柔順法忍**」。

可是得這個「**柔順法忍**」時，不可無因無由、沒有基礎而得。並不是聽聞信受就算得了，一定還要有柔伏自心的功德來支持。藉什麼來柔伏自心？

藉修定。把猶如猿猴一般的心，用定力給降伏下來，然後再來聽受善知識開示，而且如實觀行之後，才能眞的得到「柔順法忍」。有了「柔順法忍」，只要福德夠了因緣就熟了，於是在什麼樣的因緣之中都可能發生，奇蹟就出現了，這時是一念相應就知道爲什麼是「不可說」。你就懂得告訴人家說「不可說」，那時無妨心中、口中不斷地有語言文字說出來，可是你所依止、所住的境界卻是「斷語言道」的「不可說」的境界，就是第八識「無名相法」的境界；那你就知道說：「《佛藏經》世尊的開示眞的是如實語。」因爲你自己可以現前觀察，沒有誤會了。

當你確認了「無名相法」是「不可說」的，也是「斷語言道」的，你轉依了祂時，接著「無歡無喜，斷貪喜心」，你一定會觀察這個「不可說」而且「斷語言道」的「無名相法」，祂的境界中沒有歡也沒有喜。「歡」與「喜」還是有一點差異，「歡」就是剛開始，「喜」是隨後而來的。例如老朋友三十年沒見了，不期而然遇見了，哇！好高興說：「你不是某某人嗎？」「對啊！我就是某甲，那你不就是某乙嗎？」兩個人拉著手好高興，這就是歡。接下來就是「喜」，「喜」就是開始慢慢聊起來以後，時間晚了還捨不得分手。三十年沒見了，這就是「歡」與「喜」。就像我禮拜天去參加同學會一樣，畢業五十年才第一次開同學會，一見了很多人都不認得，有時從側面一看這應該是誰，正面看時反而不認得，因爲側面不太會改變，正面會改變；現在看來每位同學一個個都像老公公、老婆婆。

那同學會是世俗法，我也去——我去釣魚，看能不能釣得幾條鯉魚，把他們訓練訓練，將來讓他們去躍龍門；屆時躍過去了就化成龍，在天飛翔；若躍不過去，點額而回，繼續當鯉魚。所以你們看那個錦鯉，頭上如果有一個好像梅花的一點，就知道牠沒有跳過去。我們家有一條鯉魚被點下來的，因爲牠頭上有這麼一撮。那麼同學初見時一認出來，大家都緊抓著手不放，那就是「歡」。但如來藏會這樣嗎？不會啦！「喜」就是接著互相問候：「別來無恙啊？」互相問候，然後互相談起來各人的事情，有時也聊以前在學校時的許多事情，心情很愉快，這就是「喜」啊！可是如來藏沒有喜，不管多大的事情、多大的喜事到來，祂既無歡也無喜。很奇怪吧？假使有一天上京趕考並且皇帝欽點爲狀元了，可是這個狀元郎正當遊街時，他的如來藏無歡也無喜。

「無歡無喜」的境界表示是一個不動心的境界，永遠都是不動心的境界，你會不會覺得祂太無情？會不會？爲什麼不會？假使你明天送了十萬塊錢回家：「老爸、老媽，這個月特別多一些供養。」老爸、老媽如果面無喜色，你會怎麼樣？不說你，單說左鄰右舍吧，好不好？你不好意思講，左鄰右舍會不會說：「這個人這麼無情，兒女這麼孝順，奉上十萬元供養，竟然面無喜色。」會不會講話？會喔！背後會講的，當面不講而已。可我告訴你，如來藏就是這樣子，這個「無名相法」從來不跟名相相應，祂永遠無歡亦無喜，永遠不會生起「貪喜心」。假使你去禪三被印證了回來，剛好禪三前有人送了一張彩券給你，開獎後一對，竟然獨得十億元，雙喜臨門，該不該歡喜？該啊！那你就好歡喜：「十億元，我撥一半來正覺寺，不愁沒錢蓋了！」眞是歡喜！

旁邊師兄弟或者也許隔壁住了個其他道場的學佛人，可不可以說：「你不是證得『斷語言道』而『無歡無喜』嗎？今天爲什麼這麼歡喜？」可不可以講？不可以，他沒資格講。當他問你：「爲什麼你說我不能講？」你就告訴他：「歡喜啊！」也許他想：「明明你都講歡喜了，那不就是有歡喜心了嗎？」

你就告訴他：「**我歡喜時不歡喜。**」他一定弄不懂，正要他弄不懂，讓他去悶。這個葫蘆悶上十年，悶不住了，有一天他只好來找你：「**請您幫我引介吧！我也去正覺學法。**」你就釣到一條鯉魚。

但是歡喜與不歡喜都由著你說，你說的都對。因爲你腳踏兩條船。腳踏兩條船才好啊！一般都說不可以踏兩條船，可是他們講的腳踏兩條船是說：「**你既然在我某某山，爲什麼你還要去正覺學法？不許腳踏兩條船。**」但我們正覺鼓吹大家腳踏兩條船：一腳踩在實相法界的船，一腳踩在現象法界的船，左右逢源。

不論你怎麼講我都把你否定，可是我都對。因爲有時我從實相法界來否定你，有時我從現象法界來否定你。雖然兩個看起來表相上有衝突，結果不衝突；這就是佛法厲害之處，學佛時當學如是法。不是我現在這麼說，這部《佛藏經》後面，世尊還會這樣繼續開示的。所以你要證的是「**無歡無喜的心**」，不是要修行把覺知心離開歡喜來安住。因爲這個覺知心，縱使你可以勉強把祂壓抑著「**無歡無喜**」，可是心中該有的歡喜依舊存在，只是被壓住而已；還是有歡喜，不是沒有。但是這個「**無名相法**」自心如來，祂是從無始劫以來本就無歡亦無喜；當你這樣實證時，你轉依於自心如來，就沒有什麼可以貪的了，縱使那個可貪的東西得到了，你心中也是無喜。

所以，假使哪一天你不得不去當轉輪聖王，於是統領了一大洲當鐵輪王，藉著七寶巡迴一大洲回來，全部降伏以後，你心中也沒有歡喜；因爲從你所證悟的「**無名相法**」來看時，從無歡喜。再從道業來看說：「**不得不當上轉輪聖王，其實對我的道業沒什麼幫助。**」更不需要歡喜。雖然沒有幫助，但是福德其實增長很多，因爲在你的治理之下，邪見外道都可以強加壓制，正法道理可以大力闡揚，就看你怎麼看。

既然你所證的是「**無歡無喜**」的「**無名相法**」境界，從此依自心如來的境界而安住。你所依的實際理地「**斷貪喜心**」，既然如是轉依，對於世間之道漸漸地看淡了，歡喜心以及貪愛之心漸漸也就遠離了，就轉依於這個「**無名相法**」的「**無歡無喜**」境界，漸次斷除煩惱，到七地滿心連習氣種子全部斷除；所以這個法「**無歡無喜**」，依於「**無歡無喜**」的境界順序修道去斷除貪喜之心。

當你開始要斷除最後一分貪喜心時，就表示你已經開始遠行了！遠行是第幾地？第七地。因爲距離三界愛的習氣種子越來越遠了，已經走出很遠了。那麼這「無名相法」講起來好奇怪，從不同的層面可以講不同的道理出來，所以你只要細心去觀察，從不同層面去觀察，可以說出非常多的法，然而探究你的所證，依舊是一個如來藏而已。就這個如來藏，你可以講很多法出來，世尊就這樣子顯示給我們看。

所以經由不同層面的觀察，世尊又告訴我們：「非眾緣合、離眾因緣，」這個「無名相法」也就是 世尊說的：「這眞實的『我』不是眾緣假合而有。」以前有人問我說：「五陰、十八界是如來藏所生，那如來藏是什麼所生？」我說：「如果你這樣問，那麼你所學的佛法就永無窮盡，你永遠沒有機會成佛，乾脆回世間法算了！」因爲這個人就是多疑，由於不如理作意所以產生這個疑惑，而他這個疑根始終斷不了。我細心教導說：「這前五識要藉著五色根、意識、意根再由如來藏出生，那意識要藉著意根以及五色根而由如來藏出生，而意根也是要由如來藏出生。」結果他一直想著說：「如來藏要從什麼出生？」後來乾脆背著我跟人家講說：「我們這個意根、意識、五識、色身，都要有如來藏作爲所依，所以我們證得這個阿賴耶識如來藏，祂也要有一個所依。」我說這個人其心顚倒，應該要再等很多劫以後再來實證。他進入正法中只能是混亂地熏習，不應該讓他實證的。因爲他腦袋整個弄混了，眞是知見不清。世尊說「齊識而還，不能過彼」，明明就是到這個阿賴耶識就得退回來，因爲再過去就沒有任何法了，怎麼可能如來藏阿賴耶識還要有另一個所依？有人來問我，我說：「你不必再問，他所謂找到了如來藏的所依、阿賴耶識的所依，一定是意識。不用再問了，永遠跳不脫意識的範圍。」最後他們去探究的結果說：「對啊！就是離念靈知嘛。」假使有人證得如來藏以後，說他還能證得佛地眞如，二〇〇三年那一些人不就是這樣嗎？有人來告訴我時，我當場說：「你不必再探問、也不必再好奇，他們佛地眞如是什麼？我告訴你，就是意識，沒有別的了。」我這個人都是鐵口直斷，雖然我這個嘴是肉做的，依舊叫作鐵嘴，被我斷過的人都逃不出去，果不其然被我料著了。所以當年我連他們未來要怎麼走的路，都公開宣布了，他們依舊逃不出我的鐵口直斷。

換句話說，這個「無名相法、無分別法」，也就是「妙法蓮華經」，又名「金剛經」、又名「此經」，祂是本來如是，法爾如然，沒有辦法探究祂是什麼所生；即使諸佛都只好說：「祂是法爾如是。」祂是生一切法的心，怎麼可能是由眾緣所合的呢？所以，如果有人堅持說：「師父！您一定要給我一個答案，這個如來藏是被什麼所生？這個如來藏究竟是什麼東西和合起來的？」假使你哪一天遇到這麼一個弟子，不必多話，棍子拿起來就打出去；每天來問，就每天打出去，打到他相信爲止。因爲這個人目前不可救藥，他的信力還沒有生起來，也表示他的慧力還沒有生起來，所以他沒有能力去作觀察。這一定要把他打出去，誹謗就讓他誹謗，退轉就讓他退轉，不足惜！這本來就是眾生的平常事，換句話說，這個人十信位的修學還沒有滿足，他的證悟是一個偶然，他的本分中還不該有證悟的事。

也許有人說：「蕭老師您爲何這麼苛刻？爲何這麼嚴厲、這麼無情？」因爲眾生本來就是這樣，十信位還沒有修學滿足時，幫他證悟了就得從頭再來一遍；《菩薩瓔珞本業經》不就講了？淨目天子、法才王子、舍利弗三人，無數劫前修學般若波羅蜜多，正觀現在前——證悟「無名相法」如來藏了，可是沒有善知識攝受，因此疑心不斷而退轉；退轉後就不信因果，十劫之中無惡不造，因此淪墮很久，這不是很正常的事嗎？只有什麼法會使人不退轉？正是常見外道法不會使人退轉，因爲大眾都是愛自己。所以你們看那些大道場，證得離念靈知的人都不會退轉，因爲那正是我見我執。落入我見我執的人當然不會退轉，這是凡夫眾生之所愛。可是要否定五蘊、十八界這個假我，要把我見斷除而去認一個無我性的「無名相法」，這眞是難啊！正因爲難，所以菩薩證悟以後得不退轉時，才能叫作「不可思議」。不可思議就是眾生無法思惟、無法理解、無法信受，對你所說無法信受，更無法想像你的修證到底是怎麼回事。

那你要不要當不可思議的菩薩？要。但我告訴你，要先有心理準備，你當上不可思議菩薩時，大部分人都會說你腦袋壞掉了，你是孤獨無侶的。只有少數人會讚歎、心儀，這是眞實話，在我身上就是這樣發生的。所以當年我開始弘法時，聽說我的同學有人說：「欸！這個姓蕭的到底怎麼回事？竟然走上那一條路去。」經過二十年，有兩個同學，有一天這某甲跟某乙說：「你知道我們有個同學很厲害呀！」另外一位某乙就跟某甲說：「你不要告訴我，我知道你要講誰。」他說：「你怎麼知道？」他說：「我每天上班坐著捷運經過圓山站，每天看著他那棟大樓的 LED 燈這樣在廣告，我都跟人家說那是我同學開的。」（大眾爆笑…）可是有的人覺得奇怪：「你怎麼會走上這條路？」沒人想到我會如此，眞的是不可思議！

所以，你出來弘法時，遇到各種不同的說法，都得要甘之如飴，因爲這本來就是眾生的平常事。這就是說：「你所證的這個法無法想像，因爲連阿羅漢都無法想像，爲什麼有一個法『非眾緣合』？很難思議！」可是懂得邏輯或者在佛法中懂得因明的人，思惟的結果一定會知道，一切有生有滅的法，都要從「非眾緣合」的本住法來出生，凡是懂得思辨的人思惟到最後都會這樣認爲。所以近代哲學界才會提出一個很具體而且不可推翻的理論，叫作「假必依實」：一切會生滅的假法，必然要依於一個眞實而本住的不壞法，才能夠出現、存在、運作，最後消失又重新再出現。哲學界講的就是「假必依實」，但佛法中一開始就講這個道理，所以西方哲學界不管他們學識地位多高、腦袋多好，終究不敢推翻佛法，因爲這個法「非眾緣合」，所以這個法才值得實證。

如果你所證的某一個境界或某一個法是眾緣所合成的，或者經由修行才能得到的，那麼那個法就不是眞實法，不值得你去實證。也許有人又想：「你這樣講自我矛盾欸！如果依照你這麼講，那我又何必努力修定，來護持正法、修集福德，又何必努力參禪？我要經過那麼辛苦的過程才能悟得，那不就是修行得來的嗎？」可是我說：「不然！」爲什麼呢？因爲你這麼努力修行才得證悟，可是你所證悟的這個如來藏「無名相法」不是從外而得，而是你本來就有的。只是以前不知道祂何在，所以要經由修行，要使福德足夠才有條件可以證悟。但所證悟的「無名相法」是本然就有的法，非從外得，所以不是眾緣和合而有，是你本來就具足而有的。而這個本來就有的「無名相法」出生了你這五陰、十八界，祂依舊「非眾緣合」。

那麼你這樣實證了以後，你的心轉依了「無名相法」的境界，次第漸修就離開了眾因緣。但在因地還沒有離開眾因緣之前，你所轉依的境界確實是「離眾因緣」的，你所轉依的如來藏不假藉任何因緣，祂就這麼單獨存在，在眾因緣之中祂也如是存在。不管是有眾因緣、沒有眾因緣，對祂而言都無所謂。那麼你就依於這樣的智慧而住，繼續在佛菩提道中修行，次第轉進，到了第三大阿僧祇劫，一切因緣都不假藉，你就這樣安住，可是又無妨依於十大願繼續在眾因緣中利樂眾生，然而那時所住「離眾因緣」的「無名相法」

境界，與第七住位菩薩剛剛悟得的自心如來「離眾因緣」的境界還是一樣；差別只是習氣種子的斷除、般若別相智的圓滿、無生法忍的實證。所以「無名相法」不從他生，「無名相法」「非眾緣合」，「無名相法」的自住境界中遠離眾因緣。如果還沒有找到這「無名相法」，聽起來會覺得玄之又玄，無從下手；可是一旦實證了，我這邊講了那麼多，你會想：「對啊！對啊！沒錯啊！正是如此。」你都不用思惟，聽了就是你的。

這個法不但如此，接著又告訴我們說：「無道斷道至於無道，」這有一點奇怪對不對？說沒有道也沒有斷道，就這樣到達了沒有道的境界。有一點像繞口令。雖然看起來好像在繞口令，其實大有文章；這跟《心經》講的不就是一樣的道理嗎？沒有三十七道品，沒有無明，也沒有無明盡，對不對？完全一樣。這八個字告訴我們說：沒有道，也沒有斷道。在自心如來境界中沒有任何的道可說，修學佛法時都說有三乘菩提，有時又講五乘之法，也就是人乘、天乘再加上三乘菩提就有五乘。可是講五乘之法就表示有五乘之人所修不同的道，譬如世間人行俠仗義之時有俠道，專門研究書法的人說有書道，研究劍道的人他們也來個劍道，或是像日本講的武士道；種種之道，不外是世間道。

佛法中說有五乘，譬如人乘，說想要保住人身至少得要持好五戒，那就是人道；如果求生天道，得加修十善業，死後可以生欲界天；修得禪定者，可生色界天；修得四空定者，可生無色界天，都叫作「天道」。這些都叫作道，可是這些道在「無名相法」之中都不存在，所以沒有道可言。如果修學三乘菩提，說有聲聞道、有緣覺道、也有菩薩道。可是這些道，當你修學聲聞、緣覺之道，有了基礎的實證，又證了佛菩提道——開悟明心了，回頭來看你所悟的眞如心「無名相法」的境界中，你會發覺祂的境界中，這三乘菩提之道也全部都不存在，在祂的境界中無有任何之道可言，這就是「無道」。

無道之後又講無有「斷道」，說沒有所斷之道。例如人天乘的基礎修好，接著來修聲聞、緣覺乘；聲聞乘、緣覺乘總有可斷之道吧？有啊！因爲有可斷之道才能證得聲聞乘、證得緣覺乘；可是聲聞乘與緣覺乘之所斷，是要斷除五蘊、十八界入無餘涅槃，想要入無餘涅槃時一定要有可斷之道，否則你憑什麼修行而能斷見惑與思惑？那麼這個斷見惑與思惑就是聲聞道和緣覺道所斷方法的具體實踐。既然如此，當然你要斷除這些三界煩惱，一定有斷的方法，這就是斷道。可是當你悟得「無名相法」之後，再來觀察祂的境界中，沒有斷道可言，無任何一法可斷，無任何一法應斷，無任何一法已斷，所以祂的境界中沒有斷道——「無斷道」。

當你實證了以後，如是現觀，你次第修行，不管誰來問你說：「你有什麼道的實證？」你卻說：「我無道可證。」為什麼無道可證？因為你依於「無名相法」所以無道可證。可是這無道可證卻有層次高低的差別，真正無道可證是佛菩提道的無學、果地的境界，是諸佛如來的境界。例如阿羅漢，一個三明六通的大阿羅漢，說他是無學，如果他只是慧解脫，也可以說是無學，因為他不必再學什麼了，解脫之道所應學的已經夠了，死後就可以出離三界去了，所以他是無學聖者。至於佛菩提道的無學，就是佛地。可是雖然佛菩提道的無學是佛地，而說祂真的「無道」，畢竟菩薩的實證還沒有到達佛地，就不算具足佛道的境界；因此，即使到了八地都還有無記性的異熟法種的變異，這一些道得要繼續學。

可是你如果從理上來說，第七住位的菩薩所看見的自心如來「無名相法」的境界中，也沒有道可說。因為應該修的道都是你五陰、十八界要修的，應該斷的道也是你五陰、十八界所該學的，應斷的煩惱也是你五陰、十八界所該斷的；所以你去學道、去斷道，都是你五陰、十八界的事。而你在第七住位時就已經看到：「自心如來的境界之中無道可言。」這也是理上說的「至於無道」。所以如果人家罵你說：「你是個無道之人。」你就立刻回說：「謝謝讚歎！謝謝讚歎！」因爲你證得「無道」了，這時來看人家罵你無道之人，那就是讚歎，你當然應該致謝。

等他哪一天好奇心壓不住了，登門拜訪說：「我那一天明明是罵你，你爲什麼歡喜接受，還跟我道謝？」你就說：「對啊！因爲無道之人不可說、不可說。」他當然要問你，因爲已經登門了；而且這回登門時不可能是兩串蕉，這一盒禮物少說也有個五百塊、一千塊錢，而你竟然跟他說「不可說、不可說」，那他一定要問你，不問個清楚不白跑了一趟嗎？所以千央萬求，拜託你：「好歹你跟我講一講嘛。」你當然不可能給他機鋒，一則違背了門風規矩，二則這個人去道猶遠，只好從理上來告訴他，接引他入門，將來無妨是你成佛時的一分佛土啊！

所以你就告訴他：「所謂無道之人，人人本自具足。我有無道之人，你也有無道之人；你只要證得這個無道之人，你就有道了；有道之後，你就成爲無道之人。」那他當然還是聽不懂，你就好整以暇、慢條斯理從各個方面來告訴他，他就知道：「原來證得如來藏就是這麼有智慧！」於是他對勝義三寶的信心就夠了，這時剛好接引他入正覺來，進入禪淨班從初住位開始學起。這個人未來世就會是你的弟子，雖然他這一世可能是黃老師、張老師、李老師、廖老師的弟子，未來世總會是你的弟子，因爲他的緣從你而生。

這就是說，這個法本身沒有道可說，祂的境界中也沒有能斷之道、所斷之道可說。那你依於這個法這樣修行，最後就到「無道」的境界。「無道」的境界是依無垢識的境界而安住，這時到底好不好？好啊！「無道」時卻具足一切道，所以這時的無垢識不但是像因地一樣有五遍行心所法，而且還能與五別境及善十一等心所法相應；這時每一個心所法都可各自獨立去運作，因此可以化身無量無邊。這時「無道」可學，也不需要去了知任何之道，但就這樣子去運作。所以說：「諸佛如來不可思議。」諸佛如來之所以能夠具足了知一切因果，正因爲這個「無道」的緣故。

接著又說「斷諸語言論議音聲」，一般人或者凡夫大法師們，否定第八識以後落入六識論邪見中，依六識邪見來作思惟研究時，一定誤會經典說的眞實義。讀到這裡說「斷諸語言論議音聲」，他思惟了老半天說：「我知道了，從此以後就不要講話。」於是東壁寫上「禁語」，西壁也寫句「禁語」；有一天來到齋堂時說：「怎麼好吵！」叫大家閉嘴，所以就寫：「打得念頭死，許汝法身活。」以後誰要再講話，當場叫他再讀一遍，大家就跟著讀：「打得念頭死，許汝法身活。」從此大家都不說話。不說話以後堂頭和尚也不說法，規定每天下午上堂打坐求一念不生，說這樣法身就會活過來。問題是法身曾經死過嗎？

這種邪知邪見在正覺同修會弘法以前四處看得見，我以前回鄉看望老爸，他喜歡到佛寺去拜佛捻香，我載了他上去，那寺院大殿就這樣寫著「打得念頭死，許汝法身活」，禪堂裡也貼著禁語，五觀堂也貼著禁語；可是我有時早上去時、下午去時，兩個出家人在那邊幹什麼？在處理紅毛苔，嘴裡都講個不停，在討論：「晚上要吃什麼？」原來那只是作個樣子。因爲他們誤會了，以爲只要心中不起念，不起語言文字，而不要在心中喃喃自語，這樣就是「如來」的境界，完全誤會了！其實 世尊說的是，在「無名相法」

自心如來的境界之中，是沒有語言論議音聲的；不管什麼樣的語言，怎麼樣的論議乃至於聲音，在如來藏的境界中都不存在，並不是說覺知心中一念不生，就叫作眞如境界。

心中一念不生時依舊有聲音，聲音總是來來去去，有時這個聲音，有時候那個聲音，一直都沒有中斷過。當這些音聲存在時，就已經是識陰的境界了！如來藏的境界中沒有聲音的，連聲音都不存在時還可能論議嗎？很多人都不瞭解這一點，後來讀到這一句時，也許他就想：「那我知道了，我就是要好好打坐，坐到沒有聽到聲音。」又誤會了。有聲音是一邊，沒有聲音是另外一邊，都落於兩邊；可是眾生的覺知心就是這樣，要不是沒有聲音，不然就是有聲音。但是「無名相法」如來藏的境界可不如此，「無名相法」的境界是「在聲音中沒有聲音」，那到底是有聲音還是沒有聲音？你如果證悟了以後可以現前觀察，我這麼講時你就觀察：「對啊！如來藏的境界中本來就沒有離開聲音，可是如來藏不聽聲音。」是不是如此？是啊！

因爲你所聽到的聲音，那個聲塵依舊是你的如來藏爲你出生的；祂出生了聲塵，當然就跟聲塵在一起，可是祂從來不了別聲塵。既然不了別聲塵，祂的境界中怎麼會有音聲？很難想像喔？所以我說《道德經》講什麼玄之又玄，其實沒玄，那都是意識思惟就能了知的；然而這「無名相法」的境界，想到腦袋破掉了也沒用，所以才是眞的玄之又玄。那麼這樣說來到底是有沒有聲音？告訴你：斷音聲。因爲祂出生了音聲卻又不了別音聲，所以祂的境界中沒有音聲，但是一切音聲由祂而生。這跟眾生所知道的：「我要離開音聲，所以我要坐到沒有聽到音聲。」即使坐到沒有聽到音聲，了不起是二禪的等至位，佛陀依舊說：「這是外道凡夫。」所以證得沒有音聲的卻不離音聲，這樣才是眞正的般若。

既然祂的境界中沒有音聲，就不可能有語言，沒有語言又如何論議？所以這「無名相法」的境界「斷諸語言論議音聲」。在三界中找不到一個法像祂這樣，也許有人想：「那我如果證得四空定，將來生到無色界天去，那時沒有論議，也沒有語言、沒有音聲啊！」說的好像對喔？問題是生到無色界天以後的心是什麼心？還是意識心。而意識心如果起心動念示現了一個色界天身來色界天中，與諸天人往來時，一樣是那個意識心，那時祂能不能了知音聲？能了知。能不能和語言相應？能相應。能不能與色界天人論議？可以論議。然後他又回到四空天，住入那個等至位中，又不見了；色界天人說：「奇怪！這個天人怎麼忽然又不見了。」覺得好奇怪，其實不奇怪，因為他只是一念心動，來色界天逛一逛而已。這表示他的四空定不是很好，他不久又會下墮的。

那結果是同一個意識心，但　佛所說的「斷諸語言論議音聲」的「無名相法」境界中，是從無始劫以來本來如此，要這樣證才不會是變異法。否則今天入了二禪等至位，或者入了四空定中，固然是斷除了「語言論議音聲」，可是出定時又有「語言論議音聲」，像這樣了，他的所證就是變異法，變過來變過去。反覆的變來變去，每天重複變異的過程，當然不是實相法；既不是實相法，就不是諸佛如來之藏。所以意識不是　世尊所說的「斷諸語言論議音聲」的境界。

接著又說：「無形無色無取無著無用，」以前所謂修行學禪的人，他們都用意識心在修行，所要證的也是意識心的境界，他們認為說：「我這個覺知心坐到離開語言文字時，什麼都放下、都不罣礙，也都不執著、不執取，我也不作出任何的作用，就符合聖教的開示了。」他認為說：「我覺知心無形無色，就是空性。」好像對喔？覺知心無形無色：「我在定中一念不生，什麼都不取，什麼都不執著，我也不作用，就這樣安住不動。」他認爲說：「這樣就是實證佛法了。」可是讀到另外一句說：「一切諸法無作無變、無覺無觀，無覺觀者名爲心性。」這又不通了。所以末法時代的大法師們始終轉不出這個死胡同，他們一轉進去就沒出路了。因爲這個胡同沒出路，猶如老鼠入牛角無法轉身出來，就死在那邊。

眞正的「無名相法」是無始以來本就如是，而不是修行去變成如是。「無名相法」如來藏從來無形無色，意識覺知心雖然也是無形無色，可是意識覺知心一定會跟形色相應，而「無名相法」從來跟形色不相應。例如你的自心如來本身，永遠不會現出任何形、任何色來，祂永遠都是如此；你的「無名相法」也不會說：「我這一世要變成這樣子，下一世要變成那一個樣子。」永遠不會。意識心會想：「我下一世要變成一個色界天人，身量高廣，不要五臟六腑，禪悅爲食就好了。」可是祂的如來藏不會這樣想，所以跟形色不相應。

但是有時菩薩會告訴你，阿羅漢也會告訴你：「這個如來藏又名『色識』。」

說這阿賴耶識又叫作色識，有沒有覺得好奇怪？應該覺得奇怪才對啊！「這個阿賴耶識如來藏，明明無形無色，怎麼會叫作色識？」這是因爲如來藏心能出生色法，所以才叫作色識；意識等七識心不能出生色法，沒有資格叫作色識。可是話說回來，這有個問題了：既然祂是色識，那祂應該有形狀吧？應該有色法吧？不！偏偏祂沒有形狀、祂沒有色法，但祂能生色，所以祂能出生宇宙中的地水火風；出生了四大，四大不就是色嗎？那四大積聚起來，成爲這個人身不就是色嗎？有色就有形狀，所以有形，因此祂又叫作色識。可是這些畢竟是祂所生，而祂自己無色亦無形，這樣的法眞的好奇特——自己無色無形可是能生色，也能成就諸形。

於是這一世成爲人身，下一世呢？他也許想一想：「我已經得到四禪八定了，那我不如生到色究竟天去。」那又變成另一種色。也許哪一天悲心大發：「我下地獄去救那一些以前謗法的人。」那又變成一個地獄身，變來變去。可是如來藏本身依舊無色亦無形，而這如來藏無形無色，卻能變生種種色，所以有時有人間色，有時有欲界天色，有時有畜生色，其實都是如來藏所變現的。

既然這樣變現，祂到底有取或無取？結果還是無取。「對啊！因爲經文就講『無取』，我當然要說無取啊！」可是我告訴你，祂眞的無取。祂不是故意要取，如果是有取的心就表示會選擇，譬如意識；意識如果有因緣看見下一世是欲界天人，他就會好歡喜：「我眞的希望這一世趕快死了，去欲界天上好了！」人家希望活久一點，他倒希望趕快死，因爲他知道下一世會當欲界天人：「哇！那五百天女好漂亮，都在等我欸！」他想著要趕快去，就是有取。假使他不知道，因爲一世行善捨報了之後呢，來到中陰身境界，這時一看見了就想：「哇！那境界多棒啊！」他有一點好奇：「那麼多天女都好漂亮。」心中好奇，就會過去看。過去看了以後他會不會離開？不會離開了。

問問妳們女生好了：假使妳到了中陰身境界時變成一個天子，然後有五百個天女都在等妳，當妳去到了那邊一問，知道她們都在等妳，那妳會離開嗎？（女眾答：會。）妳們當然要說會！因爲妳們是菩薩。可是如果是一般人，就不會離開了；爲什麼不離開？因爲取著那個境界。取了那個境界，對那個境界有所貪著，留下來當那五百天女的夫婿以後，他不會想要離開的，這就是著，正是有取有著。

會取就表示他已經去攝受那些五百天女了，就表示他取了。取了以後捨不得離開，所以天人五衰相現時愁眉苦臉。五衰相現時五百天女都不理他了，天女很無情的，就因爲他有五衰相現，大家都不理他了，眞的很無情。既然這麼無情，我們就不要那五百天女；所以將來死後看見五百天女時，不要過去。那麼這樣看來，顯然他的意識心有取，才會趣向那五百天女；當他攝受了五百天女以後，捨不得離開啊，表示有著。可是如來藏不然，如來藏也許把這個有情變爲天女，或者變爲天子，或者變爲人類，祂只是依業種去變現，祂不是去取。

例如你發願當菩薩說：「我世世要在人間行道。」於是捨報之後，本來你可以生欲界天的，結果不去，於是尋找一對有緣的父母去入胎；入胎時是你的意識心，依於大願和你生前證悟而有的智慧，於是去入胎。那你去入胎是意識心分別後之所取，是意根配合著所取，這樣有取。如來藏是不作主的，是因爲意識、意根決定這對父母適合入胎，所以如來藏所生的中陰身就入胎了；而如來藏自己沒有取，祂是被動性的，從來都不主動。那麼入胎以後執取受精卵時中陰身滅了，如來藏開始攝取四大來變生這個色身，但祂也是依於業種而去運作，所以祂沒有取也沒有著。

所以說，如果造了惡業，入胎時進了驢、馬、狗胎，出生了以後，牠的意識是全新的意識，不是上一世當人類時的意識。下一世那個意識是狗的意識、驢子的意識，都是新的，牠不知道過去世是怎麼回事，所以牠出生時就會接受那個身體，牠就取了那個身體；當你要殺害牠時，牠還不肯讓你殺，表示牠對那個身體有執著，所以有取有著。然而牠的如來藏對那個驢子身體、對那個狗的身體依舊「無取無著」。很奇怪吧！但不奇怪，因爲法界事實本來就如此，這是你證悟之後可以現觀的，所以祂「無形無色無取無著」，這一句剩下最後兩個字「無用」，得要等下回分解。

《佛藏經》上週講到第六頁第七行，說了「無形無色無取無著」，還有「無用」兩個字要講。關於「無用」，如果我們不如實說，諸方善知識都會隨便亂解釋的。有的人誤會了，就說：「所謂的如來藏就是緣起性空的異名。」意思是說：「沒有如來藏可證，只是爲了度化恐懼無我的眾生，爲了度化害怕無我、害怕落入斷滅空的眾生，所以就說有如來藏。如來藏其實是緣起性空的另一個方便說而已。」有沒有聽過這樣講的？誰說的？釋印順。諸位都很清楚。那麼他們認爲自己的說法有道理，因爲記得以前讀過經典，忘了是哪一部經典，因爲經典中也說：「這如來藏是沒有作用的。」現在我們剛好看到這裡有這兩個字：「無用」。「無形無色無取無著無用」，恰到好處。

眾生之所以有眾生用，正是因爲有形有色、有取有著，才有作用。你在人間看到種種的作用，販夫走卒、轉輪聖王每一個有情莫非有形有色、有取有著，所以就有作用。販夫走卒每天來來去去奔波不已，所以種田有種田的作用，貿易有貿易的作用，政治有政治的作用，乃至轉輪聖王有轉輪聖王的作用，各有作用。那這一些作用之所以不斷地出現，而產生了影響，無非是有形有色有取有著。假使轉輪聖王說：「**我不當轉輪聖王，死後我也把這個色身滅了，五蘊全部棄捨。**」那他就無色無形，既然沒有形沒有色就不可能存在人間，那他對人間諸法也就無取亦無著；無取亦無著時，就談不上王的作用。

所以凡是有用的一定是有取有著，有取有著時卻要植基於有形有色。但是這「無名相法」卻「無形無色無取無著」，當然也就「無用」，所以眾生看見的都是五陰之用。那這樣子看來，如來藏好像就「無用」，如來藏如果眞的「無用」，當然會被凡夫認爲是緣起性空的異名，所以沒有如來藏可證，剩下的只有粗意識、細意識而已，於是釋印順一派人就這麼主張了。那麼印順派這個主張其實不是他們的創見，是沿襲宗喀巴的《菩提道次第廣論》而來；釋印順把它拿來簡化一下，其中講雙身法的止觀就捨棄，於是他換了一些名詞寫成他那一本《成佛之道》。當然諸位都知道他那一本《成佛之道》不曾談到如何成佛的內涵，單說成阿羅漢都不可能的，但他的思想就是承襲於宗喀巴來的。

可是宗喀巴是個六識論者，不承認意根的存在，也不承認第八識的存在。他否定第七識、第八識的事情當然別有用意，否則他們的雙身法如何能有一個成立的理由？所以他們主張意識滅了就變成斷滅空，當然主張意識不該滅；只能滅粗意識，細意識不該滅。然而宗喀巴這個說法也不是他的創見，他也是抄襲來的。宗喀巴在密宗假藏傳佛教裡是有名的文抄公，深入學密的人都知道他是文抄公，只是把密宗假藏傳佛教說的東西集合起來作了整理再寫出來，講好聽一點叫作總和者、整理者，其實就是文抄公。

那麼他承襲什麼人的邪見？承襲古時阿底峽、佛護、安慧、般若毱多……

等凡夫論師的邪見，所以他也不是創建者。那麼始作俑者佛護論師，是個凡夫論師，而這個凡夫論師思想的起源，其實是從部派佛教那些聲聞僧所說六識論的假大乘法發展出來的。部派佛教除了上座部的長老以外，分裂出來的都是凡夫僧，他們主張只有六個識，用這六識論邪見來瞭解大乘法，研讀了大乘經以後還來寫大乘論；最有名的一部論叫作《大乘廣五蘊論》，是安慧所寫，釋印順很推崇的那一部論，規定佛學院要教這部論。其實安慧這本論的源起是聲聞部派佛教六識論的凡夫僧的思想，到佛護論師時正式寫了出來，本質只是聲聞凡夫僧或大乘凡夫僧來研究大乘佛法的般若，於是漸漸演變成了「**應成派中觀**」。

而這應成派中觀認爲他們的說法沒有錯，因爲他們讀了般若部的經典時，認爲就是「**一切皆空，無有一法實，一切法空，所以沒有如來藏可證，如來藏只是個名言施設，並無其實，所以沒有作用。**」他們這樣認定。於是一世又一世傳承下來，在西藏密宗假藏傳佛教四大派中，他們還推崇一個人，叫作寂天，還尊稱爲菩薩。這個寂天假菩薩也是個六識論者，他寫了一部《入菩薩行論》，根本就是個外道論。不外於部派佛教聲聞凡夫僧的六識論邪見，所以他們一向主張：「沒有如來藏可證，如來藏不存在，凡是說到如來藏的經文其實是在講緣起性空，是方便接引害怕墮入斷滅空的學人，所以如來藏沒有作用。」這就是近代佛教界，特別是臺灣佛教界很有名的釋印順所說法義的思想根源。

所以印順只有思想而沒有佛法，因爲他於法無所實證，全憑意識層面的思惟與想像，就沒有實證層面的佛法可說。所以他想東想西寫了一堆東西，那都叫作思想；但思想是可以演變的，所以印順派的思想還得要再演變，未來誰要再把它演變？我看是沒有了；因爲沒有演變的機會，我們正覺都把它推翻了，他們還能演變什麼？以後就沒有人會再去理解它，因此他的邪見中觀已沒有演變的機會了。但如果我們不據實加以評論，他們未來還會再演變。換句話說，我們如果只講我們的法而不評論他們，那麼他們會去檢討自己的立論觀點有偏頗，於是又會再演變。就像一神教又開始演變，本來上帝是五陰身，然後演變成三位一體。那印順思想因爲遇到了正覺所以比較倒楣，沒有演變的機會了，證明他只有思想而沒有佛法。因此我們很認同他們那些人每年舉辦「**印順思想研討會**」的名稱，那名稱立得好——思想研討。

但如果他們要說印順佛法研討會，我們就要針對這一點再加以評判。

這意思就是說，密宗假藏傳佛教這四大派中，黃教這一派主張：「沒有阿賴耶識如來藏，所謂的如來藏只是個名言施設，不可證。既然純粹是名言施設，講了那麼多的如來藏、眞如，只不過是把解脫道緣起性空的道理重新再講一遍而已，所以六百卷《大般若經》沒有什麼東西，講的依舊是阿含部聲聞的解脫道，就只是用不同的名言重新再講一遍而已。」所以印順的三系判教把第二轉法輪的般若系判定爲「性空唯名」，也就是說一切法性都是空，只有名相而已。他就這樣判第二轉法輪諸經，可是這個判教完全錯誤，因此說他只是個思想者而沒有佛法的實證。

那麼這事情我們要從另一個層面來說，也可以認定如來藏「無用」；例如，當你證得如來藏以後，你看祂時時刻刻剎那剎那都在運作，祂大有作用，但這是實證者的看法；而實證者又有另外一邊的看法，說給諸位參考參考，爲什麼要說祂「無用」？比如說，當你證得如來藏時，你坐在這裡說：「如來藏，去幫我端一杯水來。」祂不會端，那你說祂有用沒用？沒用，眞的沒用。那你又說：「端水也不會。要不然幫我拿起筆來，我想要寫個『大』字，你幫我寫吧！」祂會不會寫？不會，所以祂「無用」。要不然說：「剛才那某甲無緣無故臭罵我一頓，公然侮辱，如來藏你幫我罵回去。」祂會不會罵？也不會，眞的「無用」，連罵人也不會。要不然你說：「既然罵人也不會，不然就這樣吧，不要你去作什麼，你幫我想一想，我明天作一筆生意，怎麼作可以賺多一點，你幫我想一想。」結果呢，如來藏也不會想，那你說祂有甚麼用，眞的「無用」。

諸位實證者，你們聽聽看，有沒有道理？有沒有人反對，請舉手？沒有啊！因爲事實上祂「無用」。結果呢，你要喝一杯水還得要伸手自己拿，否則無法喝水；想要跟人家罵回去，也得要你自己動嘴來罵，動嘴罵了以後，出了一口鳥氣，暢快淋漓。可是不管怎麼樣，其實這一切是你的五陰有取有著，才能作得到；五陰有取有著是因爲有形有色，如果無形無色，能取什麼又能著什麼？這就得講到中陰身的無奈，中陰身雖然還有形色，還有一點取著，可是他看看說：「我這個金孫一直在哭，我那媳婦怎麼老是不理他？」去拍拍她肩膀：「欸！媳婦啊，孫子哭了。」結果媳婦都沒感覺，爲什麼呢？因爲中陰身拍她肩膀，媳婦感覺不到；然後看到這七天之中，有種種的無奈，跟家屬難溝通；因爲他中陰身的形色太微細，家屬沒有天眼、沒有因緣就看不見他、聽不見他，眞的無可奈何。所以第一個中陰身七天壞掉以後，第二個中陰身出現了，他一看到有緣的父母就趕快投胎去，不理了。很無奈啊！明明想要幫助媳婦照顧金孫，也沒辦法了；那兒子要把他的財產怎麼處置他也管不了，眞的好無奈！所以看見有緣父母就投胎去了。

同樣的道理，比如你證得如來藏以後說：「如來藏啊！原來你跟我形影不離。」話才剛出口又說：「不對欸！你無形無色，你哪有跟我形影不離？」但畢竟是同時同處、比拜把子的兄弟還要親，比有血緣的親兄弟還要親，因爲你離不開祂。結果你告訴祂說：「你幫我端一杯水來。」祂不理不睬，祂不理不睬是因爲祂無法去端水，也聽不懂你說什麼。如果祂能端水好不好？不好啊？爲什麼不好？多一個僕人可以使喚，爲什麼不好？我告訴你：「祂如果能端水，那麼阿羅漢在無餘涅槃中，也許他的如來藏來把你的水端走了。」到底好不好？你說：「鬼啊！鬼啊！」可是每一個人身中都有一隻鬼，這一隻鬼的名字非常高尚，叫作如來藏，又名眞如。

可是一個求悟的人遇到證悟的菩薩，就說：「我要怎麼樣開悟、怎麼找到我的眞人？」菩薩就說：「喝水。」就叫他喝水，他喝來喝去弄不懂，菩薩就說：「參！」再也沒有第二句話。於是他每天喝水啊，喝到胃痛，膀胱脹，依舊沒個消息。等到有一天突然會了，找到這個某甲師兄時胸前一把抓過來：「你騙我！」某甲問他說：「我哪有騙你？」「如來藏好好用，你怎麼可以說無用？」這時某甲「嘻！嘻！」一笑走了，又不理他了。這到底是怎麼回事？

所以說不能依文解義，你得要如實親證，才能瞭解它的意思。佛法沒有那麼容易瞭解的，佛法非常的深。如果佛法只要讀一讀就懂了，那時將滿街都是聖人了，還有誰不是聖人？何用佛法修行？所以這個「無用」該怎麼說個「無用」，可不能把祂一筆抹煞。明明證悟的祖師們說這個眞如心神用萬端，怎麼可以說祂「無用」呢？可是我告訴你，祂就是「無用」，因爲祂如果離開了你，什麼用處都沒有；當祂不再出生五陰時，什麼用處也沒。即使和你同在一起，你叫祂端一杯水來，祂也不會端。

所以你一天到晚罵祂說：「你爲何這麼笨，都不會幫我想一想。」祂也不會跟你回應，爲什麼呢？因爲祂既盲又聾又啞，你至少還知道痛癢冷熱，祂連痛癢冷熱都不知道。我們臺灣話不是罵人說：「笨到不懂得抓癢。」表示不懂得抓癢的人是最笨的。你開公司時會請一個不懂得抓癢的來作職員嗎？不會呀！甚至於你請一個工人或者僱個長工，都不願意僱一個不懂抓癢的人，因爲他完全「無用」。這如來藏「無名相法」正好這樣，祂不懂抓癢。所以當你癢時你知道說：「這後腦勺有一點癢。」就伸手去抓。但如來藏不懂癢，那你說祂有什麼用？眞的「無用」。

可是話說回來，既然祂這麼「無用」，爲什麼咱們學佛的人要辛辛苦苦去尋覓祂呢？因爲尋覓到祂以後，你就變得非常有智慧，可是祂依舊既盲又聾又啞，連抓癢都不會，祂依舊笨祂的，怪不怪？好怪！然而這就是佛法。你證得既盲又聾又啞、連抓癢都不懂的如來藏以後，你發覺祂根本不懂得要跟人家計較，眞的「無些小路用」。既然「無用」，你證得祂好像沒有意義了，但是 佛就叫你一定要證祂；當你證得祂以後，你有大用，變得很有智慧，而且可以得解脫，但是祂依舊「無用」。

所以你叫祂端杯水來喝祂不懂，叫祂幫你寫個簡單的只有三畫的「大」字祂也不懂，你叫祂幫你想事情祂也不懂，因爲祂根本聽不見你在說什麼。

你說：「祂聽不見，要不然我用寫的給祂看好了。」祂沒有眼睛，又看不見。「原來又盲又聾，不然我就抓著祂想辦法來讓祂知道。」但祂又沒有觸覺，你眞無可奈何。可是我告訴你，你在想什麼祂都知道，不需要語言文字告訴祂。你用語言文字告訴祂，祂反而聽不見，讀不見。所以在世間法上來說祂眞的「無用」。

等到有一天悟了以後，卻說「無用才是大用」，因爲一切有情所有神用都從祂而來。那祂到底是有用還是「無用」？又不知道該怎麼答了。眞的不好答，可是 世尊明明告訴你「無用」，因爲從世間法而言，祂完全無用；祂所有的是無漏有爲法，所以在有漏法上完全「無用」。這樣子，這兩個字的道理諸位聽起來，有兩種人就會有不同的覺受：實證者聽了，可以由實證的現觀來聽聞及比對，這是可以現前驗證的。假使我是用思惟、想像來跟諸位瞎掰一番，諸位實證者心中一定會罵起來：「這蕭平實又在瞎掰了。」然而沒有人會這樣說，因爲實證者的現觀都一樣，如來藏只有一種，沒有兩種，所以實證者的現觀差別只是有沒有觀察到比較微細的部分而已，但現觀是相同的。因此，佛只有一種，沒有兩種，當然成佛之道就只有一種而沒有兩種。

那麼，這個如來藏「無形無色無取無著」所以「無用」，祂絕對不會跟你計較什麼。因此你每天工作作得很累了，你抱怨說：「如來藏哪！你都不來跟我幫忙，我又不知道你在哪裡？等我哪天開悟了我就找你算帳。」抱怨起來，祂聽不見。祂是聽不見，可是祂一直在照顧你。在世間法上祂是「無用」的，祂不會去幫你爭取什麼，也不會幫你逃避什麼，在世間法上是「無用」的。可是祂有無漏有爲法，時時刻刻在照顧著你、庇佑著你；但這畢竟不是世間法上用五陰的層次去執著、去攝取的層次，所以在這個層次中祂是完全「無用」的。

接著下一句「無實無妄無闇無明」。說祂無實也無妄，有的人想：「這如來藏既然可以實證，表示祂一定是時時刻刻存在。」禪師不也說嗎：「夜夜抱佛眠，朝朝還共起。」顯然祂是眞實存在的，可是爲什麼說這「無名相法」如來藏「無實」？其實你可以實證祂，實證了以後你說祂是眞實，絕對沒有實證者會反對你這樣說。可是當你轉依如來藏的境界，依「無名相法」的自身境界來看時，所謂的眞實如來藏，那是你意識所知的事情，與祂如來藏無關。因爲祂連這個想法都不存在，何況會有所謂的「無名相法眞實不眞實」

的事情？所以說「無實」。

如果一天到晚說：「如來藏是眞實的！是眞實的！」到處去講，一天到晚都在講這個，這時禪師可要管了；當這個人開口說：「師父！如來藏眞實。」禪師一棒就把他打出去了：「你儘管受用祂就好了，爲什麼要去執著祂呢？」不需要去執著祂，因爲祂是無所執著的，你爲什麼要執著。你轉依了祂以後就應該跟著祂不執著了，這樣才能得解脫。所以你證得如來藏以後，從如來藏來看「實」，其實「實」這個法也不存在，所以「無實」。假使有人要說：「如來藏是眞實存在的啊！」那你就問他：「那你的如來藏爲什麼不會每天晚上睡覺時，幫你構思一下，幫你思惟明天的事情該怎麼作？」這時被反問了就要想起來說：「對喔！如來藏的境界中無一法可得，所以『實』根本就不存在。」才終於瞭解一下什麼叫作「無實」，因爲祂離名相，離言語之道，離六塵境界，祂沒有見聞覺知，所以祂的境界之中沒有「實」這回事。

可是一般人聽到這裡就會想：「既然不是眞實的，那是不是就是不存在的？」我們作了這個解釋，諸位知道我不是講祂不存在，我說的「無實」是說祂自身的境界，但是一般人讀了經典讀到「無實無妄」時就會說：「那就表示不存在，只是一個思想。」爲了預防有人這樣誤會，緊跟著就說「無妄」。如來藏不虛妄，如來藏眞實存在，如來藏有其自性，如來藏有其功德，一切實證之人皆可以多分或少分了知，無有不知者。所以一切實證者假使有人跟他說：「我用所有的財產買你的如來藏，雖然祂無形無色，我也買。」那實證者今天一定當場否決：「我才不賣你。賣給了你，我就沒命了，怎麼能賣？」可是轉頭一想：「不！應該賣。」所以明天某甲又來時，他說：「賣，但是拿不拿得走，是你的事情，跟我無關。把所有財產都拿來，我賣給你。」那某甲說：「好，那我買。」他想：「買下來時我就開悟了，因爲買來就表示我拿到如來藏了，我就找到本來面目，就是開悟了。」可是賣家告訴他：「我的如來藏無形無色，你用什麼東西來取？」對啊！無形無色要怎麼抓取？這時是不是要像國王的新衣一樣？假裝有帶回去？祂無形無色。如果這某甲說：「沒問題啦！我拿一個罐子來，然後就從你頭頂一直揮進來、揮進來，我就帶走了。」那更該賣了，不賣白不賣，拿這些錢去救濟貧窮多好。

但某甲拿走了沒有？也沒有。因爲無形無色的法，他怎能拿得走？可是如果你遇到了證悟者，你可就別賣了，你要小心千萬別賣；他雖然也拿不走，但可能會給你一個約定：「**我只要把你的如來藏弄走，雖然不歸我所有，也算買賣成功，你賣不賣？**」你就不能答應了。你說為什麼有這麼多的奇怪？但這些都是家裡人才聽懂，否則聽不懂，心中想：「**蕭老師今晚精神有問題吧？老是講一些不著邊際的話。**」然而這些話不著邊際嗎？不！一切實證者都很清楚有道理。

所以你不能說祂是虛妄的，因為祂有祂的作用，祂只是不在世間法上起作用而已。若是依於形色取著來說，祂是「**無用**」，但祂不是虛妄法，祂是眞實存在的，另有其功德力用。然而當你實證了以後，你轉依祂的境界來看時，又發覺一件事情，在祂的境界中沒有所謂虛妄可說，虛妄或不虛妄，都是你意識家的事，與祂無關。所以你告訴祂說：「**既然我這個五陰是虛妄的，你為什麼不捨下我就走？**」我告訴你，祂連聽都聽不見，祂也不知道你在說什麼，所以祂的境界中也沒有虛妄可說，當然就沒有實也無妄可說，這就是「**無實無妄**」。懂得「**無實無妄**」者就表示他也懂「**無闇**」，他有智慧光明了。智慧生起了就是明，明就是無闇。

當你實證這「**無名相法**」時，你說話時就跟以前不同。所以禪三下山拿到一個無形無色的金剛寶印，回到家裡父母問你說：「你這一回開悟了嗎？」沒想到你竟回答他們說：「沒有開悟。」「沒開悟還這麼高興？」「正因為沒有悟所以高興。」父母說這孩子腦袋好像出問題了，你看到他們搖頭時你就說：「我腦袋沒有出問題，現在很有智慧。可是我有智慧時其實沒有智慧。」父母越發擔心起來：「這孩子說話怎麼七顛八倒？」你就告訴他：「我沒有智慧時我就更有智慧。」所以你說話就開始不同，講一些法義出來，他們聽不懂、又推翻不了你。那就表示你證得這個什麼都不懂的「無名相法」以後，你變得很有智慧，說話跟以前不一樣，這表示你有明，離無明。

離無明就是無闇，離開無明的境界以後就有光明，就是有智慧；可是又告訴你「無明」——沒有明，就是沒有智慧。沒有闇也沒有明，意思是說沒有愚癡也沒有智慧。但這話有點怪：「沒有愚癡就是有智慧，怎麼可能說沒有愚癡結果又沒有智慧？」可是了義佛法正是如此，假使沒有愚癡變成有智慧，那就是離開愚癡那一邊來到智慧這一邊，那是不是中道？不是了！所以顯然「無實無妄無闇無明」講的不是意識心的境界，講的是「無名相法」的境界。

當你實證「無名相法」時，你會看到祂的境界中無有一法可得，而一切法皆從祂而生，出生之後依祂而不斷生住異滅，但祂自己的境界中依舊無一法可得，所以祂的境界就是涅槃。在我們止覺弘法之前，佛教界沒有人說涅槃就是如來藏。我十幾年前在桃園講的那場演講說，如來藏就是涅槃，涅槃就是如來藏，整理出書叫作《邪見與佛法》；那本書剛流通時好多道場都在罵：「這個邪魔外道！」因爲他們沒有聽過，這是聞所未聞法，可是這個道理其實更早五、六年前我就講過了。

有一次，有幾位同修約我去中壢，那我就去走一走；到了中壢圓光禪寺，它坐落在稻田中，不曉得現在周圍有沒有蓋房子，我就不知道了，那已是十幾年前、快二十年的事了。它在前面蓋了山門，那個山門中間有個大門，左右兩邊各有一個小門，當時有一位許師兄就問：「老師！這邊小門上方浮雕著菩提，那邊浮雕著涅槃，這兩個到底有沒有關聯？」我說：「涅槃就是菩提，菩提就是涅槃，你要問什麼？因爲一切法就是如來藏，菩提也是如來藏，涅槃也是如來藏，你怎麼會把它們分成兩個呢？」他也搞不懂，後來我爲他解釋了老半天，他才終於有一點懂；只有一點懂就是個問題，怪不得後來他會退轉。所以悟後要把佛法怎麼樣貫通，這才是重要的事。可別知道一個總相就自以爲是，遲早出問題。

那我們說涅槃其實就是如來藏。當如來藏中的我執種子滅盡以後，不再出生中陰身、不受後有時，就是無餘涅槃。那無餘涅槃中的「本際」不就是如來藏嗎？所以涅槃就是如來藏，如來藏就是涅槃。外於如來藏而說有涅槃，那一定是外道，不管他是佛門內的、佛門外的，統稱爲外道。既然一切法從如來藏出，一切法就是如來藏，可是如來藏自身的境界中無一法可得，因此在祂的境界中沒有智慧也沒有愚癡；祂的境界既然無愚癡無智慧，當然就是「無闇無明」，正是《心經》說的「無無明亦無無明盡」。所以了義經講的不是有情五陰的事情，了義經講的是實相法界的事情，而五陰都在三界現象界中，無法超脫於三界外；學人實證解脫道與佛菩提道時，就知道實相心「無名相法」的境界中連智慧亦無，所以「無實無妄無闇無明」。

接著再來講「無壞無諍無合無散」。「無壞」是說你證得如來藏以後，想辦法看能否把祂破壞，但是你永遠找不到辦法；且不說把祂毀壞，單單說要把祂甩掉就辦不到了。我也講過兩、三次，說以前我們第二次禪三是借用中壢的永平寺，有個師姊中午過堂後在中庭榕樹下，手一直甩、腳一直踢；我看她甩得那麼厲害，踢得那麼厲害，就問：「妳在幹嘛？」「我在試試看能不能把祂甩掉、把祂踢掉。」我說：「妳這個傻孩子，妳把祂甩掉、妳把祂踢掉，妳就沒命了，妳還甩。不能甩，不能踢掉的。」我說：「就算妳要甩、要踢，妳也甩不掉、踢不掉！」

眞的奇怪，既然她想要甩掉、想要踢掉，表示什麼？表示祂「無妄」、祂眞的存在，所以她才會起妄想說想要把祂甩掉。古時有一個禪師叫作紹卿，某天早上跟他師父報告說：「紹卿甚生怕怖。」說：「我紹卿覺得非常恐懼。」師父就罵他：「是汝屋裡底，怕怖什麼？」因爲他從來沒有想過自己五蘊之中有這個東西，好陌生，所以他覺得恐怖，沒想到挨師父臭罵：「那是你家裡的東西，你怕什麼？」所以他後來漸漸去觀察，觀察說：「沒有祂，我還活不了。」於是再也不怕了，生起歡喜心。你看人眞的怪，對不對？

同樣一個「無名相法」，不同的人證悟祂以後有不同的表現，還眞怪。可是一點兒都不怪，祂永遠是「一味平懷」。不管你怎麼表現，祂都同樣一種態度來對待你；就是不干預你，也不聽你在說什麼，也不管你恐懼不恐懼，祂依舊是那樣繼續發揮祂的功德，永遠不改變祂的眞實如如自性；眞的是無始劫以來到現在如是，盡未來際亦將如是。「一味平懷」這四個字還眞的只能形容祂。

當你觀察到這裡時，你說：「難道眞的沒有辦法把祂毀壞嗎？」想方設法要把祂毀壞，結果發覺連甩都甩不掉，還能毀壞祂？諸佛正因爲祂有這個自性，所以才說祂叫作「金剛」，說祂性不可壞。因爲祂不可壞，所以專門講祂的經典就叫作《金剛經》；證得這個金剛法而產生了實相的智慧，能夠到達無生無死的彼岸，所以這部經叫作《金剛般若波羅蜜經》；證得這個金剛心而決定不疑，就稱爲金剛三昧；要藉由這個金剛法才能到達無生無死的解脫彼岸，因此這個是不可壞的——「無壞」。

那麼這個「無名相法」又是「無諍」的，所以不論你怎麼罵祂，祂都不會跟你回嘴。也許還沒有實證，或者才剛剛來聽幾次《佛藏經》的人，現在還不太瞭解，心中也許想說：「那大概是因爲如來藏是他自己的，所以自家兄弟罵一罵沒有關係，那不然罵別人的如來藏也許就生氣了吧？」這個想法也很正常，可是實證者會告訴他：「你儘管罵別人的如來藏，祂也不會生氣，倒是被罵的那個如來藏的五陰會生氣。」對啊！因爲被罵的人如果是個凡夫，他被人家指著鼻子罵，他氣不氣？氣啊！就算修養非常好，他也會說：「你是個神經病，爲什麼戳著我鼻子罵？」那你不可以說：「我是罵你的如來藏，沒有罵你五陰啊！」他哪懂得如來藏跟五陰？他只看見你戳著他的鼻子在罵；可是，那個被罵的人氣得要命時，他的如來藏依舊不氣。

爲什麼他的如來藏不生氣？因爲祂離見聞覺知，既盲又聾又啞，連觸覺都沒有。你罵祂聽不見，那你作動作來侮辱祂，譬如說有的人比這個手勢，祂又看不見，祂怎麼會生氣，祂不知道啊！那你說：「我打祂。」祂又沒有感覺；譬如你打木頭，木頭會生氣嗎？不會的。如來藏沒有觸覺就不知道痛，所以你根本拿祂無可奈何，不論你怎麼罵祂都不知道。

又譬如一個人悶絕了一樣，你指著他罵、寫文字給他看，說：「你是個壞蛋！」都沒有用；他沒有醒過來以前，你一直打他也沒有用，他都不知道，所以他不會跟你諍論啊！如來藏就像這樣，祂的境界中從來「無諍」，所以不管罵自己的如來藏，罵別人的如來藏，一切如來藏皆無所諍。很怪喔？但事實如此；如果祂會壞、會有諍論，祂就不可能是涅槃，祂就不可能是無生無死。因爲如果會壞，就違背涅槃的寂靜了；也因爲涅槃常住不變，涅槃是不來不去、不生不滅。如果會壞而不是金剛性，不可能成爲常住不變的解脫；如果有諍就表示祂是生滅法，所以祂「無壞無諍」。

又說「無合」，如來藏很奇怪，有情的如來藏是不許合併的，如來藏與如來藏之間有排他性，因此無法把兩個如來藏合併爲一個。如果有人學過密宗假藏傳佛教，一定都知道在初期生起次第要作觀想，觀想自己頭上有一個有形像的本尊，說那本尊就是眞正的佛、是自己的眞實佛——自己的如來。觀想很多年，好不容易觀想好了，接著還要觀想 阿彌陀佛光明多麼廣大；兩個都觀想好了，然後觀想自己本尊融入 阿彌陀佛而消失，說自己成爲 阿彌陀佛了。那我要問：「這是不是要被阿彌陀佛合併掉？」被人家合併以後剩下 阿彌陀佛，那他修行幹嘛？而未來也沒有成佛之時了。睡覺不好好睡，作了個亂夢然後醒來就發明這個邪見法門。

也有人觀想說：我有一個虹光身，七彩的好漂亮，是一個人的形狀，放射出許多七彩的光芒；但也只有七彩的光，然後我再觀想 阿彌陀佛成爲母光，也是同樣的模樣，以 阿彌陀佛的光爲母光，自己的光是子光，再觀想

自己子光融入 阿彌陀佛的母光中。結果自己還是消失了，那這樣子到底是阿彌陀佛成佛還是他成佛？說這樣叫作成佛嗎？天上天下唯我獨尊的眞我第八識被人家合併掉了，這還成爲「唯我獨尊」嗎？

那密宗的意思是不是在指控說，阿彌陀佛還沒成佛，因爲祂的眞如還沒有圓滿，要等所有眾生都融入祂以後才能成佛？那是不是說，我消失以後——被阿彌陀佛合併了，我才叫成佛？但自我被合併以後就不存在了，又要怎麼成佛？這都是自相矛盾的想法，可是竟然有那麼多人會信，好奇怪咧！相信的人還包括留學美國的理工博士，後來也成爲臺灣鼎鼎有名的大官；這些學科學的人爲什麼一遇到宗教就迷了，眞怪！

但問題是，聖教上明明告訴你說：「不生不滅，不增不減。」如果他眞的能跟 阿彌陀佛合併，那到底是 阿彌陀佛的眞如增加了？還是他的眞如增加了？也許有人說：「那是阿彌陀佛增加了，因爲他消失了。」那可不一定，也許他融入 阿彌陀佛中，亂搞一場：「你要聽我的，否則讓你怎麼樣都不行。」最後要被他統治了，那到底是誰合併誰？好怪！那個理論根本就是不通的，是違背世間邏輯，也是違背理則學、因明學的。所以說，只有極度愚癡的人才會相信密宗假藏傳佛教；但是，你們可不要指著人家說「你是極度愚癡的人」。

接著說，聖教既然講「不增不減」，就表示第八識「無名相法」不能與別人的「無名相法」相合。也就是說，一切有情的第八識與第八識之間互相有排他性，因爲祂有這種不能合併的特性，所以因果才能成立，否則因果不能成立。如果祂不是不可合併的特性，那麼佛道也無法建立，三乘菩提都無法建立。如果可以合併的話，那到底什麼時候才能叫作成佛？這是個立刻要探討的問題，這個課題不能逃避。如果可以合併，那麼成佛時，是不是應該合併到很圓滿了才叫作成佛？那到底是要合併多少眾生的眞如才能成佛呢？這也要有一個界定啊！是應該把所有眾生的第八識都合併完了才是成佛吧？可是眾生無窮無盡，根本合併不完，那到底是要合併多少才算成佛？如果這個說法成立，就說合併一個恆河沙數的眾生算是成佛，那問題又來了，那些被合併的一個恆河沙數的眾生，他們就不能成佛，因爲他們被合併掉了哪來的成佛？就不是一切有情平等平等。那麼這樣一來，眾生就變成「可增可減」了，這一個成佛的有情第八識內涵大增，其他的有情消失了，那麼

《不增不減經》又該廢掉了；所以密宗假藏傳佛教根本就是一個胡思亂想的外道，徹頭徹尾是胡思亂想的外道。

他們想成什麼就認爲已經證得什麼，所以宗喀巴說觀想有一個天身，很廣大、很莊嚴，將來成佛就用觀想出來的那個天身作爲你的佛身。其實佛身根本不是觀想得來的，但他想了就自以爲是。然後是愚癡人（應該不能叫作愚癡人，因爲宗喀巴自身就是愚癡人），信他所說觀想佛身的人則是極度愚癡的人，就以爲那樣觀想來的即是佛身。其實這「無名相法」不可合併，不可合併的意思也代表不可分割。所以每一個有情的「無名相法」函蓋一切的種子，全部具足圓滿，只要經過修行以後自然就可以成佛。所以每一個有情都是「唯我獨尊」，天上天下莫不如是，因此證得如來藏以後，每天早上醒來不必觀察說：「我如來藏有沒有掉了一點？」都不需要。

「無散」是說永遠不會缺了一角、少了一分。想要把祂散壞都沒辦法，小至病毒、大到色究竟天身一萬六千由旬等有情，一樣來去自如不會少掉一分一毫；因爲祂既然是不可合併的，就表示祂不可分割，祂就不會散失，所以「無合無散」。可是我們講了這麼多，其實都是我們實證了以後意識所知的智慧境界，當你說「無壞無諍無合無散」時，如來藏自己的境界中連這個「無壞無諍無合無散」都不存在，這才是說你眞的有智慧。

再來說「無動無念無有分別」。常常有人說：「禪宗的公案其實沒有什麼，反正就叫你動來動去就對了。」但是聖教明明告訴你「無動」，一切動都是五陰的事，怎麼會是如來藏的事？如來藏無形無色，怎麼會動？假使如來藏會動，諸位想想看：阿羅漢捨報入無餘涅槃中是不是一天到晚都在動？所以有外道或者佛門外道都是這樣，他們根本不懂禪宗祖師的那一些作略以及悟境。一旦有動就會有靜，有動有靜就落入兩邊了，落入兩邊時就是現象界中的法。所以如來藏是「無動」的，永遠不動其心。如來藏哪有動？古時禪師早就罵過了，因爲大家都學表相，他就得要出來罵。

禪門野狐漫山遍野，所以上得堂來請法說：「如來藏這個法要怎麼樣才可以悟得？」古時的話叫作：「如何是佛？」禪師就說：「禮拜著。」叫他禮拜。學人禮拜起來了，禪師就問：「會麼？」他答不上話，一棒就打出去；明天又上堂：「如何是佛？」禪師又叫他禮拜，原來這個禪師很喜歡人家拜他，拜了起來又問：「會麼？」他正準備要開口，禪師又打出去；第三天又來：「如何是佛？」「禮拜著！」拜起來又問：「會不會？」他又準備開口，禪師棒子又往他身上招呼，這回他有準備，伸手一把抓住棒子說：「今天和尚打不得我，我都還沒有開口，您就打我，什麼意思？」沒想到和尚一棒又把他打出去！不服氣，第四天又來，這回不禮拜也不問，和尚就沒機會打了，開口就質問：「我都還沒有開口，爲什麼和尚您又打我？」和尚就說：「等你開口，濟得什麼事？」就打出去。

古人就這樣求悟，爲了得法這麼辛苦；你們有誰被我打過？但是這個徒弟不曉得和尚慈悲處，於是告了長假諸方遊學，回到禪師身邊來已經是五年後、十年後了；這回一進方丈室先禮拜，和尚就說：「你遊方這麼多年回來，禮拜我作什麼？」他就進前三步，和尚又問他：「像倒是很像，可惜不是。」他又退後三步，然後和尚就說：「你這麼多年只懂這個嗎？」他轉身就走了，那和尚就說：「這孩子，找個時節因緣，我倒得要勘驗勘驗他，因爲看起來好像有一點屎臭味了！」於是找個時候就爲他勘驗，結果他落在動中，於是痛棒打到他哀哀大叫，死命地跑啊、逃啊！因爲禪師那棍子眞的死命打，他正在逃時，禪師在他身後大聲呼喚：「某甲！」他這一轉身往回看時，禪師把棍子拿起來就問：「是什麼？」這下會了！原來非動非不動，動是一邊，靜是另外一邊，而如來藏「非動非不動」。

所以，那些天下野狐都落在動中，動來動去幹什麼？那貓不會動嗎？狗不會動嗎？那是不是叫作聖貓聖狗？豈有此理！佛法哪能讓他這麼亂搞的？豈不聞傅大士說：「寂是法王根，動是法王苗。」但寂與動二者依舊不是法王，所以古來多有禪子用這二句問禪師：「如何是法王？」有的人一天到晚在那邊修離念靈知，久坐拘身，心中一堆的妄想，努力打坐修行壓抑妄想使盡了辦法；修到年紀大了，什麼也看不得，那時終於死了心才能一念不生。一念不生時很寂靜，但這只是「法王根」，法王之根還在土地底下，尚未冒出頭來，這是最下等的修法；所以，有個天竺來的僧人說：「在我們天竺，連最下等人也不修這個。」

但巖頭禪師取來告訴大家說：「動是法王苗。」是說你這樣來來去去作事時倒是比打坐好一點，那是法王的苗。既是法王苗，表示已經突出於地面了，算是有一點線索了，可是依舊不是法王，因爲凡是動與靜都是五陰的事。如來藏如果會動，那阿羅漢入了涅槃中應該不斷地動著，那還叫作寂靜嗎？

明明告訴你「涅槃寂靜」，如果一直動就不能叫作寂靜了。

所以，如來藏的境界中沒有動可說，凡是動都是五陰，落入五陰還不知道，還一天到晚在那邊動來動去；如果如來藏是動的話，那倒好，每天祂既然好動，叫祂去耕田拽耙，叫祂去拉車拖犁就好啦！對不對？可是，結果動轉了一天下來到底誰累？五陰累了，那是五陰在動啊！干如來藏何事，有沒有道理？對嘛，本來就是如此。所以如來藏的境界中沒有動，有動就是五陰的事，否則涅槃就不該叫作寂靜，應該說是涅槃擾動。可是 佛明明說「涅槃寂靜」，涅槃正是如來藏獨住的境界，怎麼能說如來藏是動？豈有此理，誤盡天下蒼生。

所以那些瞎眼阿師都會挨證悟禪師的罵，克勤禪師罵得最客氣，他都是說：「似則似，是則不是。」說看起來好像是，因爲他的作略跟禪師都一樣，可是你若要說他們眞的是，那又不是了。所以你們看香港月溪法師，他去世很多年了，當年他死後還被裝缸後來變成乾屍，開缸時眼睛瞪得像牛一樣，好驚訝的樣子，嘴巴張開還歪到一邊去，那叫作乾屍，不是眞的肉身舍利。他有一次開示時，上堂拿著拂子這麼一甩：「會的話，這就是了！」可是他悟的是什麼？還是離念靈知。都是這樣學著野狐的作略，如果慧眼未開的人看了就說：「如何是禪？」他也拿個東西起來就說：「欸！這樣就是了！」所以如果人家問到：「如何是禪？」他也拿個東西起來就放下。

怪不得禪師要罵：「如今天下漫山遍野，看著黑壓壓的。」是說大家都是頭髮長的、黑黑的，都不是出家人。那什麼人才是出家人？證悟了才叫出家人。禪師們就是這樣講的，意思是說大家都是看表相，不知道內裡。世間有一句俗話說得很好：外行看熱鬧，內行看門道。所以學表相的人遇到家裡人就會露出敗闕，而眞正證悟的人無動亦無靜，絕對不會落到動中去。

剛剛只談到一部分的動，再談另一部分的動。那些野狐學得一些禪宗的表相，進三步，退三步，拿起拂子，不然就休去，禪師要是罵：「你這個野狐！」他就不服氣回嘴：「我的東西跟你的一樣，爲什麼你罵我是野狐？」禪師就說了：「你現在不就漏出狐狸尾巴了嗎？」因爲他動心了，所以他轉身休去時，禪師背後罵他：「你這隻野狐精。」他就轉身回來計較：「你爲什麼罵我野狐？」正好是野狐，所以他該罵。如果是眞悟的禪師，轉身休去時，管他堂頭和尚怎麼罵，「罵不著我啊！」因爲他是住如來藏的境界，怎麼會被罵著呢？如來藏的境界中永遠不動心啊！

可是，這麼一說，有的人誤會了就說：「好！以後不管你蕭平實怎麼罵我，我反正就是不動心。」當他這個心思顯示出來時，我偏要每次遇見了就當眾罵他，他心裡就在那邊不斷唸著：「我不動心、不動心、不動心、不動心。」他其實都知道我在罵他，於是臉上一陣青一陣白，繼續不動心、不動心，可是臉上一陣青一陣白就越來越快，不斷地轉變，那到底動了心沒有？動了！因爲他不是依如來藏境界而住，所以他有動。而如來藏是從來都不動心的，哪裡會動？因此學禪不要落到表相去。

那麼不動的心也就無念，有念的心一定是會動的。所以野狐們總是在表相學，依舊不離五陰，住在五陰的境界中時時刻刻起念；正當起念時，有很多種念他們自己卻還不知道。那些野狐所知道的所謂的念，就是有語言聲音在心中一字一字出現；但這個念無異俗人，跟世俗人沒有差別，如果學禪修行的人對於念的境界只懂得這樣，那根本就是個門外漢。進得同修會來，不但要把那種念丟掉，甚至還要分清楚無相之念的細相。所以你們在禪淨班進來半年中都教你們怎麼樣作功夫，要會無相念佛；無相念佛時鍛鍊功夫還要轉換不同的念，這個念是「阿彌陀佛」沒有語言文字的念，清楚知道這個念是「阿彌陀佛」了，然後再轉換爲下一個念是「觀世音菩薩」，也是沒有語言文字聲音，比較這兩個念不一樣；然後還要再換一下念「大勢至菩薩」，這又是另一個念，這個念跟「觀世音菩薩」不同，跟「阿彌陀佛」不同，同樣都是沒有語言文字、沒有聲音，但念不同。然後拉回來娑婆世界，我是釋迦牟尼佛的弟子，所以我憶佛時憶著 釋迦牟尼佛，這也是一個念，而這個念也是沒有語言文字、沒有聲音，更沒有形像。

你看這四個念都不同，你們會無相念佛的人就知道我在說什麼。所以這種無語言文字的念，四個都不一樣。這個念，在會外他們可都不懂了；可是無相念佛功夫純熟以後，你還會發覺還有其他的念，有時突然起那個念、起這個念，而那個念是什麼意思，這個念又是什麼意思，各不相同，但你都知道，不必語言文字。這境界你要跟會外一般學佛人講，講上老半天他們還聽不懂。如果聽懂了，正好把他拉進同修會來，好好學習看話頭。可是還有更微細的念，在二禪等至位中，如果起了一個念，你就出定轉入初禪了，但那個念是什麼意思你根本不知道；三禪、四禪中的念又不一樣，又更微細，同樣也是念。所以念是有很多層次的，但是你可以把它統攝起來，不管什麼樣的念，全部都是意識心的境界。

如果要更微細的話，不管什麼念那都是意根在作用，所以歸納起來不外於妄心的境界，因此所有的念都是出現在三界之中，都是現象界裡的事情，不外於五陰、不外於識陰的事。但是「無名相法」的境界中從來無念，因爲祂所住的境界不是現象界裡的境界，所以「無名相法」的境界之中無念。因此，假使你要判斷一個人有沒有開悟，你從他所說的開示中、所寫的著作中，從他的語錄中你都可以判斷出來；有時他說：「如來藏想要怎麼樣、不要怎麼樣。」你一聽就知道他落在意識境界中，因爲他是有念的境界，不是第八識「無名相法」的境界。

所以說，當意識心有一個有語言文字的念，或者沒有語言文字的念，決定要怎麼樣或不要怎麼樣，那就是「有取有捨」，有取有捨就是三界中法。所以有很多地方你都可以鑑定那些大法師們，譬如他說：「如來藏要喝水，因爲如來藏無念時還是可以喝水的。」那你就知道他所謂的如來藏只是離念靈知。他認爲離念時就是言語道斷，就是如來藏的境界：「可是我離念時一樣可以喝水。」誤會眞的大了。這表示他落在念中而不知道，所以他有所念，有所念就會去作種種事。如來藏是無爲法，不作種種事，所以如來藏境界中「無念」。今天講到這裡。

我們《佛藏經》上週講到第六頁第一段倒數第二行，上回最後一句講「無動無念無有分別，不可得示」，那麼，才講完「無動無念」，接著要講「無有分別」。關於「無分別」這個正教，在佛教弘法時一直都受到重視，除非是以南傳佛法或者以一般信仰階段的佛教，或是附佛外道密宗假藏傳佛教的法，例如應成派、自續派中觀在弘傳，否則只要說是大乘法就一定會談到「無分別」這個題目。那麼這也是因爲在第二轉法輪的般若系列諸經，本來就有許多地方都談到「無分別法」，也談到心的無分別性；所以在弘揚大乘法的地區，原則上談論到佛法時一定會談到「無分別」。問題是對於這個無分別一向都是錯會，由於錯會的緣故，就把意識心壓制下來，希望不要去分別各種法，在佛法上這樣修行就完全偏差了。

我們早期的一位總幹事姓鄭，他來正覺學法之前，跟隨一位比丘尼學佛，有一次作義工完了，終於中午要過堂，過堂時這位比丘尼在餐桌上眞的是菜餚很豐富，很豐富到有一盤大家都從來沒有看過的菜餚，就是狗屎；當然我們那位師兄以前沒有正知見，覺得噁心吃不下，因爲一桌菜餚的中央是一碗狗屎，那碗狗屎眞的叫色香味俱全；色就是狗屎的色，香就是狗屎的香，那個味當然沒有誰敢去嚐，包括那比丘尼本身。那因爲師兄們覺得噁心有點吃不下，這比丘尼就說：「**佛法就是要修成無分別，你們這樣就是有分別。**」這是他親身體驗的眞實故事，有一次去看地回來路上，他在車上親口跟我講的，說他以前的師父是這樣要他們無分別的。這表示那位比丘尼也是不懂佛法，她希望把有分別的意識經由壓抑訓練成爲不分別心，這是在正覺弘法之前很常看見的現象，不管到哪一個大山頭、小山頭莫非如是。

這就是說，他們不明白人類總共有幾個識；對這不明白，所以讀到經中說「**眞實心是無分別的，妄心是有分別的**」，就想：「**人只有六個識。**」他們不知道有八個識，所以想：「**人就是眼、耳、鼻、舌、身、意六個識，這六個識中會分別的就是妄心，我們如果修到這六個識覺知心都不分別時就變成眞心，那眞心就是不分別心了。所以不管人家罵我或者對我褒獎，我都不要分別。**」可問題來了，當他這樣子自以爲已經不分別、已經實證佛法了，哪天小居士來參訪時，他就說：「坐、茶。」大護法來了就說：「請上坐、泡好茶！」臉上裝得一付沒有分別的樣子，可是那嘴上一抹的微笑以及嘴角一抹的下撇，人家都感覺到了，而他自以為是沒有分別的。可是人家都感覺到了，結果還是分別心。

那我們弘法以來把這個道理常常說明，若眞的不分別，是走在路上有水溝時不知道水溝，不懂得跨過去；有電線桿時不知道有電線桿，不知道要躲開，這樣才是眞的不分別；遇到紅燈或綠燈他都不理會，那才是眞的不分別。因爲只要看見水溝、知道水溝，就一腳跨過去，就是已經分別完成才辦得到的；電線桿漸漸地靠近了，能從側面走過去而不會撞到電線桿，表示已經分別過了。可是我在想也許有人會誤會，因爲讀我們的書產生誤會的人多的是；就好像以前有一個附密宗假藏傳佛教的外道，還登報罵我說：「你一天到晚講不分別的心如何如何，說要證那個心才叫作開悟。那你每天寫書說我們密宗藏傳佛教不對，不就是分別了嗎？那時你還能說是不分別嗎？不分別時能寫書嗎？」他們還罵得振振有詞。

那他們現在就成爲一個現成的教材，我們講的是說：雖然我證的眞實心是不分別的，不知道水溝、不知道路燈、也不知道狗屎，但是我還有一個能分別的心繼續存在，這能分別的心還繼續在運作，所以同時有兩個心來運作。我的無分別心什麼都不分別，包括冷熱或者天亮天暗，或者疲勞不疲勞、該睡覺不該睡覺，都不分別；但無妨我們的意識等六個心繼續分別，甚至分別得比他們更行；所以不管怎麼樣，就是不會踩到狗屎，眼角才一瞥到狗屎，腳就跨過去了，不會去踩到的，不必一定動到語言文字才算是分別。

所以「無有分別」的道理一直都是被佛教界所誤會的，正因爲他們不懂佛講的法是八識論的正理，而他們所知道的是六識論的邪見，而六識論的法就跟常見外道相同。佛說的是八識論的法，所以除了前六識以外，還有個意根第七識，還有個阿賴耶識又名眞如第八識。那麼第八識是無分別的，與前面六個分別的心同時並行運作；這本來就沒什麼值得奇怪的地方，但他們卻認爲說：「**你們正覺好奇怪，證得無分別心，卻又一天到晚在分別。**」他們不曉得，正分別當中有另一個不分別的，正當第八識不分別之時還有個七轉識是能分別的，就這樣和合運作。

但他們不瞭解，所以他們一直都要把妄心這識陰六個識，經由修行壓制不起分別來變成眞心。所以我就說了，縱使他們能這樣修得成功，當他們正在打坐一念不生自認爲都不分別時，爲什麼老爸開口說：「**阿牛！趕快來幫我，我撐不住了，快被壓死了**。」這時既不分別，怎麼會聽得懂老爸說什麼話？如果那時眞的是不分別，應該老爸那個聲音根本就聽不見，何況能聽懂而趕快下座飛奔過去幫忙？這表示他一念不生當時是有分別的。

當他們自認爲不分別時其實也是在分別；假使不信，有人堅持說：「**我打坐時一念不生，就是不分別**。」那你就等他打坐時，找找他的麻煩，點了一小盤上好的沉香，在他面前晃啊晃，晃過了，他若沒動靜；再去找個臭蛋來，蛋臭掉了很臭的，在他鼻子面前繼續晃啊晃；如果這樣子，他還忍住不張開眼睛來瞧一瞧，你就把雞毛撢子拔下一根來，把他鼻孔搔一搔，看他分別不分別？就不信他能眞的繼續不分別。要不然把冷氣開到最冷，他還撐得住，等一下窗戶打開冷氣關掉，再關起門窗幫他開暖氣，看他分別不分別？也就是說，其實分別心的分別性很多樣，在六塵境界中一接觸時就叫作了別，就已經分別完成了，不是等待語言文字出現時才叫作分別。但這個道理在正覺開始弘法之前沒有人講過，到我們弘法以後講清楚，佛教界才開始懂得，這些原來都是妄心，還有一個眞心叫作眞如，又叫作如來藏阿賴耶識。但這是正覺弘法十年後的事情，所以怎麼樣叫作「無有分別」，這是非常難懂的事情。那我就想起來，也許我增上班《瑜伽師地論》之後（希望十年後可以講完，已經講了十一年，我想應該再七、八年可以講完），接著要講《成唯識論》；我正在想，是不是要先講《八識規矩頌》？《八識規矩頌》是非常重要的佛法，古德註解錯誤的很多，也註解得太簡略，因爲他們只能依文解義，沒辦法如實瞭解，更沒有辦法現觀，都是想像猜測思惟以後來爲人解說的。所以我在想，這《八識規矩頌》也許先提出來講解，然後再來講《成唯識論》，可能大家會比較容易瞭解；因爲《成唯識論》講三種能變識，那《八識規矩頌》如果先講了，大家先瞭解以後再來講《成唯識論》，又因爲前面講過《瑜伽師地論》了，大家再來聽《成唯識論》時會比較容易理解。

我們剛開始講《成唯識論》時，雖然上課的人是已經破參的人，也有更多尚未破參的人一起聽。但是即使破參了，大約只能聽懂十分之一、十分之二，能聽懂十分之三就很厲害了！以前有人誇口說：「哇！老師《成唯識論》講得太好了，我大概吸收了百分之九十。」那位二〇〇三年退轉的楊先生當面就說：「哇！妳好厲害，我若是能聽懂十分之一就很高興了。」那位師姊的臉馬上就垮下來，因爲確實難懂。

那麼這就是說，八個識各有不同的體性，原則上可以分爲四大種，歸納爲三大類——歸納爲三類而分成四種特性。這倒使我想起來，用《西遊記》來表示還比較貼切一點，本來想，這回中秋節孩子們帶著孫子來，也許有機會跟他們講《西遊記》，結果沒機會。那豬八戒其實就是前五識，不斷地去抓取色、聲、香、味、觸，始終沒有改變過，所以前五識才剛醒來就是色、聲、香、味、觸不斷地去抓取；好看的多領受、多欣賞，好聽的多聽……就是豬八戒；而這五識也眞的只能用八戒來對治。八戒知道嗎？持八關齋戒時是受什麼戒？記得了？那就是八戒。用八戒來對治這五識的貪著，眞的很貼切，所以把他命名豬八戒。那麼意識就是孫悟空，最會分別，孫悟空一天到晚罵豬八戒，因爲孫悟空理性，可是卻要藉著豬八戒去瞭解五塵境界，而孫悟空也離不開豬八戒，但豬八戒總是一天到晚被孫悟空罵。這是因爲既然要修道，就該規規矩矩，不可以老是放任這五識去攀緣五塵。那麼沙悟淨像誰？像第七識意根；你們看沙悟淨不管怎麼樣危急的狀態，他始終不肯把行李和龍馬丟掉，這唐三藏的行李與龍馬他永遠抓得緊緊的，一點都不肯放，那正是沙悟淨，就是意根。那一匹龍馬到底又是誰？就是這個身體。

所以，你們每一個人每週二騎著龍馬來到正覺講堂聽經，不是嗎？好了，騎馬的是誰？唐三藏啦！你們看《西遊記》中寫唐三藏，眞的太昏庸了，是不是？雖然他昏庸可是有個緊箍咒，這孫悟空如果太調皮，這緊箍咒一唸起來，孫悟空也受不了；孫悟空想逃回花果山逃得成嗎？也逃不成功，他還是得要回來，因爲他離開了師父就沒命了，他生來就是爲師父服務的。那麼你看所有的妖怪們，大家都要吃唐僧的肉，只要吃上那麼一小塊就長生不死，是什麼道理？對啊！因爲唐三藏是不生不滅的，所以誰只要吃到了他就不生不死，道行增進一千年。豈止一千年？你只要證悟了這個第八識，剛開始你只知道那麼一點點東西——只知道總相，但你的智慧就開始生起了；你就發覺自己原來是不生不死的，永遠都不會死。那些妖怪們就是知道吃了唐僧的肉永遠不會死，所以各個都要吃唐僧的肉。

那你們想，這唐三藏尊貴不尊貴？尊貴啊！雖然他看來耳不聽、目不明，老是被豬八戒牽著到處去，可好他有個沙悟淨，還有個孫悟空，因此終究不會下墮。歷盡千辛萬苦去到天竺，取經回來結果是什麼經？是無字眞經。請問你們：「**你們身上各自揹著那一部經，有沒有文字？**」不但沒有文字，連聲音都沒有。《西遊記》的意思是說弄不清楚自己，去到天竺終於弄清楚了，取回來的經本卻是無字的。

但是這裡我倒要聲明一下，玄奘法師其實他在中原就已先證阿羅漢果了，也是先明心與見性的，不是去到天竺才明心的，大家別誤會。問題只是：明心、見性之後知道還不是成佛，但是悟後要怎麼樣修行才能夠具足成佛之道？悟後到成佛這個階段的內涵在中原沒有，因爲那時華夏還沒有完整的大乘經典翻譯出來，所以他得要冒死去天竺取經。在天竺把整個佛法的道次第弄清楚了，也把應該翻譯的經典帶回來，然後震旦華夏才終於有完整的佛菩提道。否則在那之前只有眞言宗的密法，以及俱舍宗的二乘菩提，至於證得大乘法的眞見道的人，就只有北方的玄奘大師；禪宗的五祖還是等於隱居著，後來才有南方的惠能禪師得法出世，之前就沒有了。

但是惠能得要隱藏在獵人隊中，緣還沒有成熟時他還得要等，什麼時候緣才能成熟？就是玄奘法師去天竺遊學回來，把大乘經典講解後翻譯出來也開始流通一段時間後，惠能才能立於不敗之地，否則惠能大師會被人家質疑問倒的。那麼這樣看來，顯然那時還沒有佛菩提道，只有禪宗的證悟眞如——只到眞見道爲止；後來禪宗雖然也有禪門三關，但是悟後到成佛的過程與內涵是什麼，也都還是不知道的，更何況更早的玄奘菩薩當時？因此得要去天竺取經。

但是話說回來，這如來藏是不分別的，祂就是《西遊記》裡講的唐三藏，誰只要吃了他一塊肉就是長生不死的人，至於爲什麼他可以長生不死？這是有連結性的，兩個互相連結。能長生不死的一定是「**無有分別**」的，因爲如果是有分別的心，一定屬於三界中法；若是屬於三界中的法，就會不斷地執取各種境界相，所以唯有不分別的才可能是不生滅法；因爲不分別的一定不會落於三界境界中，不落於三界境界中才是永遠不生不死的，這才是眞實心。所以祂在不分別的狀態下，心永遠不會動轉；不會想到要作這個、作那個，也不會想到要拒絕什麼，永遠不動轉。那祂當然也不會憶念過去曾經怎麼樣，現在又是怎麼樣，未來將會怎麼樣，絕對不起心動念。這樣的法只有一個，就叫作如來藏，也就是《佛藏經》講的「**無分別法、無名相法**」。

那麼這個心「無動無念無有分別」，這個心無形無色怎麼可能拿得出來給人家看？無形無色絕對不可能拿給人家看。如果可以拿得出來的、是可以讓人看見的，一定是有形有色。我記得早期第一次打禪三時，那時在猴硐——瑞芳再進去，去借用一個小寺院辦禪三，有一個師姊告訴我說：「老師！我找到了！我找到了！」我說：「妳找到什麼？」她說：「就是有一個圓圓的、透明的，沒有顏色沒有形色。」我說：「圓不就是形色嗎？既然是圓形的就表示可以看得見，怎麼可以說看不見。」所以參禪的人千奇百怪，什麼樣的說法想法都可能出現。我說：「那既然有一個圓形就表示妳可以看得見，不然妳怎麼找得出來！」然後她說：「那既然這樣無形無色，那我要怎麼找得到？」我說：「很容易啊！畫個圓形就行了。」「那不是跟我講的一樣！」我說：「不一樣，哪會一樣？」喔？對不對呢？

所以禪宗祖師很會搞怪，那個圓相可以從一個發展成九十六個，但我其實告訴你：萬變不離其宗。因爲不能明講，所以就裝神弄鬼，有因緣的人瞧見其中那一隻鬼，一把抓住，大事已畢。可是祂根本就沒有形色，你要怎麼樣拿出來示現給人家看？拿得出來的無非是五陰，而禪師不都是用五陰在跟人家應對嗎？正因爲祂跟五陰同時存在，如果有慧眼你就看見了，若是沒有慧眼就看不見，永遠只能看見五陰。所以人家問：「如何是佛？」禪師說：「喫茶去！」有一天人家從外面來參訪，問到他的徒弟：「如何是佛？」徒弟學師父說：「喫茶去。」沒想到禪師剛好看見了就走過來，叫徒弟說：「你也喫茶去。」

這到底是什麼道理？爲什麼徒弟講的不對，師父講的就對？其中當然有道理。也就是說「不可得示」之中，卻要幫助大家看見祂。而這個看，不是天眼、不是肉眼、不是陰陽眼所能看得見的，獨獨慧眼才能看得見，所以才會有禪宗一千七百則公案流傳下來。而這些公案其實都是模仿 世尊的教外別傳發展出來的，所以每一個禪師都吃 世尊的口水，沒有誰多厲害。這就是說，祂雖然無形無色「不可得示」，然而有因緣的人在實證的菩薩座下，漸漸會具足因緣而可以親見，親見之後智慧就出來了。所以去到西天取經回來時豬八戒不貪了，沙悟淨也很放得下，那龍馬跑起來也很輕快，但依舊是同一個唐三藏的生命體，道理就在這裡。

所以，這個「無名相法」是「無動無念無有分別，不可得示」。然而只要有因緣依舊是可以實證的、可以得見的。但是這個實證要有條件，沒有足夠的條件而幫他悟了，反而是害他。所以說，以前常常有人私下裡去跟某師兄、某師姊說：「來來！我告訴你去禪三悟的是什麼。」好奇心起，那樣聽完以後就受害了，所以到現在都還有一個又一個小小的爛攤子漸漸在收拾中。這種事情不是現在才有，而是古時已然，只是現在犯得厲害。古時有人在禪師幫助下證悟了密意，結果造作了欺師滅祖的罪，其中有現世報也有後世報的，所以禪門中流傳了一些典故，現世報的人都還算是好的，如果是後世報的人，問題可就大了！

但是我們講的有一些人不一定信受，特別是這三、四年來，我們一再強調大家來到同修會一定要先把定力修好，一定要把性障降伏下來，一定要好好修集福德，因為我們看得多了；至於慧力好不好，比較不是問題，因為在班上親教師們自然都會教導。悟了以後縱使智慧差一點也還沒關係，因為還有增上班的課，只要緊跟著一直學下去，智慧終究會越來越好，可就是福德不夠、性障沒有降伏，將來就會是最大的問題。

性障的降伏有兩方面要作，一方面是藉著護持正法利樂眾生時歷緣對境，去讓眾生糟蹋、去接受白眼，然後漸漸習慣時性障就降伏了；另一方面就是要修定，定力好好地修，能夠安住了，表示性障被降伏了。那我們這三、四年不斷強調，有些人退轉了不反省自己的問題，還放話說：「**正覺現在改變了，現在都說先要把定力修好。**」問題是我們正覺的課程一進來就是要修無相念佛，禪淨班畢業之前就要把看話頭功夫作好，這事情是現在才開始教的嗎？這是同修會早年成立之時就已經如此了！我們報名禪三的表格背面親教師要審核的主要幾種，就是審核定力，然後才是慧力、福德性障等，總共要審核四、五種條件的。這是一開始就這樣的，越到正法興盛的時期，就越有更多人一心只想得法，都不考慮自己菩薩性與見道的資糧夠不夠。

這個法是菩薩大法，阿羅漢尚且不能得，所以那些不迴心的阿羅漢，佛陀就讓他們入涅槃去，不幫他們悟這個法；一定得要是菩薩才能得法，那他自己沒有菩薩性就只想要得法，他的菩薩性還不夠，加上性障很重，得了法以後會怎麼樣？不但謗法還會謀求私利，還會作種種不利於正法、不利於眾生的事。藉著正法來謀求世間的財利，這是大大的耗損福德，未來世要墮落三惡道中。但是到現在仍然有一些人不肯檢討自己的問題，依舊只想要得法：「護持正法利樂眾生，那是大菩薩們的事跟我無關，我只要得法就好。」問題是他的心性不是菩薩，怎麼能得法？如果他自認為是菩薩，就應該要護持正法利樂眾生，因為他自己也承認，護持正法利樂眾生是菩薩幹的事。那他想要得菩薩的法，得要是菩薩才行；那他得要護持正法、要利樂眾生。本來就是如此！

所以這個法「無動無念無有分別，不可得示」，但是在「不可得示」之中佛菩薩自然有辦法示現出來，使有因緣的人可以實證，因此說這個法真的很奇怪。那麼這個法實證時並不是本來無而現在有，而是本來就有的，證了以後也沒有得；因為是本來就存在的，本來就是自己的，所以人家來問法時，禪師罵說「販私鹽漢。」若是個根利的人，當下也就會了。現在國家收入不靠鹽稅，可是在古時鹽稅是最大宗收入，稅收主要靠鹽稅，每一包鹽要扣多少稅金；所以想要賺大錢的人就走私鹽，古時走私最好賺就是鹽。那賣私鹽的漢子要進城門、要出城門，是不是得要躲躲閃閃？所以要不著痕跡出城進城。那麼人家問：「如何是佛？」禪師說：「這販私鹽漢。」其實每個人都有個販私鹽的漢子活靈活現。

現在有個問題，這個賣私鹽的漢子每天在你眼皮底下來來去去，你爲什麼看不見？如果你有慧眼，祂怎麼樣躲躲閃閃都逃不過，從此以後每回一經過城門就把祂打一次稅。也就是說，你每回體驗祂一次就增長一分智慧，當然就像是把祂打稅。這個賣私鹽漢子眞的每天在你眼皮底下來來去去，可不只是一次兩次，但是只要你有慧眼就可以看見。雖然「不可得示」，然而「不可得示」之中自然可以示現分明，非二乘聖者之所能知，唯有菩薩慧眼方能瞅見。

當你瞅見時，接著四句你就懂了：「非垢非淨、非名非相，非心數法、非心所解。」當你找到這個販私鹽漢時恍然大悟；眞的叫作恍然大悟，以前讀經時「法不可見聞覺知，若行見聞覺知，是則見聞覺知，非求法也」，讀到這裡時就死了，一個個死於句下，根本不懂這在講什麼。又讀到《大寶積經》中大精進菩薩好不容易終於出家了，帶著一幅佛的畫像去到野外樹林中住下來，把佛像掛了起來，坐在那邊端身正坐來思惟佛像：「如此畫像，非見非聞非嗅非嘗非觸非知，非出息非入息，一切諸法亦復如是無有知者。」一切諸法在這裡是指自心如來。說自心如來猶如畫像非見聞覺知，也沒有出息與入息，讀到這一句時要怎麼會？沒辦法會了。怎麼思惟都想不通，那些大法師們所「悟」的離念靈知境界到這裡怎麼能通？都說猶如這一張佛的畫像無見聞覺知，而諸佛如來亦復如是非見聞覺知。這時越讀越迷糊：「那如來是不是跟木頭石塊一樣？而諸佛菩薩明明不是這樣子，可是經文中卻是這樣講的，而且這是聖教啊！」卻是讀來讀去越讀越不通。

海峽兩岸佛教界十年前是非常痛恨蕭平實的，因為大家本來都是開悟的聖者：「我們悟得離念靈知是多麼勝妙，全無分別。沒想到來了個蕭平實，書一本一本出，都說我們這個叫作分別心，偏偏他又拿經中講的『法離見聞覺知』作證，我們又沒辦法奈何他。」所以各個痛恨得不得了！於是各大山頭都是不斷抵制；但另一方面各山頭都組織讀書小組，專門研究蕭平實的書。但是能研究出什麼結果？不能搖頭的，研究那麼多年了是應該有成績。後來明知是要悟得如來藏才算數，這個心叫作「法不可見聞覺知」，叫作如來藏，可是仍然不懂。所以你說的也對，沒有結果；而沒有結果就是他們的結果。但是這個販私鹽漢，你哪一天靈光乍現，一眼瞧見了，這些經文可都通了：「原來如此！」真的叫作恍然大悟：「怪不得維摩詰大士要說『法不可見聞覺知』，怪不得世尊要說『法離見聞覺知』，要說『法無有分別』，原來如此！」接著經文就開始通了。所以悟了以後這四句一定會懂。

「非垢非淨」，有垢有淨都是三界中法。垢、淨是什麼道理？是因為分別；分別是什麼原因？是因為住在六塵境界中；如果心在六塵境界中才能存在的一定就是分別心，既然是分別心就會了知此是垢、此是淨；分別了垢、淨以後一定就會有取捨：取淨捨垢，這是免不掉的。那麼有取捨就表示祂一定會被三界境界所繫縛無法解脫。凡是依於六塵境界而有的心一定不離垢、淨，就是說垢與淨其實是六塵境界中的事。諸位可以設想一下，假使離開了六塵，你能不能找到什麼法是有垢有淨的？如果離開六塵你還能找到的話，我拜你為師，因為你比我厲害。離開六塵境界永遠找不到有垢有淨的法，你要是真的可以找到，顯然你比我厲害多倍，當我的師父綽綽有餘。

問題是凡是有垢有淨的法都在六塵中顯現，而離念靈知要藉著六塵才能夠出生、才能存在、才能運作；那離念靈知當然有垢有淨，這就不符合聖教量說的「非垢非淨」。「非垢非淨」就表示祂不在六塵之中，當你找到這個販私鹽漢，看祂一切作為，看祂來來去去，有沒有一剎那落在六塵中？一定看不見這情況。反而漸漸地會明白，六塵是這個販私鹽漢為你生出來的，這就是祂「**非垢非淨**」的道理。因為祂不在六塵境界中了知，所以祂就沒有垢、淨可說。即使祂含藏著七識心的過去無始劫來累積下來的三界法的習氣種子，是那麼不清淨，但是這些種子流注出來也只是七識心相應，而祂自己仍然不相應，所以祂沒有垢、淨可說。那些盤絲洞的蜘蛛精或是牛魔王……等，唐三藏都不會去分別他們是惡人，因為祂離這一些境界，祂所了別的境界不在這裡面。會分別五塵的是豬八戒：「**那女人多漂亮喔！**」卻不會分別那是蜘蛛精化現出來的，得要意識孫悟空才能了別出來。那孫悟空說：「**這個牛魔王多可惡！**」全都是七識心，主要的還是在於意識老孫，而唐三藏對這個根本不理睬，平等看待一切有情，因為祂「**非垢非淨**」。

當你找到這個販私鹽漢以後，還可以看到一個事實：「**非名非相，非心數法、非心所解。**」這「**非名非相**」從兩個層面來說；第一個層面說名從相來，一定是先有各種不同的法相，才施設這一些名詞。例如從遠處移動到這邊時，我們就叫作「來」；從這裡離開到遠處去，就叫作「去」。那麼一切世間法都因相而立名，所以直著兩條腿走路的說他叫作人，用四隻腳走路的就說牠叫作動物，如果用兩隻腳走路而有翅膀的就叫牠作禽類，都是因為相的關係，所以施設了名。一個杯子跟一枝筆，相上有很大的不同，所以施設了不同的名稱，所以名由相起。那這個販私鹽漢子——「無名相法、無分別法」，沒有相，哪來的名？祂沒有相，你不可以說祂叫作什麼；既不可說，那要如何傳達實相密意的般若智慧？不得不勉強把祂安立一個名字，從祂的法性顯示出來的相上作不同的安立。

由於祂有收集流轉生死種子的功德，由於眾生恆內執我，把這個眞我當作是五蘊的我，所以把祂叫作阿賴耶識，然而祂自己何曾有相可說？所以祂無相，無相就無名，因此說祂「非名非相」；本來就不該叫祂如來藏，不該叫祂「無名相法」，因爲這都已經是名了，而這個名並不是祂；但是要傳法給眾生來實證這個「無名相法」時，卻不得不立名，否則眾生不知道你在講的是哪一個心。總不能夠說，這意識跟阿賴耶識兩個法在講時，你都只用一個字叫作「識」，那人家會混淆。一下子說識能分別青黃赤白，能分別男生女生，能分別佛法外道，一下子又說識不分別，那大家不就亂掉了嗎？這個問題是永遠存在著，因此要有不同的立名。

你們去讀四大部《阿含經》總共二千多部經典，就常常這樣，只說個「識」字，沒有明白告訴你現在講的識是第八識如來藏識，不告訴你說現在講的識是意根或者是意識，就只講一個「識」字，所以你如果沒有慧眼，讀《阿含經》時當然會錯會。所以我這一世悟前買到一套《大正藏》，我從《阿含經》的長阿含開始讀起，一面讀就覺得：「不行！得要斷句。」拿著鉛筆就一面讀、一面斷句，等到悟了以後重新再來讀說：「哇！我以前斷句為什麼錯那麼多？」因為當時還沒有辦法如實理解。要如實理解《阿含經》中的意旨，還得要有法眼，單單慧眼還不足以全部理解。

問題就是說，這個「識」字有時是講意根與意識，有時單講意識，有時是講意根，但有時是講阿賴耶識。所以很多人弄不清楚《阿含經》的全部內容，就是因為《阿含經》五百結集時的阿羅漢與三果下至凡夫位的聲聞僧，對於名的施設不是很好。但這個問題不是因為 世尊沒有講清楚，而是因為結集的阿羅漢們不懂大乘法，所以他們才會結集成那個模樣。這不是今天我才抗議的，因為結集以後誦出時，文殊師利菩薩他們去聽誦出以後問他們：「那你們這個經叫作什麼？」他們就說：「《阿含經》。」文殊菩薩就不同意，因爲「阿含」的意思寓有「成佛之道」之意；可是 文殊菩薩說：「這哪能叫作成佛之道的經典？你們要改名；因爲你們有一些大乘經典結集出來時內涵也都疏漏了，要重新再結集。」那些阿羅漢們不同意，於是 文殊菩薩他們當場就撂下大話：「吾等亦欲結集！」說我們也要結集。好在有結集，不然今天就被那些凡夫大法師瞎唬弄了。

那麼在第二轉法輪時期，般若系列諸經也沒有詳細說明意識、意根、第八識如來藏。但爲什麼會這樣？因爲這如來藏的密意不該給證悟的因緣未成熟的人聽見，由於宣講《般若經》時是公開講的，得要隱覆密意而說。可是到了第三轉法輪諸經就不一樣了，因爲這是講給悟後起修的菩薩聽的，所以從眼識到阿賴耶識一一敘說分明。那麼，如果不把八識心王以很明確的名稱來施設立名，當你講第三轉法輪經典時要怎麼演說？就沒辦法講解了。所以一定要施設這叫眼識、這叫耳識……，這叫作意根，而這叫作阿賴耶識；但也是依名相、依祂的自性而說，不是依祂的運行時的法相而說，因爲祂沒有三界法相。

又例如五陰細分有十八界，眼根有它的色法表相，眼如葡萄；眼根有它被了別的法相，所以把它叫作眼根。色塵有它的法相，因爲有青黃赤白……等，所以把它立名叫作色塵。眼識也有祂的法相，祂藉著眼根來了別色塵，所以有祂的行相：只在色塵中了別運作，不離眼根，就依這樣的法相來施設說這個識叫眼識。同樣的道理，耳、鼻、舌、身、意識乃至意根，都各有不同的行相；既然有運行時的不同法相就可以立名，說它叫作意根、意識……等，所以名相之法是有情眾生所有的。所有的有情眾生，有的是無色而有名，有的是有色也有名，但只要他們有心在運作，就會有運作過程的運行法相，經由這個行相就可以把它立名爲眼識，或者叫耳、鼻、舌、身、意識，所以有名相之法就是有情——因相立名成爲有情。

如果因相立名之後不是有情，那就是山河大地等無情諸法，由有情的心想來加以立名；既然由有情立名，仍然要歸屬到有情來。所以在人間的有情一定有相可供立名，立名之後大家就好溝通了；否則老爸跟兒子講：「你去那裡拿一個東西來給我。」那裡是指哪裡？得要有名稱來講清楚，是廚房、客廳、臥室還是庭院？得要講清楚，不能把每一個地方都用「那裡」來指稱；講「那裡」就已經立名了，但不足以講清楚。而需要拿來的東西是指哪個？

也得有約定俗成的立名，總不能把每一個物品都叫作東西，所以得要立名；那麼人們之所以把各物建立不同的名稱，因爲它們有不同的形相與性質。同樣的道理，有情身中有很多的法，這些法的相貌各不相同，所以因爲不同的緣故各個立名，以後大家就好溝通。

所以，老爸說：「你去廚房，幫我把菜刀拿出來，我要切個東西。」兒子聽了就懂，要去的那個地方叫作廚房，要拿的東西叫作菜刀。否則你老是說：「去那裡，把那個東西拿給我。」拿來後不對，就說：「我就告訴你，去那裡拿那個東西嘛！」聽者到別的地方又拿別的東西來，始終不正確，也許一整天拿了幾百樣東西來都不符他的意。可是一旦有名建立起來就容易溝通了，這時只要講一次就夠了。同樣的道理，弘法時得要教導眾生八識心王具足的法，那就得要一一立名；所以依附眼根了別色塵的便叫作眼識，依附耳根了別聲塵的便叫作耳識，乃至依附於意根了別種種法塵的便叫作意識。至於意根，因爲是意識之所依根，所以立名叫作意根，這樣大家就不會誤會你在講哪個心。

接著要幫助大家證悟如來藏時不一定要立名，但是若要詳細解說時又得立名了。你看　佛陀在世時也常常有機鋒出現，例如有一次在路上走著，釋提桓因、阿難尊者都跟隨著，佛陀突然在沙地上畫了圈說：「**此處宜建梵剎。**」說：「**這裡應該要建立一座清淨的佛寺。**」那釋提桓因就是玉皇上帝，走到路邊摘了一根草，往那圓圈中的沙地上一插說：「**建梵剎已竟。**」世尊說這裡應該要建立一座清淨的佛寺，釋提桓因摘了那根草拿來這麼一插說：「**清淨的佛寺已經蓋好了！**」然後　世尊就走了，並沒有否定他。那麼一所清淨梵剎到底建在哪裡了？我告訴你們，那清淨梵剎被釋提桓因扛走了。這不是奇怪嗎？可是　世尊有講到眞如、佛性、阿賴耶識、如來藏、異熟識、無垢識……等，卻都沒有說到清淨梵剎在哪裡、又是什麼名稱。因爲祂是「**無名相法**」，不需要名相，只要緣熟了就可以證得，所以是沒有名相的法，眞的是「**無名相法**」。

這個法「**非名非相**」，可是大家證悟之後，世尊開始要教大家針對八識心王一一了別清楚，並且要修學更深的一切種智，這時也只好爲八個心各立名相，就把第八識叫作阿賴耶識、阿陀那識、無垢識、異熟識、眞如、如來藏、此經、法華經、金剛經、**無名相法**、**無分別法**、**無有分別**……等，就開始有非常多的名相來指涉第八識心。假使不這樣，要怎麼把深妙法傳給大家？否則，每次講起第八識時都說：「識如何如何。」大家會想：「現在到底是講意識還是講意根，還是在講前五識，還是在講阿賴耶識？」聽不懂啊！所以在第二轉法輪時把祂立名爲眞如，到第三轉法輪時期就把祂立名叫作阿賴耶識、異熟識、無垢識……等，但是祂本身依舊「非名非相」。

這第八識心無名無相，爲祂建立這麼多的名相，都是爲了教導大家快速證得道種智才需要立名；可是你聽聞時對祂有了許多名相的領受，因此藉著不同名相的不同意涵而領受時，就能現觀祂有很多種不同的自性、不同的功德；然而運用各種名相引導你作這些瞭解，以及藉不同的名相引導你所作出來的現觀，都是在觀察祂運行表現於外的自性相，也是觀察祂的行相。但這些現觀與觀察後所得智慧都是你意識心的事情，跟祂無關，祂才不管自己有什麼自性、有什麼行相。祂才不管自己是垢是淨，才不管自己有什麼功德不功德的，這都是你意識心所應現觀的事情，所以對祂自己而言仍然「非名非相」。

到了第三轉法輪時要幫大家快速增長智慧，所以八識心王分成四類，或者分成三種能變識來爲弟子眾解說，這是佛 世尊的慈悲，因此就有第一識、第二識乃至第八識，這是可以計算得出來的：眼識、耳識、鼻識……一直算到第八識，說總共有八個識。然後又告訴大家，你的意識有五個遍行心所法，有五個別境心所法，有十一個善心所法，有六個根本煩惱，有二十個隨煩惱，還有四個不定法。這些心所法可不可以計算？都可以啊！也都是依意識而有。有了這麼多法，數得出來總共五十一個，因此名爲心數法。又告訴你意根有四個根本煩惱，意根有五個遍行心所法，在別境心所法中只有一個慧，而且慧心所之功能非常非常差……。世尊就這樣一個一個告訴你，然後又說前五識如何；又說明阿賴耶識只有五個遍行心所法，而這些心所法一個一個都可以數得出來，叫作心數法。

那麼其他更深廣的法這裡也就不說，先拉回來說八識心王；眼識是第一個識，耳識是第二個識，乃至阿賴耶識是第八個識，那阿賴耶識之名，這時不就是心數法了嗎？可以數祂，說祂叫第八。這樣爲祂立名爲第八識有沒有道理？到底有沒有道理？沒有道理？可是這邊有師姊點頭呀！到底有沒有道理？當然有道理啊！因爲你意識心中得有這些道理，否則雙方要如何互相討論祂的自性與行相？但從另一方面來說，這樣立名就沒道理了，因為在「無名相法」阿賴耶識自己的境界中沒有這些東西；眼識要現前祂就供應種子給你，耳、鼻、舌、身、意識要現前就供應種子給你，你就醒來了；可是祂不斷運作的過程當中，祂沒有跟你數過說你是第一識眼識、你是第三個識叫作鼻識，祂從來不跟你計數。數說第幾識都是你意識自家的事，與祂無關，所以祂沒有心數法可說；而祂也不在心數法中，說祂第八識是方便說，祂怎能叫作第八識？祂不在諸識的範圍中，因為所有的識都是祂所生的，怎麼可以把祂算在第八？

祂是「**諸法本母**」，所以為了弘法方便，施設叫作第八識，而祂的境界中沒有心數法可說。那你說：「**不然，祂還有五個遍行心所法，那就有數啊！**」那也是你意識了知的境界，你觀察祂的自性時知道有這五個遍行心所法，但是祂不觀察自己有這五個遍行心所法，在祂自己的境界中沒有數目可說；不論什麼心所法，祂才不理會呢！祂也不管說：「**你這個意識最厲害了，所以我要常常給你青眼。**」祂才不管這個，該怎麼樣就怎麼樣。祂不會說：「**這個意根好笨。**」每天就撇著嘴看祂；祂是該如何作就如何運作，所以對祂而言完全「無分別」，該運作什麼樣的法就運作什麼樣的法，祂從來不數數。所以你如果哪一天找到祂，悟了以後說：「欸！如來藏！幫我算一算，一加二等於多少？」祂會不會算？不會？你們中了我的語言陷阱了！因為祂根本就沒聽到你說話，還會跟你答「不會」？對啊！祂的境界中從來不與六塵相應，一加二等於多少這是六塵中的事，那祂既然不了知六塵，怎麼會跟你答覆說：「我不會。」所以祂不是心數法，因為祂完全不是意識乃至意根末那識的境界，既然不是在第一識到第七識的境界中，祂就不歸心數法所函蓋，所以說祂「非心數法」。

那你證得「此經」以後，可以現前觀察祂果然「非垢非淨、非名非相，非心數法」，然後你回頭再來看看自己證悟之前，對這些完全不懂，發覺到說，自己之所以能懂這一些，甚至於能為人家說明這個原由，都是從證得第八識「無名相法、無分別法」才開始的。以前讀經時怎麼樣都讀不懂，心裡揪成一團：「明明每一個字都認得，可是為什麼其中的道理我讀不懂呢？那些禪師們看起來好像都在裝神弄鬼，各個好像瘋子一樣，可是那一些大居士們都是飽讀經書之士，來到他們面前卻無話可講。而自己今天因為證得這個

『無名相法』，這些經典中的道理卻已經讀懂了。」以前這些經典明明有很多的字句都認得，就是讀不懂：「根本就是無字天書，因爲那些字都跟我不相干；現在同樣那些字我讀懂了，變有字天書了。」這時心中歡喜：「啊！原來佛法是否實證的關鍵，就在於有沒有證得『此經——無名相法』。此經名爲『金剛經』，又名『妙法蓮華經』，原來如此。」

「此經——無名相法」眞的「非心所解」。大家都可以反觀整個佛教界，把所有大法師們的著作拿來讀一讀，第一頁都還沒有讀完就往地上一丟，不看了！換一個更有名氣的大法師的書吧！拿來再讀也是一樣，只能丟到地上去。因爲這時認爲，這一類的說食數寶搔不到癢處的書，全都言不及義，不應該放在我的佛案上，所以把地上那些書收集起來環保回收了。這時心中想：「難道天下大師都這樣嗎？」不信邪，跑到書局去讀，先不用買，在現場一本又一本都先讀幾頁就好。這時看有哪一個大法師的書還沒讀過的就拿下來翻個兩三頁，欸！還是一樣，只好放回書架上去；因爲丟到地上弄髒了就得買，但他們的書不值得買，就放回去；看到隔壁還有一個大法師的再抽一本下來，再讀一頁、兩頁，一樣都是落在意識中的，一一把它們放回去。

再看還有哪一些大法師的書，全部都讀一下，結果相同。好像還有幾位的著作還沒有讀到，這家書店架上沒有他們的書，找更大的書店去，三民書局宗教書籍最多，不然臺中也有一家專門賣佛書的書局——瑞成書局；也去找其他更多大法師的書，讀下來也是一樣！最後發覺：「原來遍天下所有大師都落在意識或者識陰中。」可是想一想：「不對啊！還有一個叫密宗藏傳佛教，他們各個自稱成佛，他們應該更行吧？」因爲正統佛教也有法師去攀緣他們、歸依他們；那些大法師們攀緣達賴，乃至一般法師們攀緣一些小喇嘛，想來密宗的大師證量應該更高吧？再去尋找，全都找了出來讀，但那第一頁的第一段就讀不下去，原來這些都是下三濫，於是全都不用讀了。

這時終於瞭解，這個「無名相法」如來藏心，不是眾生心之所能理解的——「非心所解」，確實唯證乃知。眾生心是無法理解這深妙法的，因爲這法眞不是東西。所以有的人少小出家後知道有向上一路，參禪參到老還是參不出來，心中罵了起來又不敢開口，因爲知道這不能罵，心中罵著：「這如來藏眞不是東西，老是叫我找不著。」可是我倒是要讚歎他罵得好，因爲祂眞的不是東西。等到哪一天，也許聽到人家轉述說：「蕭平實讚歎你罵得好，說祂不是東西。」好奇了！有一天找到正覺講堂來，聽經完了來找我，問我說：「蕭老師！您說祂不是東西，那祂到底是什麼？」我就告訴他：「不是東西。」再問時，我或者回答他：「不是物。」也許他因緣熟了這下就會了。

所以這個心真的不能叫作一般心，要叫作眾生心。為什麼叫作眾生心呢？因為這是眾生都有的心，眾生的本質就是這個心，當然要叫作眾生心。可是這個心卻不是眾生心所能瞭解的，有人也許要抗議說：「你這樣講不是自相矛盾嗎？」我說：「沒有矛盾啊！因為眾生的心正是這個如來藏，但這如來藏對自己也不瞭解，你怎麼能叫眾生心中都能瞭解？」是不是？對啊！所以你看，你證得這個法而深入現觀以後，說七捻八、橫說豎說都是你的理，誰也無法推翻你。

可是卻要從另一方面來講，眾生所知的心都是什麼？都是六識心，這六識心老是觀察分別思惟臆想猜測，而眾生所知的心就是這樣，但這樣的眾生心根本不可能理解「無名相法」第八識；我這樣講也通。所以眾生的心不能理解這個如來藏心，也沒有錯。我有說錯嗎？各位老師！有沒有？我有說錯嗎？沒有嘛！我說的這個「非心所解」，只要你悟了，怎麼講都通；但是沒有悟的人不能學我這麼講，一講就錯，一定會被人挑毛病。那麼兩岸各大佛學院所謂的佛學教授，他們很喜歡作學術研究，並且他們帶領著臺灣、大陸的佛教界已經幾十年了，他們都認爲自己的研究成果是最好的，所以好多出家人都要去跟他們學習。甚至臺灣也有大道場派法師去日本某些大學的佛學院去學佛學，回到臺灣來拿著一張文憑——佛學博士，他們認爲自己是佛教界最高級的人士。

但問題是，這些教導佛學博士的指導教授竟然讀不懂蕭平實寫的書，而蕭平實並沒讀過大學；他們還嫌我寫的《楞伽經詳解》太文言，其實那種寫法在古代都叫作白話，那你說他們能怎麼辦？所以他們憑著意識在那邊依文解義，在經教中努力鑽研，如果是古時的禪師可要罵他們「鑽故紙」。古靈神贊禪師的師父就被他罵是鑽故紙，古時的經典不像現在這麼新，古時的經典都是一代一代傳下來，要花很多錢才能買得到的，所以往往都是兩、三百年流傳下來的經典，那是很平常的事。紙本要留兩、三百年得要很小心保存，所以都用綾布包起來存放於藏經閣，平常僧眾不許閱讀的。那藏經閣都有人專門看守著，所以經典請出來時往往是三、四百年的古冊。那他們努力在閱讀，豈不是在鑽故紙嗎？

中藥店不是有賣破故紙，那破故紙才幾年？從樹上採收下來通常不過一、二年，只因為開花時放乾燥了，一片一片就像破故紙，最多放上十年就很陳舊了。可是經典都是三、四百年的故紙，所以古靈神贊有一天看他師父在窗下讀經，就告訴他：「**世界如許廣闊不肯出，鑽他故紙，驢年去得。**」他看來好像是在罵那一隻不斷撞著窗紙想要飛出窗外的蜜蜂，其實是在罵他師父，眞是大逆不道。因為古時的窗戶都是用棉紙去貼起來，那時還沒有玻璃；他師父在窗下讀經，剛好有一隻蜜蜂看見窗戶有光，一直嗡嗡嗡嗡飛不出去，那他就藉那隻蜜蜂罵師父說：「**天下像這麼廣闊，竟然不肯出去，老是在那故紙中鑽研。**」看來是在罵蜜蜂，其實是罵他師父。因為他有心要在法上回報，但師父不知不覺，只好這麼說。

其實他也曾講過一次，師父年紀大了，洗澡時洗不到背部，於是古靈神贊幫師父擦背時就講：「**好一所佛殿，而佛不聖。**」師父聽了這一說，意思是這一所佛殿眞的是很好，可是其中的佛不神聖。師父聽了轉過頭去看他一眼，可是沒講什麼，也沒請他幹什麼。這一回剛好又有一隻蜜蜂在窗紙上面鑽啊鑽啊、鑽不出去，所以他就這麼講，這一回師父終於聽懂了，問他：「你為何這麼講話？你出去行腳回來講話跟以前不一樣。」他才報告說：「我出去行腳遇到百丈大師，沒有去弘法而回寺來，就是要報師父的恩，師父剃度我出家這個恩德要回報。」他這位師父倒很有氣度，也是有智慧，懂得求這個深妙智慧，於是告大眾：「備辦齋飯，明天請古靈神贊說法。」所以，是日中午，辦得很豐盛，用過齋以後請他上堂說法；當然他這個師父有這個度量一定會證悟的。

那麼那一些佛學研究的大法師們其實都是每天鑽故紙，自以為了得。可是到了正覺同修會弘法以後，我求和平共存而不可得，於是向他們宣戰。宣戰之後有哪個大法師敢出來講話？一個也沒有。為什麼他們不敢挑戰、不敢回應？因為這個「無名相法、非心所解」。我們不是用思惟研究的方式而了知的，你們大家是經由禪三打三證悟出來，是有體驗的，總是在我的開示、機鋒、引導下實證的；但我個人是二十幾分鐘時間檢討聖嚴法師的法有何錯誤，決定放棄，再思惟明心與見性，幾分鐘內全部解決，那是往世的種子流注出來的，不是參究得來的。所以我出世弘法所說的這些法義，都不是用意識思惟去了知的，而是依著現觀從自心中流露出來的，所以 世尊講的太好了：「非垢非淨，非名非相，非心數法，非心所解。」那麼如果有人想要得這個法，當然就知道，這不可以是探聽得來而知道個名詞——叫作密意——就算證悟，根本不是這回事，而是要有其他條件配合，否則知道密意以後距離一個地方更近，那裡叫作地獄。今天講到這裡。

《佛藏經》我們是在去年十二月開始開講的，現在九月過一半才講到第六頁，但是接下來會比較快，因爲前面這些比較難懂的我們已經詳細說明了，所以接下來會比較快一點。但是不知道諸位聽到前面這些經文的眞義，聽我講得那麼囉嗦，好像蠻繁瑣的，會不會覺得厭煩？（大眾答：不會！很歡喜！）不會喔？這眞是我的知音哪！因爲這要是在外面宣講，人家一定會說：「你這麼一句四個字，就要講兩個鐘頭，什麼意思嘛？」可見我出去會外時是應該要沉默的。既然難得遇到諸位知音了，就是要這樣講，看來是應該的，因爲諸位也歡喜。那麼今天要從第六頁第二段開始，接下來速度就會快一點。

經文：【「我此法中無男無女、無天無龍、無夜叉、無乾闥婆、無鳩槃荼、無毘舍闍。無斷無常，無我無眾生無人，無來無去無出無入，無戒無犯無淨無垢，無有三昧，無定無定根，無禪無禪根，無知無見無貪無諍，無道無道果，無慧無慧根，無明無非明，無解脫無非解脫，無果無得果，無力無非力，無所畏無無所畏，無念無念根，無坐無行無有威儀，無此無彼無憶想分別，無菩提無菩提分，無智無非智，無地無水無火無風，無罪無福，無法無非法，無苦無樂。拔諸一切戲論根本，一切永離，冷而無煙。」】

語譯：【世尊接著開示說：「我這個法中，沒有男人沒有女人、沒有天人沒有天龍、沒有夜叉、沒有音樂神、沒有甕形鬼、沒有啖精氣鬼。我這個法中沒有斷、也沒有常，沒有我、沒有眾生、也沒有人，沒有來、沒有去、沒有出也沒有入，沒有持戒、沒有犯戒、沒有清淨也沒有垢染，沒有三昧，沒有定也沒有定根，沒有禪也沒有禪根，沒有知、沒有見也沒有貪、沒有諍論，沒有修行之道也沒有修行所獲得的果報，沒有智慧也沒有慧根，沒有智慧光明也沒有愚癡黑暗，沒有解脫也沒有不解脫，沒有三乘菩提果也沒有得果者，沒有力量也沒有非力量，沒有所畏懼的事情也沒有沒畏懼的事情，沒有憶念也沒有念根，沒有靜坐行來去止也沒有任何的威儀，沒有這個、沒有那個也沒有憶想和分別，沒有菩提也沒有菩提之本質，沒有智慧也沒有愚癡，沒有地水火風，沒有罪也沒有福報，沒有所說的法也沒有錯誤的法，沒有苦也沒有樂。拔除了一切戲論的根本，一切永遠都遠離了，這是一個很冷靜而沒有任何熱惱的境界。」

講義：這段經文已經比較容易理解了，但這樣依文解義講過以後，諸位馬上會聯想到一部很短的經，叫作《心經》，意思完全一樣。那麼第一句說「我此法中」這個「我」到底指什麼？（有人答話，聽不清楚。）諸位三句不離本行，說是如來藏。但一般的善知識都會把祂解釋作：「我釋迦牟尼佛這個法中」，總是這樣解釋的，所以這一句「我此法中無男無女」，他們就會解釋作「我釋迦牟尼佛這個法中，不分男人或女人」。可是如果這樣解釋，緊接著馬上有一個問題出現：「既然沒有男人與女人，爲什麼比丘兩百多戒、比丘尼會有五百戒與規範？」爲什麼要這樣子？顯然有區別的。既然無男無女，爲什麼摩訶波闍波提比丘尼要出家時 世尊不准，說讓她出家了以後會有更多比丘尼出家，正法時期就會減少五百年，那不是有男有女嗎？這就與這段經文不符合了。是　釋迦牟尼佛講錯了呢，或者是這部經根本就是後人創造的？又或是末法時代的大法師們不能理解其中的義理呢？所以說，沒有眞正的智慧來理解經文時，解釋時就會錯得很離譜。

這裡說的「我」是講相對於蘊處界「無我」的那個「我」，也就是如來藏「**無名相法**」。蘊處界因爲是生滅無常，無常所以是苦、所以是空，因此無我。但這個無我的蘊處界等法可以不斷地一世又一世經過無量劫來到現在，依舊不斷地在生住異滅，每一世出生了又死，死了又生，永遠連續不斷；而這無我性的蘊處界等法不可能自己這樣，所以背後一定有一個常住的法，那個法就方便把祂叫作「我」。所以這裡　世尊說「**我此法中無男無女**」，是講「**我這個如來藏的境界之中，沒有男人與女人的差別**」。如果剛學佛的人，可能無法理解這到底是在講什麼，可是對於實證者來說，這是很容易瞭解的聖教，不但是無男無女，其實根本就無眾生。

所以我們很早期以前在石城打禪三時，那是很偏僻的山上，有時蜈蚣跑了進來；當時有一位女眾破參了以後，看見蜈蚣時竟然沒有驚叫。平常在家裡看見一隻蟑螂時就會哇哇大叫了，結果她那時竟然不叫；冷靜一看竟然說：「原來是蜈蚣菩薩。」倒把牠叫作菩薩了。爲什麼呢？因爲看到牠也是如來藏，那時不是看見蜈蚣，而是看見牠的如來藏，反觀自己也是如來藏，牠的如來藏跟自己的如來藏完全沒兩樣，所以平等平等，因此，本來應該哇哇大叫的人竟然都沒出聲，就靜靜地看牠在那邊爬，心裡說：「蜈蚣菩薩！原來是你。」

這不是很奇怪嗎？眞的很奇怪，但不是因爲她精神有問題，而是因爲她有智慧，她當時只看見那蜈蚣跟自己一樣是如來藏。所以這時人與蜈蚣的分際打破了，這時看到的就是如來藏，不是蜈蚣；那麼依這樣來看時，不分人或者蜈蚣了，也就平等看待。這就是說，她有第一分的妙觀察智來觀察：原來蜈蚣也是這個如來藏所生成。蜈蚣的五蘊是苦空無我無常，而自己的五蘊同樣是苦空無我無常，然後從蜈蚣的如來藏來看，祂是常住不壞的眞實我，雖然沒有蘊處界的我性，再來看自己的如來藏跟蜈蚣的如來藏，一樣是常住不壞而沒有蘊處界等我性，這就是一切有情背後眞實的自我。所以這個「我」沒有蜈蚣或者人的差別可說，是平等的。

那麼因爲她有這樣的妙觀察智現前看見了，所以她認爲自己跟蜈蚣是平等的，不應該哇哇大叫，因爲如果對蜈蚣哇哇大叫那太不禮貌了。對啊！別笑！眞的是不禮貌，因爲牠也是如來藏、我也是如來藏，兩者平等，爲什麼要哇哇大叫？那豈不是侮辱牠了？所以，她從如來藏來看自己跟蜈蚣平等平等，這時她有第一分的平等性智了；這兩個智慧就是這樣來的。雖然這時只是這兩個智慧的下品中的少分第一次現前，但是已經生起了，因此當她回來讀到經文說「『**我**』**此法中無男無女**」，這時不必思惟馬上就懂了，因爲從她自己的體驗，如來藏境界中沒有蜈蚣也沒有人類，那當然也就沒有男沒有女，這個道理這樣就懂了。

下一句說「**無天無龍**」，沒有天人也沒有龍。沒有天人當然就包括天主等有情，那也就沒有龍可說；因爲你從實證如來藏的智慧來看如來藏時，看到如來藏自己所住的境界中沒有任何一法存在，三界六道一切萬法，在如來藏自己的境界中都不存在，眞的叫作一法不立。以前有一個外道提出他的宗旨就是「**一法不立**」，他來挑戰 佛陀，佛陀開門見山問他說：「請問，『**一法不立**』這個法你立不立？」他一聽就沒得答話了！因爲不立就有問題，立了也有問題。如果要立，那就是立了「**一法不立**」這個法，就不能再說自己是一法不立。如果不立「一法不立」這個法，那他就不能夠來主張說「我一法不立」。既然提出主張，就是立了「一法不立」這個法，所以進退兩難。可是如果　佛陀要告訴他說：「那我可以一法不立。」這外道如果要質疑說：「那你這樣不是跟我一樣，不也立了一法不立這個法嗎？」那麼　佛陀不論怎麼答都對，甚至於給他一巴掌也對。因爲不立一法就是這麼立的。假使第一次來聽我講經，此時心裡說：「奇怪！人家問你『一法不立這個法你立不立』？竟然給人家一巴掌，既粗魯又無理，道理上也講不通啊！」那就表示這個人是個初機學人。

所以說，當你如實現觀到「我」如來藏自己所住的境界時，就會看見如來藏自己的境界中確實一法不立，正因爲祂一法不立，所以能立一切法。因此假使有人來質疑我：「你說如來藏境界中沒有任何一法，那你就是建立一法不立這個法了！」我當場就會罵他說：「你說什麼叫一法不立？」那諸位想，他會不會質疑？一定會的。早知道他會質疑，咱家轉頭就走，不理他了，在禪宗裡說這個叫作「休去」，也就是轉頭走開了。

那麼如來藏自己的境界中爲何一法不立？這不能從現象界來講一法不

立，而那外道是在現象界中不離意識境界而思惟要遣除一切法，所以他才會立「一法不立」這個法。可是這種人並不是古時才有，諸位如果有詳細去研究天臺宗的法義，你們會注意到他們認爲說：「修學般若就是先把『有』遣除掉，遣除掉以後就變成『空』，也就是空無，這時成爲空無時，就落於空中，所以接下來再把空也遣除掉，這樣叫作非空非有。」可是問題來了：這個非空非有的境界只是意識思惟出來的境界，是意識心中所知的一個法。結果依舊是「有」，何曾遣得「有」？他們是企圖解釋《般若經》中說的那三品心的境界，可是他們沒有實證如來藏，所以《般若經》講的那三品心境界，他們是完全不懂的，就靠意識思惟成這樣子，然後來個既遮又遣、雙遮雙遣，說這樣就是「非空非有」的中道。

可是他們完全誤會了，那我們同修會出來弘法以後，好像沒有人再出來承認說「我是天臺宗第幾代傳人」，因爲正覺同修會的書讀多了以後就知道：「唉！原來我們天臺宗的創宗祖師就沒有證悟啊！」所以「無一切法而不立一切法」，不是用意識思惟理解去建立出來的，而是因爲證得如來藏以後現前觀察如來藏的境界中無一切法；這樣子次第修行來完成非安立諦三品心的實證，才能接著最後去修安立諦的十六品心、九品心，再發十無盡願而清淨了，才能入地。

但是這三品心的觀行有一個名稱是大家所忽略的，叫作「非安立諦」。既然不是安立諦，顯然它就是眞諦，而眞諦講的是實相的境界，怎麼可能是靠意識思惟的遮遣而證得呢？一定得是實證了如來藏，依如來藏的境界去觀察「有情假」……等，才能完成這三品心的修證。因爲這不是安立諦，這是實相法界的事。那麼這樣就瞭解說，我這個法中是不立一切法的，而不立一切法的這個言語和主張，是由意識思惟而提出來的；當你說到不立一切法時，你是在敘述如來藏的境界，而不是敘述意識對法義瞭解的境界。所以實證者依如來藏的自住境界來說不立一切法時，不是講意識的境界，而是講如來藏的境界。

但是外道與諸凡夫提出「一法不立」的法來，那是依意識的境界來說的，所以當他這麼主張時，那個「一法不立」的法已經建立了，那還是「有」，連空都談不上，更別說非空非有；可是「我」這個「無名相法」的境界中無一法可得，也就是說，佛教界還沒有提出來「涅槃就是如來藏」時，我們十幾年前提出來了；當時固然有很多人誹謗我的說法，但是隨著時間過去，我們一本書又一本書不斷地提出說明，告訴大家：無餘涅槃，其實就是如來藏獨存的境界；如來藏摒棄了蘊處界以後，祂自己單獨存在時就是無餘涅槃。

那麼從這裡來瞭解，當如來藏自己獨自存在而不再出生蘊處界時，沒有蘊處界並存，也就是沒有五蘊、沒有六塵等任何三界有的境界了，這時無形無色而又離見聞覺知，那就是無餘涅槃；而無餘涅槃的境界中就是如來藏獨存，就是這個「我」！所以「『我』此法中」無一法可得，又哪來的天人與天龍？所以說「無天無龍」。

假使哪一天妳們女眾打扮得很中性，人家問說：「妳到底是男生還是女生，我看妳怎麼不男不女？像什麼話！」妳就說：「講得好，『我』本來就不男不女，但是請問你：我說的這個『我』究竟是啥？」這表示妳是轉依「我」而不是依於原來的蘊處界這個假我了。那麼諸位聽到這裡有沒有想到《六祖壇經》，最後六祖留給大家三十六對？那三十六對的目的是幹什麼的？目的是要幹什麼？無非就是怕他的弟子們智慧不夠，於是教導弟子們拿來籠罩天下人。所以只要三十六對記住了，人家來問如何是佛法大意，可以先回答他第一對的一半；明天再來問時，就回答他另一半。如果再不懂又來問，就回答他第二對；三十六對可以回答好幾年，因爲他不是每天來問的。所以你們就把世間的相對法，就像總持咒這樣編起來記住；美醜、黑白、男女、是非、垢淨、斷常、來去……等，編起來記在心中。當人家來問：「如何是佛？」你也可以說：「不垢不淨。」垢淨是一對，拿出來兩邊都告訴他：「不垢不淨。」然後過了十幾天又來問：「如何是不垢不淨？」你就說：「不生不滅。」就這樣一對一對答他。如果三十六對你都答完了，他又來問，反正他是打破砂鍋問到底，那你就答到底。因此當他提出質疑：「以前問你如何是佛？你說不垢不淨，那如何是不垢不淨？」你就告訴他垢淨，又是另一個三十六對，就這麼用。不懂的人三十六對就是三十六對，連用都不知道該怎麼用；如果你三十六對都用完了，七十二對也用完了，可不要說我孫悟空七十二變都用盡了。不會用盡的，你在這邊也有啊：「無男無女。」如果十幾天又來問：「如何是無男無女？」你就告訴他：「無天無龍。」甚至於有一天你答得不耐煩，就告訴他：「不再答你了，這是最後一次答覆你，你再問吧。」他就問：「那如何是無天無龍？」你就告訴他：「無法無天。」《六祖壇經》三十六對就這麼用，那你如果會活用，豈止三十六對。所以如來藏這個「我」的境界中迴無一法可得，因爲無一法可得，所以不管人家問到什麼，你就說「無」就對了。

所以接著又說「無夜叉、無乾闥婆、無鳩槃茶、無毘舍闍」。既然沒有天人也沒有天龍，換句話說，這個「無名相法」眞實我的境界中沒有一法可得，因爲祂離見聞覺知，因爲祂自己的境界中就是無餘涅槃，所以祂的境界中是不了別任何一法的。既然不了別任何一法，祂就不了別自己這個五蘊是不是夜叉，也不了別自己這個五蘊是不是音樂神、是不是甕形鬼、是不是啖精氣鬼，全都不了別。因此就說「無夜叉、無乾闥婆、無鳩槃茶、無毘舍闍」。

既然「無鳩槃茶、無毘舍闍」，那密宗假藏傳佛教他們修雙身法時，所謂的突然而來的空行勇父、或者所謂的空行母，無非就是夜叉、鬼神之所變化；既然「我」這個眞實法中都沒有這一些，那他們還能修那個雙身法嗎？當然不能修了。所以他們無論如何要抵制如來藏這個法，因爲從如來藏這個法來看時，無一法可得，那他們的樂空雙運、大樂光明其實都不可能存在了；既然不可能存在，他們當然要抵制到底。所以你想要他們承認有一個能出生蘊處界的眞實我如來藏，比登天還難！因爲這會顯示他們的無上瑜伽樂空雙運不過是蘊處界的境界罷了。

如果他們承認第八識如來藏才是眞實法，等於把自己的根本教義無上瑜伽大樂光明一舉推翻了；他們自己也知道這個嚴重性，所以絕對不承認如來藏第八識妙義。即使像紅教他們承認說有如來藏，也是不肯承認正統佛教說的如來藏，所以他們自己另外建立一種如來藏，用觀想中脈裡的明點來取代正統佛教說的如來藏，騙人說那就是如來藏，那就不會牴觸他們的根本教義大樂光明的無上瑜伽。所以「我」這個「無名相法」永遠都不會被密宗假藏傳佛教外道所接受的。

那麼接下來說「無斷無常」。斷與常一直是大乘法學人心中無法解開的疑惑，所以在如來藏妙法開始弘揚之前，這三、四百年來的佛教界一直在斷、常之中諍論不已；最後大家終於統一了——統一在離念靈知，或者統一在直覺中，原因就是「無斷無常」的這個「我——無名相法」無法實證。無法實證的原因則是因爲不知道所有的人同樣都八個識具足，一直都用六識論的邪見在研讀經典修學佛法，所以非斷即常。那麼關於「無斷無常」這個內涵，如果要解釋，那又像王大媽的裹腳布了，雖然不臭但是很長，那到底要不要解釋這個「無斷無常」？還眞費思量。但因爲這個斷與常的道理，我大約二十年前有一本口袋書中說明過了，就是那本《佛子之省思》，以及《眞假開悟之簡易辨正法》合訂本中，我們有畫出簡單的表來說明。那表印出來是很早以前的事，那是我們還在中山北路地下室時就印出來流通的了。那時候只有一張單張，而那個表到現在沒有改過，也不必改、也不可能改，因爲無法改。

也就是說，依於如來藏來顯示「無名相法」這個「我」永遠都是離於兩邊。如果有人要主張哪一邊是正確的，那麼他馬上就會出問題，緊跟著就會有兩邊的問題出現等他來解決；假使他有能力解決了其中的一邊，另一邊的問題又會無法解決；如果回頭解決另一邊時，這一邊的問題又無法解決，永遠都如此。除非他是依「無斷無常」的「無名相法」如來藏「我」來作中道觀，否則都有解決不完的問題。簡單的說，如來藏這個法祂無名無相、離見聞覺知，其中無一法可得；在無一法可得之中，無妨繼續出生及顯現一切法，而祂自己的境界中依舊無一切法，所以祂不在斷常兩邊，永遠都處於中道。

那麼如來藏這個法到底是不是常？如果要說祂是常，立刻會有一個大問題出現：如果祂是常，諸位不用每週二來聽我講經，聽了也是白聽，因爲如來藏所含藏的種子不會改變，永遠都是常。既然是常、不會改變，那你修行無用；因爲你不管怎麼修，你如來藏中含藏的種子永遠不會改變，所以凡夫永遠是凡夫，佛永遠是佛，菩薩永遠是菩薩，那麼畜生永遠是畜生，地獄道眾生永遠是地獄眾生，因爲如來藏常。

可是你如果要說如來藏非常，顯然你不可能有過去的無量世，未來也不可能會有無量世，因爲非常，一定有一個時節因緣使如來藏出生了；有生則必有滅，將來一定會有一個時節因緣使如來藏斷滅；那麼這樣就不可能使有情永遠流轉生死而無斷絕。那麼有情就應該很奇怪了，有時突然很多，有時突然很少，因爲如來藏非常，會消滅，也會突然無因而有，使有情的數量增多；那麼眾生量「**不增不減**」的聖教也就必須改變。所以如來藏到底是常還是非常，還眞難說。

如來藏如果是常，表示含藏的種子永遠不會改變；如果種子永遠不會改變，現前就有一個問題出現了：你的頭髮不會增長，這倒也不錯，我就不必每週二理髮。可是妳們女眾如果愛漂亮，這頭髮要很珍惜，因爲如果要剪短而改變一下髮型，這時得要考慮很久喔，因爲剪了永遠就沒有了，以後永遠那麼短，不會增長，因爲是常。

如來藏是常的話，頭髮就跟著常，那表示什麼？表示你這個色身也會是常。如果色身常，覺知心就跟著常，到底好不好？不好？現在正是年輕有力，不像蕭平實這麼老，爲何不好？正是年輕有力，然後又是多財多金、五子登科，常有什麼不好？沒有不好啊！爲什麼你要說不好？（有人答話，聽不清楚。）喔！原來如此！是因爲沒有辦法成佛了。對啊！就永遠沒有辦法成佛，永遠是現在的賢位或凡夫位的有情了。眞要是常，佛法再怎麼學也不會改變你如來藏中的種子，那就永遠處在這個階段，成佛無望。可是困擾只有這樣嗎？不然！因爲如來藏是常，所以兒子會跟你抗議，這兒子十來歲，說大不大、說小也不小，可偏偏要被父親管著、被母親管著，覺得很不耐煩：「爲什麼我永遠長不大？爲什麼你們倆老永遠不老？」對呀！所以兒子抗議、女兒也要跟著抗議，世間就整個亂了！

所以如來藏到底應該常還是不常比較好？如果你答了就掉進陷阱了，因爲如來藏正是要非斷非常——「無斷無常」才可以，如來藏中的境界是不可以斷滅的，也不可以是常而不變的；但如來藏心體是常，祂所含藏的種子則是非常。但修到最後成佛時的「常」就是好的，爲什麼好？因爲是佛地的階位了，那些種子全部究竟清淨了，而如來藏所含藏的一切功德法都現前了，這時的常當然好。所以要看是什麼樣的境界，沒有成佛之前就應該「無斷無常」，如果有斷有常，學法無益。如果反過來說：「種子是常，如來藏非常，那你要不要？」不要喔！有智慧的人才會懂得答，沒智慧的人不知道怎麼答。如果去會外問人家時，他們一定不知道該怎麼答，不像你們可以當場回答。因爲他們不懂你提出來的問題到底什麼意思。如果種子常、如來藏非常，那麼修行就沒有因果，因爲如來藏非常，你這一世修行完了如來藏斷滅了，一切種子不就散失了嗎？

那麼反過來「如來藏常、種子非常」，這樣好不好？好不好？還要遲疑一秒鐘喔？這不應該遲疑，應該立刻說：「好！」因爲因地就應該如此，這不用遲疑。因地就應該如此，就是如來藏心體要常，但種子非常，所以我們經由正法的如實修行可以改易我如來藏中的種子，使我們次第到達佛地，將來能使如來藏中應該有的一切功德全部顯發出來，到那個時候種子才需要常，到那個時節你也不需要堅持說：「我這時候種子一定要常。」不需要堅持，因爲一定會是常。就好像你挖金礦或者去淘金沙，當你把黃金萃取出來以後再提煉，不斷地提煉到它的成分已經到萬分之九九九九了，這時你還會去拿沙子把它混在一起、把它融掉嗎？不可能的，所以黃金就永遠都是黃金，不會再被變成金礦。

這就是說，在因地不應該有斷有常——因地應該「無斷無常」，然而這是從我們意識的妙觀察智來看如來藏以及祂所含藏的種子，也就是來看待「我」這個「無名相法」時說應該「無斷無常」。可是從另一方面來說，如來藏自己的境界中沒有斷也沒有常可說。當我們在這裡說如來藏心體常住不壞、含藏的種子變異無常時，這些都是我們意識範圍中的事，如來藏才不管你把這個斷常講了多少、觀察了多少次，因爲如來藏不理會這個。祂的境界中沒有「非斷非常」、不斷不常、亦斷亦常、亦非斷亦非常的想法，祂的境界中沒有這些法，因爲祂一法不立，所以一法不立這個法在意識的層面可以建立，但是意識層面的建立時，有凡夫之所建立，以及證悟菩薩位之所建立，可是不管你建立與不建立，如來藏自己的境界中沒有一法不立這個法，也沒有斷常這個法。

當你說如來藏的境界中「無斷無常」時，如來藏的境界中連這一些語言文字思想概念都不存在，所以祂的境界中「無斷無常」。如果人家來求悟，問你說：「聽說你在正覺同修會證悟了，那麼證悟了一定是找到如來藏，那我問你，你如果不能告訴我如來藏在哪裡，就表示你沒有開悟。」你就說：「那你問吧！我告訴你啊！」他就問：「如來藏在哪裡？」你就告訴他：「無斷無常。」就不理他了，自己回家喝茶去。等他又來問你：「昨天你都沒有告訴我，只說『無斷無常』，又沒有告訴我如來藏在哪裡。」你就罵他：「你這混小子，什麼叫『無斷無常』？」他依舊是丈二金剛摸不著頭腦。

如果他繼續問你，就把六祖那三十六對，一對又一對每天答他一對；全部答完了，你就不要在非什麼、非非什麼來答，就用垢、淨一對來答他；明天再來問時就是美、醜，後天是好、壞，再大後天是生、滅，再來則是去、來……。就繼續一對一對答他，好整以暇，不愁沒得答。等他問到不耐煩時你就告訴他：「很簡單啊！你去正覺好好學，以後悟了，你就知道為什麼我這樣告訴你。就知道我早就告訴你，是第一天就告訴你如來藏了！但你聽不懂，我也無可奈何。」這樣子度了一個人以後，你回頭來問如來藏這個「我」：「欸！如來藏老兄啊！我講了這麼多，你聽到了沒？」祂不會告訴你「無斷無常」，祂根本就不回應你，因爲祂「無斷無常」又離見聞覺知，爲什麼要祂回應你？

接下來「**無我無眾生無人**」，《維摩詰經》告訴我們說「**法不可見聞覺知**」，凡是能見聞覺知的就不是佛法所說的眞實法，因此眞我不可以是有見聞覺知的，否則即是生滅法。對於初學佛的人來講，他們大概學佛兩、三年就會聽到我、人、眾生、壽者這四個名相，這時說的「我」其實就是三界中說的我；可是三界的一切我，不管是四生三有的我，二十五有的我，都是蘊處界之法，無一法外於五蘊、十二處、十八界；而這些我是眾生我，眾生我在初轉法輪時，世尊都說是苦、空、無我、無常；如果以二乘解脫道來當作佛菩提道的人，他們解釋大乘經時都會用緣起性空來解釋，就說：「**因爲我或者眾生或者人，都是緣起性空，所以佛陀才會說無我無眾生無人。**」在正覺同修會出來弘法之前，海峽兩岸佛教界莫非如是解釋。可是 世尊說的不是這個道理，而是說：「菩薩依般若智慧來觀察實相法界『無名相法』這個如來藏我，祂的境界中沒有你、沒有我、沒有他，所以沒有眾生、也沒有別人，因爲祂不分別。」

可是說到不分別，又是一場誤會，在正覺弘法之前，大家說的「無分別法」都是要打坐，坐到一念不生、坐到不要分別。所以當他正在打坐時，不知道萬里晴空已經變到烏雲密布了，突然間一聲響雷打到屋頂，嚇了一大跳，結果下座了以後人家問他說：「打的那一聲雷你有沒有分別？」他說：「我沒有分別。」人家問他：「喔？你嚇一大跳幾乎跌倒了，爲什麼還沒有分別？」他說：「我依舊沒有分別，因爲我還是一念不生，嚇了一跳時也是一念不生的啊！」天可憐見！佛法走到這個地步了，還不知道佛教了義正法已經要滅亡了，但當年佛教界都還洋洋得意：「你看！那一聲響雷打在屋頂，我依舊一念不生，還是沒有分別啊！這就是開悟。」

可是問題來了，嚇了一大跳時是爲什麼會嚇一大跳？如果眞不分別，還會嚇一大跳嗎？諸位聽到會笑，但他們是很嚴肅答覆你：「我依舊不分別。」但是，這個不分別其實早就分別完成了，而且是非常複雜的分別；如果不是耳根攝受了外聲塵，如來藏變現了內相分的聲塵以及耳識意識同時了知了，並且意根和意識是等無間緣並行運作，所以意根馬上反應了出來，於是嚇了一大跳；可是這當中還有耳識的遍行心所法，還有意識的別境、遍行心所法，還有意識的我執，還有意根的四個根本煩惱，跟剛才講的心所法一起運作，那是多大的工程。這樣子反應出來讓他嚇了一大跳，竟然還說沒有分別，騙瘋子吧？大陸同修們會說這叫作睜眼說瞎話。

可是三、四百年來的佛教界不都是如此嗎？正因爲不知道不分別的眞實義，所以，都已落在我、人、眾生之中，卻還不知道自己已經有了我人眾生乃至壽者四相具足。可是你如果實證了「我」這個「**無名相法**」，無妨意識繼續作許多的分別，然後知道自己的本際依舊住於無分別中。所以經中告訴我們，無分別中能廣分別；廣分別是分別六塵以外的諸法，這才是眞正的佛法。當你對我、人、眾生作種種分別時，依舊是有另一個「**無分別**」的第八識心一起運作，所以，禪師才告訴大家說：「**於分別中，識取無分別底**。」道理都是一樣的。

那麼因爲如來藏從來不分別，所以如來藏這個「**無名相法**」的境界中沒有我、沒有眾生、沒有人。當你一念生起了知自我存在時就是已經有我了；了知自我存在的第二個剎那馬上就知道眾生，當你已經知道眾生存在時，就知道有別人存在，這時一念之間我、人、眾生都有了；但這個境界只是你意識的境界，卻無妨你證悟的「無名相法」自己的境界之中依舊無我、無眾生、無人，因爲你五陰在六塵境界中廣作分別時，你自己的「無名相法」依舊不了知一切法，所以祂的境界中「無我無眾生無人」。

接著說「無來無去無出無入」。請問諸位，你們是不是從公司下班來到正覺講堂？是不是從家裡出發來到正覺講堂？是不是從寺院出發來到正覺講堂？是啊！不可以說不是。可是，我如果重問一遍，你也可以說：「不是。」因爲這時你改一個方向了，你從實相法界、從「無名相法」這個眞我的境界來說，這時你也可以說：「我剛才說我來了，可是從另一方面來說，其實我沒有來。」那也無過，絕對沒有過失。因爲「來」是你五蘊的事，而你的如來藏和你一起來了祂卻沒有來，「來」這件事情是你的事；雖然你的「多寶如來」跟你到這個地方來，可是祂不了知是不是來了；了知來到與否都是你的事情，而來時也是你的事情，來也與祂無關。

那麼當你聽完經，共同參與這一場法會圓滿得到護持正法的功德，該回家的回家，應該回寺的回寺，那你是不是應該說：「蕭老師！我要回寺了。」是不是應該這麼說？禮貌上是應該這麼說，可是從實際理地你不應該這麼說，所以如果哪一天我責備你說：「某甲法師！你回寺時怎麼沒有跟我告假呢？」你就答我說：「我又沒有回去。」對不對？對啊！因爲你的本際沒有回去，回去的是你的五蘊——五蘊回去如來藏中。雖然如來藏這個妙我跟著你回寺了，可是祂的境界中沒有回去這件事情可說，所以你就說：「我沒有回去啊！幹嘛要跟您告假。」也沒錯啊！那我會不會責備你答得粗魯？不會，因爲我根本就不會問這一句，我明明知道卻又問了，就是個過失，那我爲什麼要問？

這就是說，來與去其實都是你五蘊的事，在如來藏的境界中沒有來也沒有去。所以假使有人告訴我說：「老師！我早就知道如來藏了，我每個禮拜來講堂，這就是了嘛！」我就亂棍把他打出講堂去，來講堂的怎麼可能是如來藏，如來藏本來就無來無去，來講堂的一定是五蘊。當他被我打到渾身是傷去找骨科醫生醫治，或者找傳統的中醫貼了渾身膏藥，來質疑我時，我繼續把他亂棍打出，因為他不該質疑。如果他堅持來的是如來藏而不是五陰，那就很好辦了，我就告訴他：「我又沒有打到你。」一定來的是五陰，我才會打到他，否則怎麼可能打到他？所以你看佛法厲害不厲害？因此不能說「我來的就是如來藏」，假使誰在禪師座下敢這麼說，早就被趕出門牆了。

有的禪師不收這樣的徒弟，你看那天童宏智正覺禪師悟了以後，被他的師父勘驗了說他沒悟，然後他師父拿起拂子來打了他一拂子，他才算悟了。他師父怎麼責備他？罵他說「又道不借」，因為他告訴他師父悟的內容時說：「井底蝦蟆吞卻月，三更不借夜明簾。」好像是這樣答的，所以丹霞禪師說他：「未在，更道。」他正想開口答時，沒想到丹霞打了他一拂子：「又道不借！」這下才算眞悟了，所以理解跟實證之間只有一線之隔。那麼到底如來藏有來有去還是無來無去？眞的無來無去；因為聖教就這麼講的，現量上也是如此，難道你還能推翻嗎？

可是這個弟子有一天上來問師父：「師父啊！這《佛藏經》中講無來無去，我百思不解，求師父開示！」師父就告訴他：「來、來。」等他走上來時，師父就說：「去！」就把他喝出去了。被趕出去莫名其妙，思索了一個晚上，明天早上又上來問：「師父！我問您無來無去是什麼？您把我叫過去又把我喝出去，那到底是什麼？您也指示一下。」師父告訴他：「有來有去。」準備開口再問，亂棒又打出去了。到了第三天又上來問：「師父！明明聖教說『無來無去』，您昨天卻告訴我『有來有去』，這不跟聖教違背了嗎？」師父這回不答，只問他：「你喚什麼叫作『有來有去』？」讓他疑三十年去，三十年後才悟入，保證他不會退轉。

諸位也許想：「欸！很奇怪！明明聖教說無來無去，然後你杜撰一個公案說，叫徒弟來又把他喝出去，然後第二天、第三天又回答他有來有去。那到底是無來無去？還是有來有去？到底是什麼道理？」誰要來問我，我依舊亂棍打他出去，這就叫作「無來無去」。所以你看，大乘佛法當你實證了，從現象界來講實相界時，不論你怎麼樣七顛八倒、橫說豎說都是你的理；可是你只要落在現象界中，不能及於實相法界時，學著善知識依樣畫葫蘆，結果善知識有一天上門來打他一頓亂棍，直得無理可說，也只有白挨了。所以，這個「無來無去」還眞的不容易解得啊。

那「無來無去」的道理是如此，「無出無入」的道理亦復如是；我們以前也常常說有的外道炫耀禪定很好，說他一入定就是三天，可是縱使眞的證實他一入定就可以住三天，我們也說那個定不算什麼，太粗淺了，因爲這種定有出有入；凡是有入的一定會出，就好像有生的必滅，所以不管誰入定能夠入多久，他終究要出定，總不可能一出生就入定直到死時才出定吧？所以一定有入有出。最多給他入定一年好不好？一年不夠三年好吧？夠驚世駭俗了！可是等他出了定來跟你炫耀說：「你看，我這一回閉關入定，三年才出定！」你就告訴他：「原來你禪定功夫這麼差喔！」

他聽了一定很不服氣：「那你入定多久？」你就告訴他：「我無始劫來就在定中！」他當然不懂，一定要質問你：「欸！你現在明明跟我講話，怎麼說你入定？」你就說：「我正在跟你講話時，我也在定中，依舊一念不生並且超越四禪八定。」他一聽摸不著頭腦：「我這二禪、三禪入定三年，在他面前竟然不夠瞧欸！他是無始劫來就在定中，跟我講話時也還是在定中，這是什麼定？」想不通啊！你就告訴他：「這是大龍之定，這個定不入不出，所以永遠不出定。」他怎麼樣也弄不懂。因爲你講的是「我」這個「無名相法」永遠不起一念的境界，他講的定是意識的境界，那意識的境界最多只有一世，所以就算他一生都在定中，出定就捨報了，那又能如何？一點智慧也沒有。而且他只入定三年而已，比起你不入不出的定無始劫以來本就如此，未來無量劫還會如此，他怎能和你相比？

如果要說螢火之光比日正當中的太陽，那還算是高抬他了！因爲三年不能跟無始劫以來相比啊！同樣的道理，當你的意識心進入某一個境界中，譬如說你從寺裡出發，那麼出發時轉入寺外的境界來；來到講堂時離開那些境界，進入講堂的境界，這都是有出有入。可是你的如來藏從來不進入這些境界中，所以也沒有離開這些境界可說，所以永遠「無出無入」。那麼這「無出無入」，你若是證得如來藏後就懂了，實證了以後你也不必擔心說：「如來藏什麼時候會出什麼境界，入什麼境界？」都不用擔心，即使你活到九十歲了：「我可能明年就會走人了。」或者說你像印順一樣活到一百零一歲時說：「我可能下個月就會走人了。」那時也許想：「如來藏可能就出去了，離開我這個五蘊。」然而這只是從你的立場來看而說如來藏出去了，而你自己的如來藏不了知自己是不是出離這個五陰了。可是祂很厲害喔！該出離時就出離，該繼續長住就長住，但是祂自己的境界中也不作任何了知。所以對祂而言依舊「無出」亦「無入」，「無出無入」才是這個「我」的境界，所以「『我』此法中……無來無去無出無入」。

接著說「無戒無犯無淨無垢」，沒有持戒也沒有犯戒，沒有清淨也沒有垢染。如果有善知識告訴你說：「修學佛法就是要離開垢染，要修行變成清淨，所以你一定要好好持戒，你不可以犯戒。」那麼依照這一部經典的了義宗旨，就要罵他是惡知識了，嚴重吧？很嚴重！罵他是惡知識，也就是說，各各爲人悉檀、講經說法的層次深淺有別、高低不同；接引初機學人當然是應該那樣講，可是如果從實相法界來說不應該這樣講，因爲那是爲人悉檀之所施設，你要接引眾生進入佛門必須如此；可是從了義法來說這樣就叫惡知識了，現在心中不要想說：「哼！你蕭平實爲什麼這樣講？你才是惡知識。」但我告訴你，繼續聽下去，後面 佛陀講的還不只如此，甚至有人是中規中矩依文解義教導眾生都還被定義爲惡知識。

這就是說層次高低不同，接引初機跟接引老修行人是不一樣的。接引老修行人要從了義法的層次來講，不能再講初機的法了；如果再用初機的法義來告訴老修行人，這個人就是惡知識。同樣的道理，如果是接引初機，用這了義法來告訴他，那會害他斷了法身慧命，因爲他連基礎知見都還不夠，聽了了義的聞所未聞法，一定會謗法；當他謗法時同時是謗了你這善知識，那你是間接害他造口業，不但他有罪，你也有「殺伯仁」之罪。所以我到會外去時都閉嘴不說佛法，不能跟他們講。

如果到會外去，眞的有人硬拉著我要說佛法，那我就說：「**你得給我一個下午的時間。**」因爲我得先要從次法開始說起，那當然得把「**施論、戒論、生天之論**」都講完了（就算講很快，也要一個半小時吧），講完了接著告訴他「**欲爲不淨，上漏爲患，出要爲上**」，這還沒講到法，又已經去掉半小時了，然後才告訴他五蘊苦空無我無常，才開始講四聖諦；這四聖諦還沒講完，半天時間過去了，那是不是繼續要把四聖諦講完？接著講因緣法然後講佛菩提，這不是又要半天了嗎？這半天時間要叫我如何說得完？眞的沒辦法。眞的可以暢所欲言就是今天，因爲諸位都有各方面的正見基礎了；所以這是最快樂的日子，有這麼多知音，眞難得啊！

在世間法中說，人生難得一位、兩位知音，可我在出世間法中有這麼多知音，越發難得！因爲世間法的知音已經夠難得了，我卻是在更難的出世間法中有這麼多知音，所以有時覺得說：「**我眞是天底下最幸福的人！**」換了你是我的時候，不也是如此嗎？這就是說，惡知識與善知識的分際也就這麼一線之間，要看你是對初機學人還是對老修行人說法。如果是參禪很久的人，以前都把次法也學好了，就不應該爲他講次法與四聖諦等法，應該直截根源就說了義法，否則就是惡知識了。所以有人告訴你說：「**你不要落在垢染法中，那你應該要修行清淨，所以你得要好好持戒，不要犯戒。**」這就是惡知識，因爲你現在修學教授的是了義法。

可是當你換一個時間，某一天在禪淨班中你就得當自己是初機學人，可別向親教師說：「**老師！那一天蕭老師講經說這樣叫作惡知識，那你今天不就變成惡知識了嗎？**」那你小心要挨棒，因爲禪淨班就是針對初機學人講的。可是今天我講的不是對初機學人，是把你們當作老修行人，這樣你們修行才會快，也就是雙管齊下、齊頭並進。所以說當善知識不容易，古時我們傳法沒有辦法像現在這樣；我們現在幾乎面面俱到了，所以有禪淨班、有進階班、有增上班、還有講經，這幾乎是面面俱到。當然這樣作很辛苦，但辛苦的另一方面有很大的收穫，所以復興中國佛教的大業我們這一世有機會成功，因爲我們藉由這樣的模式可以快速幫助很多人，利益大家成就道業。如果以古時的方式弘傳就很困難，但這是大家共同來成就，所以將來這一件大功德，大家都有一分，這就是我與諸位老師和諸位同修們的共業。不要把共業當作壞事，有的共業是好事，善業、淨業共同去作成了，這個共業是好事，未來世就會看見這個功德。

現在回來再說「**無戒無犯無淨無垢**」，有清淨與垢染，這是意識的境界，不離五陰；有持戒、有犯戒也是五陰的事情，可是這「**無名相法**」眞實我如來藏，祂不歸屬於現象界的法，因爲祂是出生蘊處界的心，不是三界法所攝的心，所以這個法是超越於蘊處界等現象法的；不懂的人把如來藏含攝在蘊處界之中，那就大錯特錯了！這不是現在釋印順才犯的過失，古時的般若毱多、安慧等論師早就犯了，所以安慧論師寫了一部《大乘廣五蘊論》，把阿賴耶識這「**無名相法**」含攝在識蘊中，那就好像說媽媽是女兒生的，等於是這個邏輯。

可是媽媽可能是女兒生的嗎？如果安慧懂得這個道理，他就不敢寫《大乘廣五蘊論》了！那他這樣子寫了，也被蒐羅進《大藏經》中，如果有一天他到你夢中來了：「聽說你那一天有聽到蕭平實在罵我。」你就告訴他說：「五蘊是阿賴耶識所生的，就好比女兒是媽媽生的，那你說阿賴耶識是五蘊中的一部分，就等於說媽媽是女兒的一部分，那你是不是顚倒？」他這一聽沒辦法答話了，你該摸摸他的耳朵有沒有發燙。他如果還聽不懂，你就問他：「我摸摸你的耳朵有沒有發燙。」如果他硬說：「沒有，我沒有發燙。」你就說：「你這個人寡廉鮮恥。」把他罵回去，因爲這個人根本就不懂邏輯，也是無慚無愧；換句話說，他完全不懂因明，也不知道羞恥。

古時我們佛法中叫作因明，現代比較貼切的名稱叫作邏輯。當然邏輯遠不如因明，因爲邏輯講的範圍有限，所講的方式也差太多了。但因明學是把三界法與出三界法的因與果的關係全都講清楚。那麼這就是說，不能把了義經用不了義經的層面來解釋，了義經就該用了義經的層面來解釋，因爲這個是第一義悉檀，這也屬於爲人悉檀。

凡是有垢有淨都是五蘊的事情，所以如果有人爲了求離垢得淨而很小心注意自己有沒有好好持戒，我就說這個人違背了了義的精神。假使他講了義經時，還在告訴大家垢淨以及持戒犯戒的事情來要求弟子們，那麼他就是惡知識，因爲他是把第一義當作是世間法的蘊處界境界來解釋的，了義經說的戒法是道共戒，不是取相爲戒。像這一類的經文，六識論者上從釋印順下到他們的徒眾，沒有人敢註解或者爲大眾解說，原因正是如此。因爲他們都落在現象界中，不及於實相法界，所以他們都知道自己無法解釋這些了義經文。

可是我們講了這麼一堆，說明「**離垢取淨所以要持戒不犯**，**這其實都是意識層面的事**」；所以在意識的層面有垢淨的差別，有持犯的區分，然而一個僧團或者一個教團在人間弘法，畢竟不離蘊處界，離開蘊處界就不可能有佛法僧三寶，也不可能有僧團、教團的存在；那麼從事修上面來說還是得要離垢染、取清淨，因此還是得要持戒無犯才對；如果犯了，隨即懺悔清淨也就過去了，可以繼續開始修學。可是現在講的是在實際理地來說，是依第一義諦來講，就是在講如來藏「**無名相法**」自身的境界，因爲這裡是在講「**我**」這個法的境界。所以當你說了很多的持戒遮犯以及捨垢取淨時，也都是意識層面的事。

那麼假使有一天路上撿到一個包包，裡面一疊又一疊的美鈔，打開一看，每張是一百元的美鈔，那你送到了警察局去招領；回到家裡向 佛陀稟告：「世尊啊！我今天撿到幾十萬元、幾百萬元美金，可是我都沒有貪，我都送到警察局去招領；如果人家要答謝我，我也不會接受的，世尊！我這樣是不是很清淨？」那你晚上可得小心了，世尊一定會罵你：「你都到正覺學這麼久了，究竟學著什麼法？」那時可別怪我，要怪你自己，因為你有淨有垢，因為你有持戒清淨，可是如來藏「無名相法」的境界中沒有犯戒者，沒有持戒者，也沒有清淨者，更沒有垢染者，因為祂不了知這一切法。今天講到這裡。

大概就是有點老糊塗了，該帶的書包今天又沒帶來，只好使用講堂的經本了。這是第二次，歲月不饒人。現在知道什麼叫家大業大，先說明一下我們地下室兩個講堂的規畫與施工後，預定十月初要開放。那時除了九樓以外，其他三個樓層我們座位會擺得寬鬆一點，九樓還是繼續擠，可以擠比較多的人進來，因為好多人認為這是一種福利，早到時就可以坐在九樓聽經時與我互動；那就請行政組再跟教學組規劃一下，原則上就預訂十月一號開始。那麼其他三個樓層應該要分一些人下去，免得空蕩蕩的，因為樓下比樓上的空間大很多，至少大一半的空間。

《佛藏經》今天要從第六頁第二段第三行的第一句開始：「無有三昧。」關於三昧有兩種，一種是智慧上的三昧，一種是禪定上或者禪定有關的三昧。那麼禪定有關的三昧大眾比較能夠瞭解，主要就是跟定境和定力相應的部分；這個部分牽涉的範圍不是很廣，原則上最根本的就是從未到地定開始的四禪八定；那麼加上外道的無想定，阿羅漢的滅盡定，再加上有一些人為了修神通而修的遍一切處觀，就是十種一切處觀；另外就是關於四無量心、五神通以及入地後修的辦事靜慮等，那麼這一些都屬於禪定的範圍。這種三昧大家比較能夠瞭解，雖然說菩薩四地以後的靜慮，例如到了五地時，還得要修證「觀、練、熏、修」等禪定，這個道理還容易瞭解，可是智慧三昧就不容易理解了。

智慧三昧，譬如說聲聞菩提有個三三昧叫作「空、無相、無願」，或者說作「空、無相、無作」三昧；但大乘法中同樣也有這個三昧，不過這個三昧與二乘法不同；二乘法這個三三昧是依蘊處界法的空、無相、無願來達到的智慧境界，使得心中決定而不退轉，是屬於二乘菩提中的三三昧，它純粹是屬於智慧，至於基本的未到地定只是證這三三昧時必要條件的配合。那麼大乘的「空、無相、無願」三昧卻是因為證得如來藏，然後把以前斷三縛結所證的空、無相、無願三昧放在一起作觀，然後產生了兩個三三昧，就是如來藏現觀所引生的三三昧；那麼這是大乘法中說的三三昧，這也是純粹屬於智慧的部分。

如果證得這個三三昧以後，心中有所猶豫不得決定，就不算證得三三昧，這個前提先要講清楚。那麼在智慧上，特別是指大乘佛菩提道中的智慧，這一個智慧的內涵其實很複雜，也是非常之多的，因為這牽涉到一切種智的緣故，所以大乘法中的三昧範圍非常廣泛。總而言之，就是對於所證以及所現觀的無生法忍智慧，以及三賢位中的總相智、別相智，也就是根本無分別智和後得無分別智，能一一現觀心得決定，這也都屬於三昧。如果心中有所猶豫就不得三昧，這樣講起來，三昧在智慧的方面—特別是大乘法中—它的範圍就非常之廣；所以有時說，一個九地菩薩進了十地，繼續進修到即將滿心時，大寶蓮花王這個大宮殿成就了，菩薩進入坐上寶座以後放光照耀十方諸佛，十方諸佛也伸手放光來加持他；那麼諸方的九地菩薩就會跟著寶光來到這個十地菩薩座下參與這場盛會，這才叫「**灌頂盛會**」。

那些九地菩薩們，各個都可以得到好多萬的三昧，那不是沒有原因的，因為這都是智慧。就是藉由諸佛的灌頂，這個寶光灌頂時不是只有灌給十地菩薩讓他成為受職菩薩，而且還有餘光灌給前來共襄盛舉的九地菩薩們；那他們每一個人各得九萬或是十萬三昧，那都屬於智慧的。由於那個寶光的灌頂，他們就懂得更多的法。這一些菩薩們得了這些智慧以後，心中都能決定不移，心得決定時就成為智慧上的三昧。可是不管怎麼說，所有的三昧—禪定的以及智慧的三昧—都屬於意識所有，都跟意識相應。所以不管是禪定或者是智慧的三昧都是意識境界。

那既然是意識境界由意識證得，然後由意識運作、由意識去受用就夠了，如來藏還需不需要再來加以了別？不需要了！所以如來藏不需要去了知這些三昧。譬如說，假使你證得未到地定，每天固定一個小時、兩個小時盤腿入定；當你入定時是意識入定，那需不需要如來藏也來一起進入未到地定？不需要了！這個分際一定要弄清楚，可不要像會外那些大法師們迷迷糊糊然後混在一起。那也許有人想：「**那我意識入定，如來藏何妨也入定？**」這樣到底好不好？不好？唉呀！你這麼有智慧！知道這樣不好。當然是不好！因爲意識入定時如來藏假使也能入定，那如來藏就不管事了，祂就不再管你了，那你入定以後還能出定嗎？對啊！你就沒辦法出定了。因爲祂不管你了，而祂入定後不曉得要入多久，老實說祂也不用管你，因爲祂入定、祂不理你時，你意識就不在了；當你意識不在時還能入定喔？當然不行！所以不可以兩個心都入定。入定就是意識心，不可以說：「**我入定了，我的如來藏也要同時入定。**」甚至以前有一位大法師說：「**我一念不生時就是入定，這就是證得眞如。**」眞如會入定喔？眞如如果會入定，那個眞如就叫意識了；因爲跟定相應的是意識心，如來藏不會跟定相應。現在《佛藏經》這一句也告訴我們「**『我』此法中無有三昧**」，所以這個「我」的境界中沒有三昧可說，凡是與三昧相應的都是意識，不是如來藏的境界，在「**無名相法**」這個「我」的境界中沒有三昧可說。

如果換另一個方面來講智慧的三昧，假使你開悟以後說：「**我有這個三三昧。**」而且是大乘的三三昧，那要不要如來藏也有這個大乘三三昧？你們爲什麼搖頭？因爲知道同樣會有問題；這好像俗話說的「一山不容二虎」、「一國不容二主」，是同樣的道理。如果你意識有智慧三三昧，如來藏也有意識所擁有的三三昧，問題就來了，兩個都懂得智慧三昧，那就表示兩個心都會攝入六塵境界，來了知二乘或大乘的三三昧；但是這兩個心的所知不會完全相同，既不完全相同時，是不是悟了以後漸漸會產生分歧？意識說：「**這三三昧應該是如此**。」那如來藏說：「**這三三昧是如此，可是應該還有如此**。」那是不是兩個要再辯論、或者再商量？然後來確定應該如何。

　　假使兩個心可以取得一致的共識倒也還好，怕的是沒辦法永遠都有一致的共識，因爲既是兩個就會產生磨擦。即使嘴脣跟牙齒關係那麼密切，有時都還會被咬到；如果如來藏也有三三昧，意識也有三三昧，那是不是兩個心常常要爭論了？對啊！因爲如果如來藏也懂三三昧的話，那祂的體性應該跟意識一樣啊！顯然這個如來藏也會跟意識一樣有根本煩惱、隨煩惱相應了，那是不是兩個常常要吵架？那你就甭修行了，一天到晚兩個心在那邊爭論。

　　可是實際上不可能有這種事情，所以，不應該說一個有情身上有兩個心可以證得三三昧。因爲八識心王各司其職不會重複，事情一個人可以作好的就不必兩個人共同作；所以見色的事給眼識去作就好了，不必耳識、鼻、舌、身識來作；了知諸法的事，意識作得很好，眼識等就不必一天到晚在那邊指點意識說：「這個應該怎麼樣，那個應該怎麼樣。」一件事情不需要兩個人作。除非有些事情是必須兩個人一起作的，譬如色塵的細相，聲塵的細相乃至香、味、觸等塵上的法塵，那除了眼識、耳識等，還得要意識來配合，才需要兩個識來運作。

可是在三昧上面，只要意識來實證、來了知就夠了，用不著如來藏也來參加。所以如來藏不用入定，如來藏不用證三三昧；任何三昧祂都不用實證，所以祂的境界中沒有三昧可說，祂也不跟三昧相應，這就是如來藏的境界。因為如來藏這個「**無名相法**」不了知六塵，既不了知六塵就不需要也不可能去修學三昧，更不可能證得三昧，所以祂的境界中無一法可得；因此說「**我此法中無有三昧**」。

接著說：「**無定無定根**。」這一句要先從定根來說起，我們常常聽到老人家說「**這孩子沒有定性**」，就是說他心性不定，變來變去，而且猶如猿猴一樣攀緣不住，就說他沒有定性。所以你看有的人二十來歲發大志願說：「**我要當大老闆**。」然後他就開始去作了，沒想到開業兩三個月他就不作了，開口說：「**幹這個沒意思**。」然後又回家跟老爸要錢去作另外一個行業，作不了多久就又不作了。他沒有一個決定性，變來變去，他的心思時時在轉變，興趣也時常在轉變；可能他對老婆也常常會變，唯一不變的就是有錢的老爸，因爲他要跟老爸要錢，永遠要承認他是老爸，所以他只有對老爸不變，像這樣我們就說他心無定性。那小孩子也是一樣不斷地變，退役回家去謀職時也是一樣常常換職業；所以常常有人笑說：「唉呀！那個孩子一年換十二個老闆，沒什麼用處的。」這個就表示他沒有定性。閩南語說的沒有定性其實就是佛法中說的「無定根」，他對於定連根都還沒有。

根與力有什麼差別？譬如植物，你把它的種子種在泥地裡灑了水，蓋了一層薄薄的土又灑了點水，剛種下去時你是隨時可以把它拿走的，也許小小一隻螞蟻就能把它搬走了！可是如果經過個十天它的根長出來了，那螞蟻就動不了它，表示它有根了，已經定植在那裡，那就是定根的作用。等到芽長出來時，那根不但更長而且更多分叉抓住泥巴，那大螞蟻來也無可奈何。這形容說，一個人如果連根都沒有時，他就沒有制心一處的力量，就是沒有定力。先要有定根，也就是說他過去世曾經修學過禪定，於是他可以定下心來，表示他的定根是存在的。至於有沒有定力呢？那就要看他實修以後怎麼表現。

有定根的人，他的心不會時時刻刻轉變，他一定要去作到某一個程度發覺這確實行不通，已經走過很長的一段路，適應過很多的方法，確定這一條路是不通的他才會放棄，他不會才剛作時遇到挫折馬上就放棄，這表示他是有定根的。那麼孩子剛出生以後漸漸長大，在前幾個月時，你瞧瞧看他是不是很好動？假使很好動，你知道他的定根不是很好。有的孩子他學會坐著，一直坐著，看來看去是不太動，他只是在觀察，表示說他的定根是不錯的，他有一個穩定的性質存在。

如果已經十來歲了，除非他在作事，不然在椅子上坐著或靠在牆壁上，一個人無所事事，也不曉得在幹什麼，就是定在那裡，你大概可以判斷說這孩子未來禪定會修得很好，因爲他不太攀緣，表示他往世是有定力的。因爲意識是這一世才出生的所以要重新學起，除非到了第四地有意生身，否則都是要重新再學習的；那你大概可以判斷說他有定力，那他將來修定就會修得很快，表示這個人是有定力的。所以將來眞正修學禪定時他跑得比誰都快，已經未到地定生起了然後初禪也生起了，而別人在未到地定上都還修不好，這很正常的，這就是禪定方面的定力。

那麼有定力的人就表示一定有定根，定根圓滿了，進一步才會生起定力。就好像說你這個植物種下去，種子種下去得要根先生長，把泥巴抓住了然後它才會往上長芽；如果它的芽已經長得不錯了，你就知道它那個根已經拓散開來很廣泛去抓住泥巴，它就很穩固了，道理是一樣的。所以定根與定力的差別只在於力量生起來了沒有。那麼這個定不管是定根或定力，或者說定的境界，這都是意識相應的境界；既然禪定是意識相應的境界，那就不是「**無名相法**」這個眞實我的境界，所以定根相應的心去修學禪定而生起定力的事情，永遠都是意識的相應法，是意識相應境界。

既然意識有定根可以生起定力，那就意識來修、來證就好了，「**無名相法**」如來藏就不需要再來修定，不需要祂再來發起定力；祂只要把意識的定根保管好，把意識的定力種子保管好就夠了，所以修定時別叫如來藏去修定，修定是我們意識覺知心自己在修。因此，這個定根以及定力都是意識相應境界，與「**無名相**」的第八識「**我**」這個法不相干；那麼這樣來看「**無名相法**」祂就沒有定境也沒有定根可說。

諸位可以再從六塵上面來觀察，定的境界一定是在六塵中。定的境界既然是在六塵中，那麼入定了以後，即使是二禪以上的等至位，入定以後沒有五塵了，可是還有定境中的法塵存在，然而六塵都跟如來藏不相應，那你如何能把如來藏拉到六塵中的定境法塵上安住？不可能的！因爲祂不在這裡面的境界安住。所以不管你禪定修得多麼好，全都是意識的境界，所以精神科醫師如果遇到有一個人誇口說：「我禪定多麼好、多麼好，你醫師是拿我沒奈何的。」醫師也許會被他唬住。

可是你只要偷偷跟那個醫師說：「那個定力是意識的境界，意識是要靠勝義根才有辦法存在的，所以你用麻醉針兩倍藥劑把它打下去，不論他禪定多好，這一打下去，他就昏昏沉沉睡著了，什麼定全都沒了。」這一下眞的打下去，過不了多久昏昏沉沉睡著了，倒下去了，哪還有定呢？所以定境、定根、定力都是意識相應的境界，不知道的人就會被唬住了；而唬人的他自己也不知道，兩邊都不知道時，就會有一個人被唬住。而唬人的其實也不是故意要唬人，他是自以爲眞的如此。沒想到來了一個正覺同修會增上班的同修，叫醫師把麻醉針一打，他就完蛋了，然後也許這一睡，睡到明天才醒來然後說：「欸！我怎麼在床上睡著了？」這時換精神科醫師講話了：「你不是說你禪定多麼好，誰都拿你沒奈何嗎？我才打了你一針麻醉藥而已，你都睡著了；不但睡著了，還睡到今天欸！」那時眞的叫作滿臉都是豆花了。這就是說，所有境界相都是意識層面所有的，那禪定既然是法塵中的事，當然是意識相應。而「無名相法」這個法中沒有定境相應的事，定根、定力都不相應，所以 世尊說「我此法中無定、無定根」。

接著說：「無禪無禪根。」剛剛講定，現在講禪。這個禪就是六度波羅蜜多中的第五度叫作「靜慮」。不過六度波羅蜜多那個靜慮有時也指禪定，因爲第五度的範圍比較廣，是包括禪定也包括靜慮的。但是這裡的禪指的就是靜慮，也就是禪宗的禪。當然這裡禪的定義是比禪宗的禪定義更廣，因爲這裡說的禪──這個靜慮──包括悟後起修的各種靜慮境界在內。

禪，其實就是靜慮。很多人不懂得禪，他們覺得：「禪這個字或者禪這個意思很玄很妙，是我不懂的，所以心嚮往之。」於是打聽到哪一位書法家的字好有名，就去求；不管那位書法家索取的潤筆要價多高，他反正就是要那個書法家幫他寫一個斗大的「禪」，然後裱起來掛在廳堂。有的書法家潤筆費用很高，那不是小數目，不但論字數，而且還要論才計價。一才就是一尺見方，如果四才—直徑加一倍就是四才—要多少錢？可以加價四倍。有的名書法家潤筆很高，不像我們張老師都不收潤筆，她都是跟大家結緣。像以前古代的唐、祝、文、周四大才子，聽說祝枝山的潤筆費貴得嚇人，所以很多人求他的字，他不高興時還不給寫；再多銀兩奉上他也不收，硬是不給寫。那麼很多人不知道，因爲弄不懂禪是怎麼回事，就覺得說：「禪那個意境深遠，不可想像。」他就越覺得：「禪太好了！太高了！」所以花了好大一筆銀子請人家寫個好大的「禪」字裱了掛在廳堂。

沒想到有天一個好朋友來了，他在那邊炫耀：「你看，我這個禪多有韻味，意境深遠啊！」沒想到他那個好朋友一看就出聲：「嗟！」往地上吐了口痰。爲什麼呢？因爲對他來講，禪沒有什麼境界。禪有什麼意境？禪根本就沒有意境，這才叫作懂禪的人，不懂禪的人才會覺得禪很有意境。因爲不懂所以想像得很玄，意境就變得很深遠。若是懂的人，禪就是這麼回事，有什麼意境可說？禪中根本沒有意境，因爲不是意識境界。所以禪宗的禪其實就是靜慮，思慮實相究竟是什麼，實證後的禪其實是第八識如來藏，沒有意境。

禪宗不教你證悟的內容，禪宗教你的是證悟的方法，幫你去粘解縛，讓你找到正確的方向；在這之前檢查你欠缺了什麼條件；因爲證悟要有證悟的條件，欠缺了什麼條件就告訴你，你要去作好；然後條件具足了，告訴你怎麼參禪，那參禪的方法就叫作「靜慮」。所以禪其實就是靜慮。「靜慮」顧名思義就是在清淨的地方安安靜靜地自己去思索，慮就是思索。或者叫作思慮，思慮什麼？思慮說：「我的本來面目究竟是什麼？」弄清楚祂，所以就叫作靜慮，所以靜慮就是禪，禪宗就是針對般若實修靜慮的宗派。所以禪宗的學人要幹什麼呢？要參禪，參禪就是靜慮的過程。

既然如此，參禪這個靜慮的過程、目的，是要找到「無名相法、無分別法」這第八識「我」，可是到了末法時代大師們的禪是怎麼修的？又怎麼教導徒眾呢？他們自己這麼修也教導徒眾這麼修：就是每天要把身體綁在蒲團上，長坐拘身。拘身也就罷了還要拘心——還要把心綁住說：「不可以打妄想，要一念不生。」當他們能坐到一念不生時，可能是十年後，也可能是二十年後，甚至有人可能三十年後。你們看臺灣佛教界不是有個道場專門教數息嗎？每年打禪七時共修也是數息，還說要數到「數而不數」。那問題來了，這境界連堂頭和尚自己都作不到，所以連未到地定直到死前也修不起來。就算他修起來好了，坐到一念不生時就說：「這是父母未生前的本來面目。」就說：「我找到原鄉了，我見性了！」可是這個原鄉依舊是參禪的自己，是同一個覺知心，同一個心就表示那還是意識心。所以參禪的是意識，然後參禪悟了以後所悟的標的也是意識自己，那就是我見沒有斷。在正覺弘法之前這樣的假名善知識比比皆是。

接著問題來了，參禪的是覺知心自己、被悟的也是覺知心意識自己，那就是自己悟自己了；那就好像說，賺錢的是自己、被賺的也是自己，那到底賺到錢沒有？所以我說他們是呆瓜——標準的呆瓜。如果悟的是悟自己，那自己本來就知道的，且不說學禪三、四十年的人，你問問一個小學生，不然中學、大學生都可以，你問他們：「欸！你是誰？」他就告訴你：「我是張三啊。」「我是李四啊。」「我是王五啊。」他們都會講，問他們：「誰是自己？」他們說：「就是我啊！」「哪個我？」「就是能覺能知，也能跑跑跳跳到處去，可以跟人家哈啦，也可以跟人家喝酒，拚酒都沒問題，這就是我自己啊！」

這樣看來，二十世紀末的所有開悟聖者原來跟一個中學生、小學生的境界完全一樣。

老實說，我認爲他們的悟境還遠不如一個一歲的嬰兒，因爲他們是以離念爲悟，那如果要說妄念少，一歲的嬰兒一定比他們妄念更少，除了肚子餓等事情，除了想念父母親以外，他什麼都不想，他的妄念遠比開悟的大師還要少；顯然以後遇到那種開悟的大法師時，可以把你的剛滿周歲的孫子抱去，告訴他：「師父！我這孫子悟境比您更高。」看他怎麼跟你說。所以他們是不懂靜慮、不懂禪的。那麼禪就是安靜的、沉靜的不受打擾而專注去作思慮；思慮說：「哪個才是我的本來面目啊？我剛入母胎時，還沒有被父母出生以前，那時都還沒有見聞覺知的我，那才是我的本來面目。」等到出生了，哇的一聲哭了起來，那已經是見聞了了，正是後生之法；後生之法不能說是本來面目，一定得是本來就在而不曾有生的心，才眞正是本來面目。

學禪就是要懂這個道理，然後才可以開始眞的去作靜慮的過程或者功夫，這樣子來修禪才能夠悟得眞。可是話說回來，不管是悟得眞或者悟得假，這個靜慮的事情全都是意識的境界，因爲這一定要在六塵中去用功。說句不客氣的話，缺一塵都還不行；參禪全都是在具足六塵時，爲什麼呢？因爲你一定得醒著，而且也不可以是入定去了。假使你入定時只剩下定境法塵，那時心都不動，你還能夠靜慮嗎？當然不可能參禪啊！所以，如果說靜慮就是要打坐，要求一念不生的境界，那表示他不懂禪宗的禪——不懂靜慮。當他入定時還能靜慮嗎？入定時心都不動了，就不可能作靜慮的事情，那他怎麼可能悟得了呢？

所以一定是在六塵中才能靜慮。有沒有人參禪時是睡覺參究的？沒有！假使在夢中佛菩薩給了機鋒而悟了，那夢裡面也是有六塵的，不是單單定境法塵。如果在夢中入了定，也還是悟不了的。有沒有人曾經在夢中入定的？有沒有？請舉手！都沒有啊？但我體驗過欸！在夢中進入很深的定，那是專門在修定那一段期間，一心一意都是定，所以夢中也在修定。可是夢中入了定境是不可能開悟的，因爲定境中是一念不生的，那就沒有靜慮的功能，就沒有禪可說了，又如何能夠開悟？所以一定要有思慮，一定是在安靜的境界中，心很清淨地開始思慮：到底哪個是我的本來面目？這樣才叫作靜慮，這才是眞正的禪。可是這個禪、這個靜慮，本來就是意識的境界，意識一定要在六塵中才能運作，可是「無名相法」這個第八識我，「無分別法」這個我，從來不在六塵中，祂當然不可能有禪，所以才說「無禪」。

接著說：「無禪根。」禪根是怎麼回事？譬如有時你們遇到親朋好友在別的道場聽說也在學禪，那你告訴他說：「眞正的禪是要參究『哪個是你的本來面目』，不是靠打坐求一念不生，眞正的禪是要求開悟的。」可是他才一聽馬上頂了回來：「開悟參禪，那是大菩薩們的事，我算老幾？你別跟我講這個。」有沒有遇到這個情形？啊？點頭的人這麼少。也就是說：「你們有禪根，不怕參禪，不畏懼參禪。」可是一般所謂的學佛人，才一聽到參禪，他們心中就像那個傀儡戲演的：蹬、蹬、蹬。就後退三步！他只是身形上沒有表現出來而已，心中早就退避三舍了。也就是說他們沒有禪根，對於修定倒是有興趣，叫他打坐他有興趣，他想：「我每天打坐，坐一個小時、兩個小時，心中都沒有負擔，唉呀！多好！」可是談到參禪、說到開悟，就退避三舍，害怕！就是根性太儒弱，沒有想要證菩薩法，這就表示他們「無禪根」。

可是你們硬是擠進正覺同修會來，也知道進同修會學法很辛苦，要培植福德資糧、要修伏性障，還要修學正見增長慧力，然後還要鍛鍊看話頭的功夫。爲了增長正見，每週上課以外，週二還要去聽經。又忙又苦，並且聽說到最後還要參禪，又聽人家說：「去打禪三時眞的好辛苦。」「我知道那個辛苦，就是因爲坐在那邊盤腿，腿很痠嘛！」沒想到人家說：「不是腿痠，那不算什麼，心苦才是眞的苦啊！」「啊？心會苦喔。」因爲他們根本不懂。聽到說眞的是苦，那他們聽了害怕，所以不敢進正覺來，就表示他們「無禪根」。

可是這個「禪根」卻是從正知見以及從意識的層面來說的，經文聖教中這三個字的「無禪根」意義又不一樣，爲什麼呢？因爲前面講過禪是意識的事情，靜慮都是意識的事，參禪都是意識的事，那麼能夠參禪表示他有這個力量生起；那這個參禪既然都是在六塵境界中的事，所以這是意識的境界，不是「無名相法」這個「我」的境界。因此祂的境界中沒有「禪根」這回事。所以參禪時是要找到這個「無名相法」第八識心，「無名相法」如來藏是你要找到的標的，而不是要把能夠參禪的這一個心轉變作爲參禪要實證的標的。否則參禪所實證的標的、所證悟的標的，依舊是生滅法，依舊是意識，那就是生滅法。然而用生滅法去證得生滅法有何意義呢？完全沒有意義可說，所以應當要瞭解的是，所證的是「無名相法、無分別法」這個眞實「我」，而這個眞「我」離六塵境界，所以祂的境界中沒有禪也沒有禪根。有禪有禪根是意識的境界，藉著有禪有禪根的意識才可以參禪作靜慮的功夫，然後才能證得這個「無禪無禪根」的「無分別法、無名相法」如來藏。這個道理弄清楚了，修學佛菩提道就不會走上叉路去。（未完，詳第五輯續說。）

佛菩提二主要道次第概要表——二道並修，以外無別佛法

佛菩提道——大菩提道

遠波羅蜜多

資糧位

十信位修集信心——一劫乃至一萬劫

初住位修集布施功德（以財施爲主）。

二住位修集持戒功德。

三住位修集忍辱功德。

四住位修集精進功德。

五住位修集禪定功德。

六住位修集般若功德（熏習般若中觀及斷我見，加行位也）。

外門廣修六度萬行

見道位

七住位明心般若正觀現前，親證本來自性清淨涅槃。

八住位起於一切法現觀般若中道。漸除性障。

十住位眼見佛性，世界如幻觀成就。

一至十行位，於廣行六度萬行中，依般若中道慧，現觀陰處界猶如陽焰，至第十行滿心位，陽焰觀成就。

一至十迴向位熏習一切種智；修除性障，唯留最後一分思惑不斷。第十迴向滿心位成就菩薩道如夢觀。

內門廣修六度萬行

初地：第十迴向位滿心時，成就道種智一分（八識心王一一親證後，領受五法、三自性、七種第一義、七種性自性、二種無我法）復由勇發十無盡願，成通達位菩薩。復又永伏性障而不具斷，能證慧解脫而不取證，由大願故留惑潤生。此地主修法施波羅蜜多及百法明門。證「猶如鏡像」現觀，故滿初地心。

二地：初地功德滿足以後，再成就道種智一分而入二地；主修戒波羅蜜多及一切種智。滿心位成就「猶如光影」現觀，戒行自然清淨。

解脫道：二乘菩提

→ 斷三縛結，成初果解脫

→ 薄貪瞋癡，成二果解脫

→ 斷五下分結，成三果解脫

入地前的四加行令煩惱障現行悉斷，成四果解脫，留惑潤生。分段生死已斷，煩惱障習氣種子開始斷除，兼斷無始無明上煩惱。

近波羅蜜多　　大波羅蜜多　　圓滿波羅蜜多

修道位　　究竟位

三地：二地滿心再證道種智一分，故入三地。此地主修忍波羅蜜多及四禪八定、四無量心、五神通。能成就俱解脫果而不取證，留惑潤生。滿心位成就「猶如谷響」現觀及無漏妙定意生身。

四地：由三地再證道種智一分故入四地。主修精進波羅蜜多，於此土及他方世界廣度有緣，無有疲倦。進修一切種智，滿心位成就「如水中月」現觀。

五地：由四地再證道種智一分故入五地。主修禪定波羅蜜多及一切種智，斷除下乘涅槃貪。滿心位成就「變化所成」現觀。

六地：由五地再證道種智一分故入六地。此地主修般若波羅蜜多——依道種智現觀十二因緣一一有支及意生身化身，皆自心眞如變化所現，「非有似有」，成就細相觀，不由加行而自然證得滅盡定，成俱解脫大乘無學。

七地：由六地「非有似有」現觀，再證道種智一分故入七地。此地主修一切種智及方便波羅蜜多，由重觀十二有支一一支中之流轉門及還滅門一切細相，成就方便善巧，念念隨入滅盡定。滿心位證得「如犍闥婆城」現觀。

八地：由七地極細相觀成就故再證道種智一分而入八地。此地主修一切種智及願波羅蜜多。至滿心位純無相觀任運恆起，故於相土自在，滿心位復證「如實覺知諸法相意生身」故。

九地：由八地再證道種智一分故入九地。主修力波羅蜜多及一切種智，成就四無礙，滿心位證得「種類俱生無行作意生身」。

十地：由九地再證道種智一分故入此地。此地主修一切種智——智波羅蜜多。滿心位起大法智雲，及現起大法智雲所含藏種種功德，成受職菩薩。

等覺：由十地道種智成就故入此地。此地應修一切種智，圓滿等覺地無生法忍；於百劫中修集極廣大福德，以之圓滿三十二大人相及無量隨形好。

妙覺：示現受生人間已斷盡煩惱障一切習氣種子，並斷盡所知障一切隨眠，永斷變易生死無明，成就大般涅槃，四智圓明。人間捨壽後，報身常住色究竟天利樂十方地上菩薩；以諸化身利樂有情，永無盡期，成就究竟佛道。

七地滿心斷除故意保留之最後一分思惑時，煩惱障所攝色、受、想三陰有漏習氣種子全部斷盡。

→ 煩惱障所攝行、識二陰無漏習氣種子任運漸斷，所知障所攝上煩惱任運漸斷。

→ 斷盡變易生死成就大般涅槃

圓滿成就究竟佛果

佛子**蕭平實**　謹製

（二〇〇九、〇二　修訂）

（二〇一二、〇二　增補）

佛教正覺同修會〈修學佛道次第表〉

第一階段

＊以憶佛及拜佛方式修習動中定力。
＊學第一義佛法及禪法知見。
＊無相拜佛功夫成就。
＊具備一念相續功夫—動靜中皆能看話頭。
＊努力培植福德資糧，勤修三福淨業。

第二階段

＊參話頭，參公案。
＊開悟明心，一片悟境。
＊鍛鍊功夫求見佛性。
＊眼見佛性〈餘五根亦如是〉親見世界如幻，成就如幻觀。
＊學習禪門差別智。
＊深入第一義經典。
＊修除性障及隨分修學禪定。
＊修證十行位陽焰觀。

第三階段

＊學一切種智真實正理—楞伽經、解深密經、成唯識論…。
＊參究末後句。
＊解悟末後句。
＊透牢關—親自體驗所悟末後句境界，親見實相，無得無失。
＊救護一切衆生迴向正道。護持了義正法，修證十迴向位如夢觀。
＊發十無盡願，修習百法明門，親證猶如鏡像現觀。
＊修除五蓋，發起禪定。持一切善法戒。親證猶如光影現觀。
＊進修四禪八定、四無量心、五神通。進修大乘種智，求證猶如谷響現觀。

佛教正覺同修會 共修現況 及 招生公告 2019/02/18

一、共修現況：（請在共修時間來電，以免無人接聽。）

台北正覺講堂 103 台北市承德路三段 277 號九樓 捷運淡水線圓山站旁 Tel..**總機** 02-25957295（晚上）（**分機：九樓**辦公室 10、11；知客櫃檯 12、13。 **十樓**知客櫃檯 15、16；書局櫃檯 14。 **五樓**辦公室 18；知客櫃檯 19。**二樓**辦公室 20；知客櫃檯 21。）Fax..25954493

第一講堂 台北市承德路三段 277 號九樓

禪淨班：週一晚班、週三晚班、週四晚班、週五晚班、週六下午班、週六上午班（共修期間二年半，全程免費。皆須報名建立學籍後始可參加共修，欲報名者詳見本公告末頁。）

進階班：週一晚班、週三晚班、週四晚班、週五晚班（禪淨班結業後轉入共修）。

增上班：瑜伽師地論詳解：每月單數週之週末 17.50～20.50。平實導師講解，2003 年 2 月開講至今，預計 2019 年圓滿，僅限已明心之會員參加。

禪門差別智：每月第一週日全天 平實導師主講（事冗暫停）。

不退轉法輪經詳解 本經所說妙法極爲甚深難解，時至末法，已然無有知者；而其甚深絕妙之法，流傳至今依舊多人可證，顯示佛法眞是義學而非玄談，其中甚深極妙令人拍案稱絕之第一義諦妙義。已於 2019 年元月底開講，由平實導師詳解。每逢周二晚上開講，第一至第六講堂都可同時聽聞，歡迎菩薩種性學人，攜眷共同參與此殊勝法會現場聞法，不限制聽講資格。本會學員憑上課證進入第一至第四講堂聽講，會外學人請以身分證件換證進入聽講（此爲大樓管理處安全管理規定之要求，敬請諒解）；第五及第六講堂（B1、B2）對外開放，不需出示任何證件，請由大樓側門直接進入。

第二講堂 台北市承德路三段 267 號十樓。

禪淨班：週一晚上班。

進階班：週三晚班、週四晚班、週五晚班、週六下午班。禪淨班結業後轉入共修。

不退轉法輪經詳解：平實導師講解。每週二 18.50~20.50 影像音聲即時傳輸

第三講堂 台北市承德路三段 277 號五樓。

禪淨班：週六下午班。

進階班：週一晚班、週三晚班、週四晚班、週五晚班。

不退轉法輪經詳解：平實導師講解。每週二 18.50~20.50 影像音聲即時傳輸

第四講堂 台北市承德路三段 267 號二樓。

進階班：週一晚上班、週三晚上班、週四晚上班（禪淨班結業後轉入共修）。

不退轉法輪經詳解：平實導師講解。每週二 18.50~20.50 影像音聲即時傳輸

第五、第六講堂

念佛班　每週日晚上，第六講堂共修（B2），一切求生極樂世界的三寶弟子皆可參加，不限制共修資格。

進階班：週一晚班、週三晚班、週四晚班。

不退轉法輪經詳解：平實導師講解。每週二 18.50~20.50 影像音聲即時傳輸。第五、第六講堂爲**開放式講堂**，不需以身分證件換證即可進入聽講，台北市承德路三段 267 號地下一樓、地下二樓。每逢週二晚上講經時段開放給會外人士自由聽經，請由大樓側面梯階逕行進入聽講。**聽講者請尊重講者的着作權及肖像權，請勿錄音錄影，以免違法；若有錄音錄影被查獲者，將依法處理。**

正覺祖師堂　大溪區美華里信義路 650 巷坑底 5 之 6 號（台 3 號省道 34 公里處 妙法寺對面斜坡道進入）電話 03-3886110　傳眞 03-3881692 本堂供奉 克勤圓悟大師，專供會員每年四月、十月各三次精進禪三共修，兼作本會出家菩薩掛單常住之用。除禪三時間以外，公元 2018 年前每逢單月第一週之週日 9:00~17:00 開放會內、外人士參訪，當天並提供午齋結緣，自公元 2019 年後開放參訪日期請參見本會公告。教內共修團體或道場，得另申請其餘時間作團體參訪，務請事先與常住確定日期，以便安排常住菩薩接引導覽，亦免妨礙常住菩薩之日常作息及修行。

桃園正覺講堂（第一、第二講堂）：桃園市介壽路 286、288 號 10 樓（陽明運動公園對面）電話：03-3749363(請於共修時聯繫，或與台北聯繫)

禪淨班：週一晚上班（1）、週一晚上班（2）、週三晚上班、週四晚上班、週五晚上班。

進階班：週四晚班、週五晚班、週六上午班。

增上班：雙週六晚上班（增上重播班）。

不退轉法輪經詳解：平實導師講解。每週二晚上，以台北正覺講堂所錄 DVD 放映；歡迎會外學人共同聽講，不需出示身分證件。

新竹正覺講堂　新竹市東光路 55 號二樓之一　電話 03-5724297（晚上）

第一講堂：

禪淨班：週一晚上班、週五晚上班、週六上午班。

進階班：週三晚上班、週四晚上班（由禪淨班結業後轉入共修）。

增上班：單週六晚上班。雙週六晚上班（重播班）。

不退轉法輪經詳解：平實導師講解。每週二晚上，以台北正覺講堂所錄 DVD 放映。歡迎會外學人共同聽講，不需出示身分證件。

第二講堂：

禪淨班：週三晚上班、週四晚上班。

不退轉法輪經詳解：每週二晚上與第一講堂同步播放講經 DVD。

第三、第四講堂：裝修完畢，即將開放。

台中正覺講堂　04-23816090（晚上）

第一講堂　台中市南屯區五權西路二段 666 號 13 樓之四（國泰世華銀行樓上。鄰近縣市經第一高速公路前來者，由五權西路交流道可以快速到達，大樓旁有停車場，對面有素食館）。

禪淨班：週三晚上班、週四晚上班。

進階班：週一晚上班、週六上午班（由禪淨班結業後轉入共修）。

增上班：增上班：單週六晚上班。雙週六晚上班（重播班）。

不退轉法輪經詳解：平實導師講解。每週二晚上，以台北正覺講堂所錄 DVD 放映。歡迎會外學人共同聽講，不需出示身分證件。

第二講堂　台中市南屯區五權西路二段 666 號 4 樓

禪淨班：週一晚上班、週三晚上班、週六上午班。

進階班：週五晚上班（由禪淨班結業後轉入共修）。

不退轉法輪經詳解：每週二晚上與第一講堂同步播放講經 DVD。

第三講堂、第四講堂：台中市南屯區五權西路二段 666 號 4 樓。

嘉義正覺講堂　嘉義市友愛路 288 號八樓之一　電話：05-2318228

第一講堂：

禪淨班：週一晚上班、週四晚上班、週五晚上班、週六上午班。

進階班：週三晚上班（由禪淨班結業後轉入共修）。

增上班：單週六晚上班。雙週六晚上班（重播班）。

不退轉法輪經詳解：平實導師講解。每週二晚上，以台北正覺講堂所錄 DVD 放映。歡迎會外學人共同聽講，不需出示身分證件。

第二講堂　嘉義市友愛路 288 號八樓之二。

台南正覺講堂

第一講堂　台南市西門路四段 15 號 4 樓。06-2820541（晚上）

禪淨班：週一晚上班、週三晚上班、週四晚上班、週五晚上班、週六下午班。

增上班：增上班：單週六晚上班。雙週六晚上班（重播班）。

不退轉法輪經詳解：平實導師講解。每週二晚上，以台北正覺講堂所錄 DVD 放映。歡迎會外學人共同聽講，不需出示身分證件。

第二講堂　台南市西門路四段 15 號 3 樓。

不退轉法輪經詳解：每週二晚上與第一講堂同步播放講經 DVD。

第三講堂　台南市西門路四段 15 號 3 樓。

進階班：週三晚上班、週四晚上班、週六上午班（由禪淨班結業後轉入共修）。

不退轉法輪經詳解：每週二晚上與第一講堂同步播放講經 DVD。

高雄正覺講堂 高雄市新興區中正三路 45 號五樓 07-2234248（晚上）

第一講堂（五樓）：

禪淨班：週一晚班、週三晚班、週四晚班、週五晚班、週六上午班。

增上班：單週週末下午，以台北增上班課程錄成 DVD 放映之，限已明心之會員參加。

不退轉法輪經詳解：平實導師講解。每週二晚上，以台北正覺講堂所錄 DVD 放映。歡迎會外學人共同聽講，不需出示身分證件。

第二講堂（四樓）：

進階班：週三晚上班、週四晚上班、週六上午班（由禪淨班結業後轉入共修）。

不退轉法輪經詳解：每週二晚上與第一講堂同步播放講經 DVD。

第三講堂（三樓）：

進階班：週四晚班（由禪淨班結業後轉入共修）。

香港正覺講堂 ☆**已遷移新址**☆

九龍觀塘，成業街 10 號，電訊一代廣場 27 樓 E 室。

（觀塘地鐵站 B1 出口，步行約 4 分鐘）。電話：(852) 23262231

英文地址：Unit E，27th Floor, TG Place, 10 Shing Yip Street, Kwun Tong, Kowloon

禪淨班：雙週六下午班 14:30-17:30，已經額滿。
雙週日下午班 14:30-17:30。
單週六下午班 14:30-17:30，已經額滿。

進階班：雙週五晚上班（由禪淨班結業後轉入共修）。

增上班：單週週末上午，以台北增上班課程錄成 DVD 放映之。

增上重播班：雙週週末上午，以台北增上班課程錄成 DVD 放映之。

不退轉法輪經詳解：平實導師講解。雙週六 19:00-21:00，以台北正覺講堂所錄 DVD 放映；歡迎會外學人共同聽講，不需出示身分證件。

美國洛杉磯正覺講堂 ☆**已遷移新址**☆

825 S. Lemon Ave Diamond Bar, CA 91789 U.S.A.

Tel. (909) 595-5222（請於週六 9:00~18:00 之間聯繫）

Cell. (626) 454-0607

禪淨班：每逢週末 15：30~17：30 上課。

進階班：每逢週末上午 10：00~12：00 上課。

不退轉法輪經詳解：平實導師講解。每週六下午 13：00~15：00 以台北所錄 DVD 放映。歡迎各界人士共享第一義諦無上法益，不需報名。

二、招生公告　本會台北講堂及全省各講堂、香港講堂，每逢四月、十月下旬開新班，每週共修一次（每次二小時。開課日起三個月內仍可插班）；但美國洛杉磯共修處之禪淨班得隨時插班共修。各班共修期間皆爲二年半，全程免費，欲參加者請向本會函索報名表（各共修處皆於共修時間方有人執事，非共修時間請勿電詢或前來洽詢、請書），或直接從本會官方網站(http://www.enlighten.org.tw/newsflash/class)或成佛之道網站下載報名表。共修期滿時，若經報名禪三審核通過者，可參加四天三夜之禪三精進共修，有機會明心、取證如來藏，發起般若實相智慧，成爲實義菩薩，脫離凡夫菩薩位。

三、新春禮佛祈福　農曆年假期間停止共修：自農曆新年前七天起停止共修與弘法，正月8日起回復共修、弘法事務。新春期間正月初一～初七9.00～17.00開放台北講堂、正月初一~初三開放桃園、新竹、台中、嘉義、台南、高雄講堂，以及大溪禪三道場（正覺祖師堂），方便會員供佛、祈福及會外人士請書。美國洛杉磯共修處之休假時間，請逕詢該共修處。

密宗四大派修雙身法，是外道性力派的邪法；又以生滅的識陰作為常住法，是常見外道，是假的藏傳佛教。

西藏覺囊巴以他空見弘揚第八識如來藏勝法，才是真藏傳佛教

佛教正覺同修會　弘法行事表　2019/02/18

1、**禪淨班**　以無相念佛及拜佛方式修習動中定力，實證一心不亂功夫。傳授解脫道正理及第一義諦佛法，以及參禪知見。共修期間：二年六個月。每逢四月、十月開新班，詳見招生公告表。

2、**進階班**　禪淨班畢業後得轉入此班，進修更深入的佛法，期能證悟明心。各地講堂各有多班，繼續深入佛法、增長定力，悟後得轉入增上班修學道種智，期能證得無生法忍。

3、**增上班 瑜伽師地論**詳解　詳解論中所言凡夫地至佛地等 17 師之修證境界與理論，從凡夫地、聲聞地……宣演到諸地所證無生法忍、一切種智之眞實正理。由平實導師開講，每逢一、三、五週之週末晚上開示，僅限已明心之會員參加。2003 年二月開講至今，預定 2019 年講畢。

4、**不退轉法輪經**詳解　本經所說妙法極爲甚深難解，時至末法，已然無有知者；而其甚深絕妙之法，流傳至今依舊多人可證，顯示佛法眞是義學而非玄談，其中甚深極妙令人拍案稱絕之第一義諦妙義。已於 2019 年元月底開講，由平實導師詳解。不限制聽講資格。

5、**精進禪三**　主三和尙：平實導師。於四天三夜中，以克勤圓悟大師及大慧宗杲之禪風，施設機鋒與小參、公案密意之開示，幫助會員剋期取證，親證不生不滅之眞實心——人人本有之如來藏。每年四月、十月各舉辦三個梯次；平實導師主持。僅限本會會員參加禪淨班共修期滿，報名審核通過者，方可參加。並選擇會中定力、慧力、福德三條件皆已具足之已明心會員，給以指引，令得眼見自己無形無相之佛性遍佈山河大地，眞實而無障礙，得以肉眼現觀世界身心悉皆如幻，具足成就如幻觀，圓滿十住菩薩之證境。

6、**阿含經**詳解　選擇重要之阿含部經典，依無餘涅槃之實際而加以詳解，令大眾得以現觀諸法緣起性空，亦復不墮斷滅見中，顯示經中所隱說之涅槃實際—如來藏—確實已於四阿含中隱說；令大眾得以聞後觀行，確實斷除我見乃至我執，證得**見到**眞現觀，乃至**身證**……等眞現觀；已得大乘或二乘見道者，亦可由此聞熏及聞後之觀行，除斷我所之貪著，成就慧解脫果。由平實導師詳解。不限制聽講資格。

7、**解深密經**詳解　重講本經之目的，在於令諸已悟之人明解大乘法道之成佛次第，以及悟後進修一切種智之內涵，確實證知三種自性性，並得據此證解七眞如、十眞如等正理。每逢週二 18.50~20.50 開示，由平實導師詳解。將於《**不退轉法輪經**》講畢後開講。不限制聽講資格。

8、**成唯識論**詳解　詳解一切種智眞實正理，詳細剖析一切種智之微細深妙廣大正理；並加以舉例說明，使已悟之會員深入體驗所證如來藏之微密行相；及證驗見分相分與所生一切法，皆由如來藏—阿賴耶識—直接或展轉而生，因此證知一切法無我，證知無餘涅槃之本際。將於增上班《瑜伽師地論》講畢後，由平實導師重講。僅限已明心之會員參加。

9、**精選如來藏系經典**詳解　精選如來藏系經典一部，詳細解說，以此完全印證會員所悟如來藏之眞實，得入不退轉住。另行擇期詳細解說之，由平實導師講解。僅限已明心之會員參加。

10、**禪門差別智**　藉禪宗公案之微細淆訛難知難解之處，加以宣說及剖析，以增進明心、見性之功德，啓發差別智，建立擇法眼。每月第一週日全天，由平實導師開示，僅限破參明心後，復又眼見佛性者參加（事冗暫停）。

11、**枯木禪**　先講智者大師的《小止觀》，後說《釋禪波羅蜜》，詳解四禪八定之修證理論與實修方法，細述一般學人修定之邪見與岔路，及對禪定證境之誤會，消除枉用功夫、浪費生命之現象。已悟般若者，可以藉此而實修初禪，進入大乘通教及聲聞教的三果心解脫境界，配合應有的大福德及後得無分別智、十無盡願，即可進入初地心中。親教師：平實導師。未來緣熟時將於正覺寺開講。不限制聽講資格。

註：本會例行年假，自 2004 年起，改爲每年農曆新年前七天開始停息弘法事務及共修課程，農曆正月 8 日回復所有共修及弘法事務。新春期間（每日 9.00~17.00）開放台北講堂，方便會員禮佛祈福及會外人士請書。大溪區的正覺祖師堂，開放參訪時間，詳見〈正覺電子報〉或成佛之道網站。本表得因時節因緣需要而隨時修改之，不另作通知。

佛教正覺同修會　贈閱書籍 目錄

2018/10/20

1.**無相念佛**　平實導師著　回郵 36 元
2.**念佛三昧修學次第**　平實導師述著　回郵 52 元
3.**正法眼藏—護法集**　平實導師述著　回郵 76 元
4.**真假開悟簡易辨正法&佛子之省思**　平實導師著　回郵 26 元
5.**生命實相之辨正**　平實導師著　回郵 31 元
6.**如何契入念佛法門**（**附**：印順法師否定極樂世界）平實導師著　回郵 26 元
7.**平實書箋**—答元覽居士書　平實導師著　回郵 52 元
8.**三乘唯識**—如來藏系經律彙編　平實導師編　回郵 80 元
（精裝本　長 27 ㎝　寬 21 ㎝　高 7.5 ㎝　重 2.8 公斤）
9.**三時繫念全集**—修正本　回郵掛號 52 元（長 26.5 ㎝×寬 19 ㎝）
10.**明心與初地**　平實導師述　回郵 31 元
11.**邪見與佛法**　平實導師述著　回郵 36 元
12.**甘露法雨**　平實導師述　回郵 36 元
13.**我與無我**　平實導師述　回郵 36 元
14.**學佛之心態**—修正錯誤之學佛心態始能與正法相應　孫正德老師著 回郵52元
附錄：平實導師著《**略說八、九識並存…等之過失**》
15.**大乘無我觀**—《悟前與悟後》別說　平實導師述著　回郵 36 元
16.**佛教之危機**—中國台灣地區現代佛教之真相（附錄：公案拈提六則）
平實導師著　回郵 52 元
17.**燈　影**—燈下黑（覆「求教後學」來函等）　平實導師著　回郵 76 元
18.**護法與毀法**—覆上平居士與徐恒志居士網站毀法二文
張正圜老師著　回郵 76 元
19.**淨土聖道**—兼評**選擇本願念佛**　正德老師著　**由正覺同修會購贈** 回郵 52 元
20.**辨唯識性相**—對「紫蓮心海《辯唯識性相》書中否定阿賴耶識」之回應
正覺同修會 台南共修處法義組 著　回郵 52 元
21.**假如來藏**—對法蓮法師《如來藏與阿賴耶識》書中否定阿賴耶識之回應
正覺同修會 台南共修處法義組 著　回郵 76 元
22.**入不二門**—公案拈提集錦 第一輯（於平實導師公案拈提諸書中選錄約二十則，
合輯爲一冊流通之）平實導師著　回郵 52 元
23.**真假邪說**—西藏密宗索達吉喇嘛《破除邪說論》真是邪說
釋正安法師著　上、下冊回郵各 52 元
24.**真假開悟**—真如、如來藏、阿賴耶識間之關係　平實導師述著　回郵 76 元
25.**真假禪和**—辨正釋傳聖之謗法謬說　孫正德老師著　回郵 76 元
26.**眼見佛性**—駁慧廣法師**眼見佛性的含義**文中謬說
游正光老師著　回郵 52 元

27.**普門自在**—公案拈提集錦 第二輯（於平實導師公案拈提諸書中選錄約二十則，合輯爲一冊流通之）平實導師著 回郵52元

28.**印順法師的悲哀**—以現代禪的質疑為線索 恒毓博士著 回郵52元

29.**識蘊真義**—現觀識蘊內涵、取證初果、親斷三縛結之具體行門。
—依《成唯識論》及《惟識述記》正義，略顯安慧《大乘廣五蘊論》之邪謬
平實導師著 回郵76元

30.**正覺電子報** 各期紙版本 免附回郵 每次最多函索三期或三本。
（已無存書之較早各期，不另增印贈閱）

31.**現代人應有的宗教觀** 蔡正禮老師 著 回郵31元

32.**遠惑趣道**—正覺電子報般若信箱問答錄 第一輯 回郵52元

33.**遠惑趣道**—正覺電子報般若信箱問答錄 第二輯 回郵52元

34.**確保您的權益**—器官捐贈應注意自我保護 游正光老師 著 回郵31元

35.**正覺教團電視弘法三乘菩提 DVD 光碟（一）**
由正覺教團多位親教師共同講述錄製 DVD 8 片，MP3 一片，共 9 片。有二大講題：一爲「三乘菩提之意涵」，二爲「學佛的正知見」。內容精闢，深入淺出，精彩絕倫，幫助大眾快速建立三乘法道的正知見，免被外道邪見所誤導。有志修學三乘佛法之學人不可不看。（製作工本費 100 元，回郵 52 元）

36.**正覺教團電視弘法 DVD 專輯（二）**
總有二大講題：一爲「三乘菩提之念佛法門」，一爲「學佛正知見（第二篇）」，由正覺教團多位親教師輪番講述，內容詳細闡述如何修學念佛法門、實證念佛三昧，以及學佛應具有的正確知見，可以幫助發願往生西方極樂淨土之學人，得以把握往生，更可令學人快速建立三乘法道的正知見，免於被外道邪見所誤導。有志修學三乘佛法之學人不可不看。（一套 17 片，工本費 160 元。回郵 76 元）

37.**喇嘛性世界**—揭開假藏傳佛教譚崔瑜伽的面紗 張善思 等人合著
由正覺同修會購贈 回郵52元

38.**假藏傳佛教的神話**—性、謊言、喇嘛教 張正玄教授編著
由正覺同修會購贈 回郵52元

39.**隨 緣**—理隨緣與事隨緣 平實導師述 回郵52元。

40.**學佛的覺醒** 正枝居士 著 回郵52元

41.**導師之真實義** 蔡正禮老師 著 回郵31元

42.**淺談達賴喇嘛之雙身法**—兼論解讀「密續」之達文西密碼
吳明芷居士 著 回郵31元

43.**魔界轉世** 張正玄居士 著 回郵31元

44.**一貫道與開悟** 蔡正禮老師 著 回郵31元

45.**博愛**—愛盡天下女人 正覺教育基金會 編印 回郵36元

46.**意識虛妄經教彙編**—實證解脫道的關鍵經文 正覺同修會編印 回郵36元

47.**邪箭囈語**—破斥藏密外道多識仁波切《破魔金剛箭雨論》之邪說

陸正元老師著　上、下冊回郵各 52 元

48.**真假沙門**—依 佛聖教闡釋佛教僧寶之定義

蔡正禮老師著　俟正覺電子報連載後結集出版

49.**真假禪宗**—藉評論釋性廣《印順導師對變質禪法之批判

及對禪宗之肯定》以顯示真假禪宗

附論一：凡夫知見 無助於佛法之信解行證

附論二：世間與出世間一切法皆從如來藏實際而生而顯

余正偉老師著　俟正覺電子報連載後結集出版　回郵未定

★ 上列贈書之郵資，係台灣本島地區郵資，大陸、港、澳地區及外國地區，請另計酌增（大陸、港、澳、國外地區之郵票不許通用）。尚未出版之書，請勿先寄來郵資，以免增加作業煩擾。

★ 本目錄若有變動，唯於後印之書籍及「成佛之道」網站上修正公佈之，不另行個別通知。

函索書籍請寄：佛教正覺同修會　103 台北市承德路 3 段 277 號 9 樓

台灣地區函索書籍者請附寄郵票，無時間購買郵票者可以等值現金抵用，但不接受郵政劃撥、支票、匯票。大陸地區得以人民幣計算，國外地區請以美元計算（請勿寄來當地郵票，在台灣地區不能使用）。欲以掛號寄遞者，請另附掛號郵資。

親自索閱：正覺同修會各共修處。　★請於共修時間前往取書，餘時無人在道場，請勿前往索取；共修時間與地點，詳見書末正覺同修會共修現況表（以近期之共修現況表為準）。

註：正智出版社發售之局版書，請向各大書局購閱。若書局之書架上已經售出而無陳列者，請向書局櫃台指定洽購；若書局不便代購者，請於正覺同修會共修時間前往各共修處請購，正智出版社已派人於共修時間送書前往各共修處流通。 郵政劃撥購書及 大陸地區 購書，請詳別頁正智出版社發售書籍目錄最後頁之說明。

成佛之道 網站：http://www.a202.idv.tw　正覺同修會已出版之結緣書籍，多已登載於 成佛之道 網站，若住外國、或住處遙遠，不便取得正覺同修會贈閱書籍者，可以從本網站閱讀及下載。　書局版之《宗通與說通》亦已上網，台灣讀者可向書局洽購，售價 300 元。《狂密與眞密》第一輯~第四輯，亦於 2003.5.1.全部於本網站登載完畢；台灣地區讀者請向書局洽購，每輯約 400 頁，售價 300 元（網站下載紙張費用較貴，容易散失，難以保存，亦較不精美）。

＊＊**假藏傳佛教修雙身法，非佛教**＊＊

正智出版社 籌募弘法基金發售書籍目錄　2019/12/10

1.**宗門正眼**—公案拈提 第一輯 重拈　平實導師著　500 元
因重寫內容大幅度增加故，字體必須改小，並增爲 576 頁 主文 546 頁。比初版更精彩、更有內容。初版《禪門摩尼寶聚》之讀者，可寄回本公司免費調換新版書。免附回郵，亦無截止期限。（2007 年起，每冊附贈本公司精製公案拈提〈超意境〉CD 一片。市售價格 280 元，多購多贈。）

2.**禪淨圓融**　平實導師著　200 元（第一版舊書可換新版書。）

3.**真實如來藏**　平實導師著　400 元

4.**禪—悟前與悟後**　平實導師著　上、下冊，每冊 250 元

5.**宗門法眼**—公案拈提 第二輯　平實導師著　500 元
（2007 年起，每冊附贈本公司精製公案拈提〈超意境〉CD 一片）

6.**楞伽經詳解**　平實導師著　全套共 10 輯　每輯 250 元

7.**宗門道眼**—公案拈提 第三輯　平實導師著　500 元
（2007 年起，每冊附贈本公司精製公案拈提〈超意境〉CD 一片）

8.**宗門血脈**—公案拈提 第四輯　平實導師著　500 元
（2007 年起，每冊附贈本公司精製公案拈提〈超意境〉CD 一片）

9.**宗通與說通**—成佛之道 平實導師著 主文 381 頁 全書 400 頁售價 300 元

10.**宗門正道**—公案拈提 第五輯　平實導師著　500 元
（2007 年起，每冊附贈本公司精製公案拈提〈超意境〉CD 一片）

11.**狂密與真密 一～四輯**　平實導師著　西藏密宗是人間最邪淫的宗教，本質不是佛教，只是披著佛教外衣的印度教性力派流毒的喇嘛教。此書中將西藏密宗密傳之男女雙身合修樂空雙運所有祕密與修法，毫無保留完全公開，並將全部喇嘛們所不知道的部分也一併公開。內容比大辣出版社喧騰一時的《西藏慾經》更詳細。並且函蓋藏密的所有祕密及其錯誤的中觀見、如來藏見……等，藏密的所有法義都在書中詳述、分析、辨正。每輯主文三百餘頁　每輯全書約 400 頁　售價每輯 300 元

12.**宗門正義**—公案拈提 第六輯　平實導師著　500 元
（2007 年起，每冊附贈本公司精製公案拈提〈超意境〉CD 一片）

13.**心經密意**—心經與解脫道、佛菩提道、祖師公案之關係與密意　平實導師述　300 元

14.**宗門密意**—公案拈提 第七輯　平實導師著　500 元
（2007 年起，每冊附贈本公司精製公案拈提〈超意境〉CD 一片）

15.**淨土聖道**—兼評「選擇本願念佛」　正德老師著　200 元

16.**起信論講記**　平實導師述著　共六輯　每輯三百餘頁　售價各 250 元

17.**優婆塞戒經講記**　平實導師述著 共八輯 每輯三百餘頁 售價各 250 元

18.**真假活佛**—略論附佛外道盧勝彥之邪說（對前岳靈犀網站主張「盧勝彥是證悟者」之修正）　正犀居士（岳靈犀）著　流通價 140 元

19.**阿含正義**—唯識學探源　平實導師著　共七輯　每輯 300 元

20.**超意境** CD 以平實導師公案拈提書中超越意境之頌詞，加上曲風優美的旋律，錄成令人嚮往的超意境歌曲，其中包括正覺發願文及平實導師親自譜成的黃梅調歌曲一首。詞曲雋永，殊堪翫味，可供學禪者吟詠，有助於見道。內附設計精美的彩色小冊，解說每一首詞的背景本事。每片 280 元。【每購買公案拈提書籍一冊，即贈送一片。】

21.**菩薩底憂鬱** CD 將菩薩情懷及禪宗公案寫成新詞，並製作成超越意境的優美歌曲。1.主題曲〈菩薩底憂鬱〉，描述地後菩薩能離三界生死而迴向繼續生在人間，但因尚未斷盡習氣種子而有極深沈之憂鬱，非三賢位菩薩及二乘聖者所知，此憂鬱在七地滿心位方才斷盡；本曲之詞中所說義理極深，昔來所未曾見；此曲係以優美的情歌風格寫詞及作曲，聞者得以激發嚮往諸地菩薩境界之大心，詞、曲都非常優美，難得一見；其中勝妙義理之解說，已印在附贈之彩色小冊中。2.以各輯公案拈提中直示禪門入處之頌文，作成各種不同曲風之超意境歌曲，值得玩味、參究；聆聽公案拈提之優美歌曲時，請同時閱讀內附之印刷精美說明小冊，可以領會超越三界的證悟境界；未悟者可以因此引發求悟之意向及疑情，眞發菩提心而邁向求悟之途，乃至因此眞實悟入般若，成眞菩薩。3.正覺總持咒新曲，總持佛法大意；總持咒之義理，已加以解說並印在隨附之小冊中。本 CD 共有十首歌曲，長達 63 分鐘。每盒各附贈二張購書優惠券。每片 280 元。

22.**禪意無限** CD 平實導師以公案拈提書中偈頌寫成不同風格曲子，與他人所寫不同風格曲子共同錄製出版，幫助參禪人進入禪門超越意識之境界。盒中附贈彩色印製的精美解說小冊，以供聆聽時閱讀，令參禪人得以發起參禪之疑情，即有機會證悟本來面目而發起實相智慧，實證大乘菩提般若，能如實證知般若經中的眞實意。本 CD 共有十首歌曲，長達 69 分鐘，每盒各附贈二張購書優惠券。每片 280 元。

23.**我的菩提路**第一輯　釋悟圓、釋善藏等人合著　售價 300 元

24.**我的菩提路**第二輯　郭正益、張志成等人合著　售價 300 元

25.**我的菩提路**第三輯　王美伶等人合著　售價 300 元

26.**我的菩提路**第四輯　陳晏平等人合著　售價 300 元

27. **我的菩提路**第五輯　林慈慧等人合著　售價 300 元

28.**鈍鳥與靈龜**—考證後代凡夫對大慧宗杲禪師的無根誹謗。
平實導師著 共 458 頁 售價 350 元

29.**維摩詰經講記** 平實導師述 共六輯 每輯三百餘頁 售價各 250 元

30.**真假外道**—破劉東亮、杜大威、釋證嚴常見外道見　正光老師著　200 元

31.**勝鬘經講記**—兼論印順《勝鬘經講記》對於《勝鬘經》之誤解。
平實導師述　共六輯　每輯三百餘頁　售價 250 元

32.**楞嚴經講記** 平實導師述 共 **15** 輯，每輯三百餘頁 售價 300 元

33.**明心與眼見佛性**—駁慧廣〈蕭氏「眼見佛性」與「明心」之非〉文中謬說
正光老師著　共 448 頁　售價 300 元

34.**見性與看話頭**　黃正倖老師　著，本書是禪宗參禪的方法論。
內文 375 頁，全書 416 頁，售價 300 元。

35.**達賴真面目**—玩盡天下女人　白正偉老師　等著　中英對照彩色精裝大本 800 元

36.**喇嘛性世界**—揭開假藏傳佛教譚崔瑜伽的面紗　張善思　等人著　200 元

37.**假藏傳佛教的神話**—性、謊言、喇嘛教　正玄教授編著　200 元

38.**金剛經宗通**　平實導師述　共九輯　每輯售價 250 元。

39.**空行母**—性別、身分定位，以及藏傳佛教。
珍妮・坎貝爾著　呂艾倫　中譯　售價 250 元

40.**末代達賴**—性交教主的悲歌　張善思、呂艾倫、辛燕編著　售價 250 元

41.**霧峰無霧**—給哥哥的信　辨正釋印順對佛法的無量誤解
游宗明　老師著　售價 250 元

42.**第七意識與第八意識？**—穿越時空「超意識」
平實導師述　每冊 300 元

43.**黯淡的達賴**—失去光彩的諾貝爾和平獎
正覺教育基金會編著　每冊 250 元

44.**童女迦葉考**—論呂凱文〈佛教輪迴思想的論述分析〉之謬。
平實導師　著　定價 180 元

45.**人間佛教**—實證者必定不悖三乘菩提
平實導師　述，定價 400 元

46.**實相經宗通**　平實導師述　共八輯　每輯 250 元

47.**真心告訴您(一)**—達賴喇嘛在幹什麼？
正覺教育基金會編著　售價 250 元

48.**中觀金鑑**—詳述應成派中觀的起源與其破法本質
孫正德老師著　分為上、中、下三冊，每冊 250 元

49.**藏傳佛教要義**—《狂密與真密》之簡體字版　平實導師　著　上、下冊
僅在大陸流通　每冊 300 元

50.**法華經講義**　平實導師述　共二十五輯　每輯 300 元

51.**西藏「活佛轉世」制度**—附佛、造神、世俗法
許正豐、張正玄老師合著　定價 150 元

52.**廣論三部曲**　郭正益老師著　定價 150 元

53.**真心告訴您(二)**—達賴喇嘛是佛教僧侶嗎？
—補祝達賴喇嘛八十大壽
正覺教育基金會編著　售價 300 元

54.**次法**—實證佛法前應有的條件
張善思居士著　分為上、下二冊，每冊 250 元

55.**涅槃**—解說四種涅槃之實證及內涵　平實導師著　上、下冊　各 350 元

56.**山法**—西藏關於他空與佛藏之根本論
篤補巴・喜饒堅贊著　　傑弗里・霍普金斯英譯
張火慶教授、張志成、呂艾倫等中譯　精裝大本 1200 元
57.**假鋒虛焰金剛乘**—揭示顯密正理，兼破索達吉師徒《般若鋒兮金剛焰》
釋正安法師著 簡體字版 即將出版 售價未定
58.**廣論之平議**—宗喀巴《菩提道次第廣論》之平議　正雄居士著
約二或三輯　俟正覺電子報連載後結集出版　書價未定
59.**救護佛子向正道**—對印順法師中心思想之綜合判攝
游宗明老師著　書價未定
60.**菩薩學處**—菩薩四攝六度之要義　陸正元老師著　出版日期未定。
61.**八識規矩頌**詳解　○○居士 註解　出版日期另訂　書價未定。
62.**印度佛教史**—法義與考證。依法義史實評論印順《印度佛教思想史、佛教史地考論》之謬說　正偉老師著　出版日期未定　書價未定
63.**中國佛教史**—依中國佛教正法史實而論。 ○○老師 著　書價未定。
64.**中論正義**—釋龍樹菩薩《中論》頌正理。
孫正德老師著　出版日期未定　書價未定
65.**中觀正義**—註解平實導師《中論正義頌》。
○○法師（居士）著　出版日期未定　書價未定
66.**佛藏經講記**　平實導師述　將於 2019 年 7 月 31 日出版　共 21 輯，每二個月出版一輯，每輯 300 元。
67.**阿含經講記**—將選錄四阿含中數部重要經典全經講解之，講後整理出版。
平實導師述　約二輯　每輯 300 元　出版日期未定
68.**寶積經講記**　平實導師述　每輯三百餘頁 優惠價 300 元 出版日期未定
69.**解深密經講記**　平實導師述 約四輯　將於重講後整理出版
70.**成唯識論略解**　平實導師著　五～六輯　每輯300 元　出版日期未定
71.**修習止觀坐禪法要講記**　平實導師述　每輯三百餘頁
將於正覺寺建成後重講、以講記逐輯出版　出版日期未定
72.**無門關**—《無門關》公案拈提　平實導師著　出版日期未定
73.**中觀再論**—兼述印順《中觀今論》謬誤之平議。正光老師著 出版日期未定
74.**輪迴與超度**—佛教超度法會之真義。
○○法師（居士）著　出版日期未定　書價未定
75.**《釋摩訶衍論》平議**—對偽稱龍樹所造《釋摩訶衍論》之平議
○○法師（居士）著　出版日期未定　書價未定
76.**正覺發願文**註解—以真實大願為因 得證菩提
正德老師著　出版日期未定　書價未定
77.**正覺總持咒**—佛法之總持　正圜老師著　出版日期未定　書價未定
78.**三自性**—依四食、五蘊、十二因緣、十八界法，說三性三無性。
作者未定　出版日期未定

79.**道品**—從三自性說大小乘三十七道品　作者未定　出版日期未定
80.**大乘緣起觀**—依四聖諦七真如現觀十二緣起 作者未定　出版日期未定
81.**三德**—論解脫德、法身德、般若德。　作者未定　出版日期未定
82.**真假如來藏**—對印順《如來藏之研究》謬說之平議　作者未定 出版日期未定
83.**大乘道次第**　作者未定　出版日期未定　書價未定
84.**四緣**—依如來藏故有四緣。　作者未定　出版日期未定
85.**空之探究**—印順《空之探究》謬誤之平議　作者未定 出版日期未定
86.**十法義**—論阿含經中十法之正義　作者未定　出版日期未定
87.**外道見**—論述外道六十二見　作者未定　出版日期未定

正智出版社有限公司　書籍介紹

禪淨圓融：言淨土諸祖所未曾言，示諸宗祖師所未曾示；禪淨圓融，另闢成佛捷徑，兼顧自力他力，闡釋淨土門之速行易行道，亦同時揭櫫聖教門之速行易行道；令廣大淨土行者得免緩行難證之苦，亦令聖道門行者得以藉著淨土速行道而加快成佛之時劫。乃前無古人之超勝見地，非一般弘揚禪淨法門典籍也，先讀為快。平實導師著　200元。

宗門正眼—公案拈提第一輯：繼承克勤圜悟大師碧巖錄宗旨之禪門鉅作。先則舉示當代大法師之邪說，消弭當代禪門大師鄉愿之心態，摧破當今禪門「世俗禪」之妄談；次則旁通教法，表顯宗門正理；繼以道之次第，消弭古今狂禪；後藉言語及文字機鋒，直示宗門入處。悲智雙運，禪味十足，數百年來難得一睹之禪門鉅著也。平實導師著　500元（原初版書《禪門摩尼寶聚》，改版後補充為五百餘頁新書，總計多達二十四萬字，內容更精彩，並改名為《宗門正眼》，讀者原購初版《禪門摩尼寶聚》皆可寄回本公司免費換新，免附回郵，亦無截止期限）（2007年起，凡購買公案拈提第一輯至第七輯，每購一輯皆贈送本公司精製公案拈提〈超意境〉CD一片，市售價格280元，多購多贈）。

禪—悟前與悟後：本書能建立學人悟道之信心與正確知見，圓滿具足而有次第地詳述禪悟之功夫與禪悟之內容，指陳參禪中細微淆訛之處，能使學人明自眞心、見自本性。若未能悟入，亦能以正確知見辨別古今中外一切大師究係眞悟？或屬錯悟？便有能力揀擇，捨名師而選明師，後時必有悟道之緣。一旦悟道，遲者七次人天往返，便出三界，速者一生取辦。學人欲求開悟者，不可不讀。　平實導師著。上、下冊共500元，單冊250元。

真實如來藏：如來藏眞實存在，乃宇宙萬有之本體，並非印順法師、達賴喇嘛等人所說之「唯有名相、無此心體」。如來藏是涅槃之本際，是一切有智之人竭盡心智、不斷探索而不能得之生命實相；是古今中外許多大師自以為悟而當面錯過之生命實相。如來藏即是阿賴耶識，乃是一切有情本自具足、不生不滅之眞實心。當代中外大師於此書出版之前所未能言者，作者於本書中盡情流露、詳細闡釋。眞悟者讀之，必能增益悟境、智慧增上；錯悟者讀之，必能檢討自己之錯誤，免犯大妄語業；未悟者讀之，能知參禪之理路，亦能以之檢查一切名師是否眞悟。此書是一切哲學家、宗教家、學佛者及欲昇華心智之人必讀之鉅著。　平實導師著　售價400元。

宗門法眼—公案拈提第二輯：列舉實例，闡釋土城廣欽老和尚之悟處；並直示這位不識字的老和尚妙智橫生之根由，繼而剖析禪宗歷代大德之開悟公案，解析當代密宗高僧卡盧仁波切之錯悟證據，並例舉當代顯宗高僧、大居士之錯悟證據（凡健在者，為免影響其名聞利養，皆隱其名）。藉辨正當代名師之邪見，向廣大佛子指陳禪悟之正道，彰顯宗門法眼。悲勇兼出，強捋虎鬚；慈智雙運，巧探驪龍；摩尼寶珠在手，直示宗門入處，禪味十足；若非大悟徹底，不能為之。禪門精奇人物，允宜人手一冊，供作參究及悟後印證之圭臬。本書於2008年4月改版，增寫為大約500頁篇幅，以利學人研讀參究時更易悟入宗門正法，以前所購初版首刷及初版二刷舊書，皆可免費換取新書。平實導師著　500元（2007年起，凡購買公案拈提第一輯至第七輯，每購一輯皆贈送本公司精製公案拈提〈超意境〉CD一片，市售價格280元，多購多贈）。

宗門道眼—公案拈提第三輯：繼宗門法眼之後，再以金剛之作略、慈悲之胸懷、犀利之筆觸，舉示寒山、拾得、布袋三大士之悟處，消弭當代錯悟者對於寒山大士……等之誤會及誹謗。　亦舉出民初以來與虛雲和尚齊名之蜀郡鹽亭袁煥仙夫子——南懷瑾老師之師，其「悟處」何在？並蒐羅許多眞悟祖師之證悟公案，顯示禪宗歷代祖師之睿智，指陳部分祖師、奧修及當代顯密大師之謬悟，作為殷鑑，幫助禪子建立及修正參禪之方向及知見。假使讀者閱此書已，一時尚未能悟，亦可一面加功用行，一面以此宗門道眼辨別眞假善知識，避開錯誤之印證及歧路，可免大妄語業之長劫慘痛果報。欲修禪宗之禪者，務請細讀。平實導師著　售價500元（2007年起，凡購買公案拈提第一輯至第七輯，每購一輯皆贈送本公司精製公案拈提〈超意境〉CD一片，市售價格280元，多購多贈）。

楞伽經詳解：本經是禪宗見道者印證所悟眞僞之根本經典，亦是禪宗見道者悟後起修之依據經典；故達摩祖師於印證二祖慧可大師之後，將此經典連同佛缽祖衣一併交付二祖，令其依此經典佛示金言、進入修道位，修學一切種智。由此可知此經對於眞悟之人修學佛道，是非常重要之一部經典。此經能破外道邪說，亦破佛門中錯悟名師之謬說，亦破禪宗部分祖師之狂禪：不讀經典、一向主張「一悟即成究竟佛」之謬執。並開示愚夫所行禪、觀察義禪、攀緣如禪、如來禪等差別，令行者對於三乘禪法差異有所分辨；亦糾正禪宗祖師古來對於如來禪之誤解，嗣後可免以訛傳訛之弊。此經亦是法相唯識宗之根本經典，禪者悟後欲修一切種智而入初地者，必須詳讀。　平實導師著，全套共十輯，已全部出版完畢，每輯主文約320頁，每冊約352頁，定價250元。

宗門血脈—公案拈提第四輯：末法怪象—許多修行人自以爲悟，每將無念靈知認作眞實；崇尚二乘法諸師及其徒衆，則將外於如來藏之緣起性空—無因論之無常空、斷滅空、一切法空—錯認爲　佛所說之般若空性。這兩種現象已於當今海峽兩岸及美加地區顯密大師之中普遍存在；人人自以爲悟，心高氣壯，便敢寫書解釋祖師證悟之公案，大多出於意識思惟所得，言不及義，錯誤百出，因此誤導廣大佛子同陷大妄語之地獄業中而不能自知。彼等書中所說之悟處，其實處處違背第一義經典之聖言量。彼等諸人不論是否身披袈裟，都非佛法宗門血脈，或雖有禪宗法脈之傳承，亦只徒具形式；猶如螟蛉，非眞血脈，未悟得根本眞實故。禪子欲知　佛、祖之眞血脈者，請讀此書，便知分曉。平實導師著，主文452頁，全書464頁，定價500元（2007年起，凡購買公案拈提第一輯至第七輯，每購一輯皆贈送本公司精製公案拈提〈超意境〉CD一片，市售價格280元，多購多贈）。

宗通與說通：古今中外，錯誤之人如麻似粟，每以常見外道所說之靈知心，認作眞心；或妄想虛空之勝性能量爲眞如，或錯認物質四大元素藉冥性（靈知心本體）能成就吾人色身及知覺，或認初禪至四禪中之了知心爲不生不滅之涅槃心。此等皆非通宗者之見地。復有錯悟之人一向主張「宗門與教門不相干」，此即尚未通達宗門之人也。其實宗門與教門互通不二，宗門所證者乃是眞如與佛性，教門所說者乃說宗門證悟之眞如佛性，故教門與宗門不二。本書作者以宗教二門互通之見地，細說「宗通與說通」，從初見道至悟後起修之道、細說分明；並將諸宗諸派在整體佛教中之地位與次第，加以明確之教判，學人讀之即可了知佛法之梗概也。欲擇明師學法之前，允宜先讀。平實導師著，主文共381頁，全書392頁，只售成本價300元。

宗門正道—公案拈提第五輯：修學大乘佛法有二果須證—解脫果及大菩提果。二乘人不證大菩提果，唯證解脫果；此果之智慧，名爲聲聞菩提、緣覺菩提。大乘佛子所證二果之菩提果爲佛菩提，故名大菩提果，其慧名爲一切種智—函蓋二乘解脫果。然此大乘二果修證，須經由禪宗之宗門證悟方能相應。而宗門證悟極難，自古已然；其所以難者，咎在古今佛教界普遍存在三種邪見：1.以修定認作佛法， 2.以無因論之緣起性空—否定涅槃本際如來藏以後之一切法空作爲佛法，3.以常見外道邪見（離語言妄念之靈知性）作爲佛法。如是邪見，或因自身正見未立所致，或因邪師之邪教導所致，或因無始劫來虛妄熏習所致。若不破除此三種邪見，永劫不悟宗門眞義、不入大乘正道，唯能外門廣修菩薩行。 平實導師於此書中，有極爲詳細之說明，有志佛子欲摧邪見、入於內門修菩薩行者，當閱此書。主文共496頁，全書512頁。售價500元（2007年起，凡購買公案拈提第一輯至第七輯，每購一輯皆贈送本公司精製公案拈提〈超意境〉CD一片，市售價格280元，多購多贈）。

狂密與眞密：密教之修學，皆由有相之觀行法門而入，其最終目標仍不離顯教經典所說第一義諦之修證；若離顯教第一義經典、或違背顯教第一義經典，即非佛教。西藏密教之觀行法，如灌頂、觀想、遷識法、寶瓶氣、大聖歡喜雙身修法、喜金剛、無上瑜伽、大樂光明、樂空雙運等，皆是印度教兩性生生不息思想之轉化，自始至終皆以如何能運用交合淫樂之法達到全身受樂爲其中心思想，純屬欲界五欲的貪愛，不能令人超出欲界輪迴，更不能令人斷除我見；何況大乘之明心與見性，更無論矣！故密宗之法絕非佛法也。而其明光大手印、大圓滿法教，又皆同以常見外道所說離語言妄念之無念靈知心錯認爲佛地之眞如，不能直指不生不滅之眞如。西藏密宗所有法王與徒衆，都尙未開頂門眼，不能辨別眞僞，以依人不依法、依密續不依經典故，不肯將其上師喇嘛所說對照第一義經典，純依密續之藏密祖師所說爲準，因此而誇大其證德與證量，動輒謂彼祖師上師爲究竟佛、爲地上菩薩；如今台海兩岸亦有自謂其師證量高於 釋迦文佛者，然觀其師所述，猶未見道，仍在觀行即佛階段，尙未到禪宗相似即佛、分證即佛階位，竟敢標榜爲究竟佛及地上法王，誑惑初機學人。凡此怪象皆是狂密，不同於眞密之修行者。近年狂密盛行，密宗行者被誤導者極衆，動輒自謂已證佛地眞如，自視爲究竟佛，陷於大妄語業中而不知自省，反謗顯宗眞修實證者之證量粗淺；或如義雲高與釋性圓…等人，於報紙上公然誹謗眞實證道者爲「騙子、無道人、人妖、癩蛤蟆…」等，造下誹謗大乘勝義僧之大惡業；或以外道法中有爲有作之甘露、魔術……等法，誑騙初機學人，狂言彼外道法爲眞佛法。如是怪象，在西藏密宗及附藏密之外道中，不一而足，舉之不盡，學人宜應愼思明辨，以免上當後又犯毀破菩薩戒之重罪。密宗學人若欲遠離邪知邪見者，請閱此書，即能了知密宗之邪謬，從此遠離邪見與邪修，轉入眞正之佛道。 平實導師著 共四輯 每輯約400頁（主文約340頁）每輯售價300元。

宗門正義—公案拈提第六輯：佛教有六大危機，乃是藏密化、世俗化、膚淺化、學術化、宗門密意失傳、悟後進修諸地之次第混淆；其中尤以宗門密意之失傳，爲當代佛教最大之危機。由宗門密意失傳故，易令　世尊本懷普被錯解，易令　世尊正法被轉易爲外道法，以及加以淺化、世俗化，是故宗門密意之廣泛弘傳與具緣佛弟子，極爲重要。然而欲令宗門密意之廣泛弘傳予具緣之佛弟子者，必須同時配合錯誤知見之解析、普令佛弟子知之，然後輔以公案解析之直示入處，方能令具緣之佛弟子悟入。而此二者，皆須以公案拈提之方式爲之，方易成其功、竟其業，是故平實導師續作宗門正義一書，以利學人。　全書500餘頁，售價500元（2007年起，凡購買公案拈提第一輯至第七輯，每購一輯皆贈送本公司精製公案拈提〈超意境〉CD一片，市售價格280元，多購多贈）。

心經密意—心經與解脫道、佛菩提道、祖師公案之關係與密意。　二乘菩提所證之解脫道，實依第八識心之斷除煩惱障現行而立解脫之名；大乘菩提所證之佛菩提道，實依親證第八識如來藏之涅槃性、清淨自性、及其中道性而立般若之名；禪宗祖師公案所證之眞心，即是此第八識如來藏；是故三乘佛法所修所證之三乘菩提，皆依此如來藏心而立名也。此第八識心，即是《心經》所說之心也。證得此如來藏已，即能漸入大乘佛菩提道，亦可因證知此心而了知二乘無學所不能知之無餘涅槃本際，是故《心經》之密意，與三乘佛菩提之關係極爲密切、不可分割，三乘佛法皆依此心而立名故。今者平實導師以其所證解脫道之無生智及佛菩提之般若種智，將《心經》與解脫道、佛菩提道、祖師公案之關係與密意，以演講之方式，用淺顯之語句和盤托出，發前人所未言，呈三乘菩提之眞義，令人藉此《心經密意》一舉而窺三乘菩提之堂奧，迴異諸方言不及義之說；欲求眞實佛智者、不可不讀！主文317頁，連同跋文及序文…等共384頁，售價300元。

宗門密意—公案拈提第七輯：佛教之世俗化，將導致學人以信仰作爲學佛，則將以感應及世間法之庇祐，作爲學佛之主要目標，不能了知學佛之主要目標爲親證三乘菩提。大乘菩提則以般若實相智慧爲主要修習目標，以二乘菩提解脫道爲附帶修習之標的；是故學習大乘法者，應以禪宗之證悟爲要務，能親入大乘菩提之實相般若智慧中故，般若實相智慧非二乘聖人所能知故。此書則以台灣世俗化佛教之三大法師，說法似是而非之實例，配合眞悟祖師之公案解析，提示證悟般若之關節，令學人易得悟入。平實導師著，全書五百餘頁，售價500元（2007年起，凡購買公案拈提第一輯至第七輯，每購一輯皆贈送本公司精製公案拈提〈超意境〉CD一片，市售價格280元，多購多贈）。

淨土聖道—兼評選擇本願念佛：佛法甚深極廣，般若玄微，非諸二乘聖僧所能知之，一切凡夫更無論矣！所謂一切證量皆歸淨土是也！是故大乘法中「聖道之淨土、淨土之聖道」，其義甚深，難可了知；乃至眞悟之人，初心亦難知也。今有正德老師眞實證悟後，復能深探淨土與聖道之緊密關係，憐憫衆生之誤會淨土實義，亦欲利益廣大淨土行人同入聖道，同獲淨土中之聖道門要義，乃振奮心神、書以成文，今得刊行天下。主文279頁，連同序文等共301頁，總有十一萬六千餘字，正德老師著，成本價200元。

起信論講記：詳解大乘起信論心生滅門與心眞如門之眞實意旨，消除以往大師與學人對起信論所說心生滅門之誤解，由是而得了知眞心如來藏之非常非斷中道正理；亦因此一講解，令此論以往隱晦而被誤解之眞實義，得以如實顯示，令大乘佛菩提道之正理得以顯揚光大；初機學者亦可藉此正論所顯示之法義，對大乘法理生起正信，從此得以眞發菩提心，眞入大乘法中修學，世世常修菩薩正行。平實導師演述，共六輯，都已出版，每輯三百餘頁，售價各250元。

優婆塞戒經講記：本經詳述在家菩薩修學大乘佛法，應如何受持菩薩戒？對人間善行應如何看待？對三寶應如何護持？應如何正確地修集此世後世證法之福德？應如何修集後世「行菩薩道之資糧」？並詳述第一義諦之正義：五蘊非我非異我、自作自受、異作異受、不作不受……等深妙法義，乃是修學大乘佛法、行菩薩行之在家菩薩所應當了知者。出家菩薩今世或未來世登地已，捨報之後多數將如華嚴經中諸大菩薩，以在家菩薩身而修行菩薩行，故亦應以此經所述正理而修之，配合《楞伽經、解深密經、楞嚴經、華嚴經》等道次第正理，方得漸次成就佛道；故此經是一切大乘行者皆應證知之正法。平實導師講述，每輯三百餘頁，售價各250元；共八輯，已全部出版。

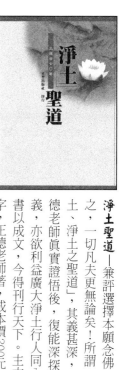

真假活佛—略論附佛外道盧勝彥之邪說：人人身中都有眞活佛，永生不滅而有大神用，但眾生都不了知，所以常被身外的西藏密宗假活佛籠罩欺瞞。本來就眞實存在的眞活佛，才是眞正的密宗無上密！諾那活佛因此而說禪宗是大密宗，但藏密的所有活佛都不知道、也不曾實證自身中的眞活佛。本書詳實宣示眞活佛的道理，舉證盧勝彥的「佛法」不是眞佛法，也顯示盧勝彥是假活佛，直接的闡釋第一義佛法見道的眞實正理。眞佛宗的所有上師與學人們，都應該詳細閱讀，包括盧勝彥個人在內。正犀居士著，優惠價140元。

阿含正義—唯識學探源：廣說四大部《阿含經》諸經中隱說之眞正義理，一一舉示佛陀本懷，令阿含時期初轉法輪根本經典之眞義，如實顯現於佛子眼前。並提示末法大師對於阿含眞義誤解之實例，一一比對之，證實唯識增上慧學確於原始佛法之阿含諸經中已隱覆密意而略說之，證實 世尊確於原始佛法中已曾密意而說第八識如來藏之總相；亦證實 世尊在四阿含中已說此藏識是名色十八界之因、之本—證明如來藏是能生萬法之根本心。佛子可據此修正以往受諸大師（譬如西藏密宗應成派中觀師：印順、昭慧、性廣、大願、達賴、宗喀巴、寂天、月稱、……等人）誤導之邪見，建立正見，轉入正道乃至親證初果而無困難；書中並詳說三果所證的心解脫，以及四果慧解脫的親證，都是如實可行的具體知見與行門。全書共七輯，已出版完畢。平實導師著，每輯三百餘頁，售價300元。

超意境CD：以平實導師公案拈提書中超越意境之頌詞，加上曲風優美的旋律，錄成令人嚮往的超意境歌曲，其中包括正覺發願文及平實導師親自譜成的黃梅調歌曲一首。詞曲雋永，殊堪翫味，可供學禪者吟詠，有助於見道。內附設計精美的彩色小冊，解說每一首詞的背景本事。每片280元。【每購買公案拈提書籍一冊，即贈送一片。】

我的菩提路第一輯：凡夫及二乘聖人不能實證的佛菩提證悟，末法時代的今天仍然有人能得實證，由正覺同修會釋悟圓、釋善藏法師等二十餘位實證如來藏者所寫的見道報告，已爲當代學人見證宗門正法之絲縷不絕，證明大乘義學的法脈仍然存在，爲末法時代求悟般若之學人照耀出光明的坦途。由二十餘位大乘見道者所繕，敘述各種不同的學法、見道因緣與過程，參禪求悟者必讀。全書三百餘頁，售價300元。

我的菩提路第二輯：由郭正益老師等人合著，書中詳述彼等諸人歷經各處道場學法，一一修學而加以檢擇之不同過程以後，因閱讀正覺同修會、正智出版社書籍而發起抉擇分，轉入正覺同修會中修學；乃至學法及見道之過程，都一一詳述之。其中張志成等人係由前現代禪轉進正覺同修會，張志成原爲現代禪副宗長，以前未閱本會書籍時，曾被人藉其名義著文評論 平實導師（詳見《宗通與說通》辨正及《眼見佛性》書末附錄…等）；後因偶然接觸正覺同修會書籍，深覺以前聽人評論平實導師之語不實，於是投入極多時間閱讀本會書籍、深入思辨，詳細探索中觀與唯識之關聯與異同，認爲正覺之法義方是正法，深覺相應；亦解開多年來對佛法的迷雲，確定應依八識論正理修學方是正法。乃不顧面子，毅然前往正覺同修會面見平實導師懺悔，並正式學法求悟。今已與其同修王美伶（亦爲前現代禪傳法老師），同樣證悟如來藏而證得法界實相，生起實相般若眞智。此書中尚有七年來本會第一位眼見佛性者之見性報告一篇，一同供養大乘佛弟子。全書四百頁，售價300元。

我的菩提路第三輯：由王美伶老師等人合著。自從正覺同修會成立以來，每年夏初、冬初都舉辦精進禪三共修，藉以助益會中同修們得以證悟明心發起般若實相智慧；凡已實證而被平實導師印證者，皆書具見道報告用以證明佛法之眞實可證而非玄學，證明佛法並非純屬思想、理論而無實質，是故每年都能有人證明正覺同修會的「實證佛教」主張並非虛語。特別是眼見佛性一法，自古以來中國禪宗祖師實證者極寡，較之明心開悟的證境更難令人信受；至2017年初，正覺同修會中的證悟明心者已近五百人，然而其中眼見佛性者至今唯十餘人爾，可謂難能可貴，是故明心後欲冀眼見佛性者實屬不易。黃正倖老師是懸絕七年無人見性後的第一人，她於2009年的見性報告刊於本書的第二輯中，爲大衆證明佛性確實可以眼見；其後七年之中求見性者都屬解悟佛性而無人眼見，幸而又經七年後的2016冬初，以及2017夏初的禪三，復有三人眼見佛性，希冀鼓舞四衆佛子求見佛性之大心，今則具載一則於書末，顯示求見佛性之事實經歷，供養現代佛教界欲得見性之四衆弟子。全書四百頁，售價300元。

我的菩提路第四輯：由陳晏平等人著。中國禪宗祖師往往有所謂「見性」之言，所言多屬看見如來藏具有能令人發起成佛之自性，並非《大般涅槃經》中 如來所說之眼見佛性。眼見佛性者，於親見佛性之時，即能於山河大地眼見自己佛性，亦能於他人身上眼見自己佛性及對方之佛性，如是境界無法為尚未實證者解釋；勉強說之，縱使眞實明心證悟之人聞之，亦只能以自身明心之境界想像之，但不論如何想像多屬非量，能有正確之比量者亦是稀有，故說眼見佛性極為困難。眼見佛性之人若所見極分明時，在所見佛性之境界下所眼見之山河大地、自己五蘊身心皆是虛幻，自有異於明心者之解脫功德受用，此後永不思證二乘涅槃，必定邁向成佛之道而進入第十住位中，已超第一阿僧祇劫三分有一，可謂之為超劫精進也。今又有明心之後眼見佛性之人出於人間，將其明心及後來見性之報告，連同其餘證悟明心者之精彩報告一同收錄於此書中，供養眞求佛法實證之四衆佛子。全書380頁，售價300元。

鈍鳥與靈龜：鈍鳥及靈龜二物，被宗門證悟者說為二種人：前者是精修禪定而無智慧者，也是以定為禪的愚癡禪人；後者是或有禪定、或無禪定的宗門證悟者，凡已證悟者皆是靈龜。但後來被人虛造事實，用以嘲笑大慧宗杲禪師，說他雖是靈龜，卻不免被天童禪師預記「患背」痛苦而亡：「鈍鳥離巢易，靈龜脫殼難。」藉以貶低大慧宗杲的證量。同時將天童禪師實證如來藏的證量，曲解為意識境界的離念靈知。自從大慧禪師入滅以後，錯悟凡夫對他的不實毀謗就一直存在著，不曾止息，並且捏造的假事實也隨著年月的增加而越來越多，終至編成「鈍鳥與靈龜」的假公案、假故事。本書是考證大慧與天童之間的不朽情誼，顯現這件假公案的虛妄不實；更見大慧宗杲面對惡勢力時的正直不阿，亦顯示大慧對天童禪師的至情深義，將使後人對大慧宗杲的誣謗至此而止，不再有人誤犯毀謗賢聖的惡業。書中亦舉證宗門的所悟確以第八識如來藏為標的，詳讀之後必可改正以前被錯悟大師誤導的參禪知見，日後必定有助於實證禪宗的開悟境界，得階大乘眞見道位中，即是實證般若之賢聖。全書459頁，售價350元。

維摩詰經講記：本經係 世尊在世時，由等覺菩薩維摩詰居士藉疾病而演說之大乘菩提無上妙義，所說函蓋甚廣，然極簡略，是故今時諸方大師與學人讀之悉皆錯解，何況能知其中隱含之深妙正義，是故普遍無法為人解說；若強為人說，則成依文解義而有諸多過失。今由平實導師公開宣講之後，詳實解釋其中密意，令維摩詰菩薩所說大乘不可思議解脫之深妙正法得以正確宣流於人間，利益當代學人及與諸方大師。書中詳實演述大乘佛法深妙不共二乘之智慧境界，顯示諸法之中絕待之實相境界，建立大乘菩薩妙道於永遠不敗不壞之地，以此成就護法偉功，欲冀永利娑婆人天。已經宣講圓滿整理成書流通，以利諸方大師及諸學人。全書共六輯，每輯三百餘頁，售價各250元。

真假外道：本書具體舉證佛門中的常見外道知見實例，並加以教證及理證上的辨正，幫助讀者輕鬆而快速的了知常見外道的錯誤知見，進而遠離佛門內外的常見外道知見，因此即能改正修學方向而快速實證佛法。游正光老師著　。成本價200元。

勝鬘經講記：如來藏爲三乘菩提之所依，若離如來藏心體及其含藏之一切種子，即無三界有情及一切世間法，亦無二乘菩提緣起性空之出世間法；本經詳說無始無明、一念無明皆依如來藏而有之正理，藉著詳解煩惱障與所知障間之關係，令學人深入了知二乘菩提與佛菩提相異之妙理；聞後即可了知佛菩提之特勝處及三乘修道之方向與原理，邁向攝受正法而速成佛道的境界中。平實導師講述，共六輯，每輯三百餘頁，售價各250元。

楞嚴經講記：楞嚴經係密教部之重要經典，亦是顯教中普受重視之經典；經中宣說明心與見性之內涵極爲詳細，將一切法都會歸如來藏及佛性—妙眞如性；亦闡釋佛菩提道修學過程中之種種魔境，以及外道誤會涅槃之狀況，旁及三界世間之起源。然因言句深澀難解，法義亦復深妙寬廣，學人讀之普難通達，是故讀者大多誤會，不能如實理解佛所說之明心與見性內涵，亦因是故多有悟錯之人引爲開悟之證言，成就大妄語罪。今由平實導師詳細講解之後，整理成文，以易讀易懂之語體文刊行天下，以利學人。全書十五輯，全部出版完畢。每輯三百餘頁，售價每輯300元。

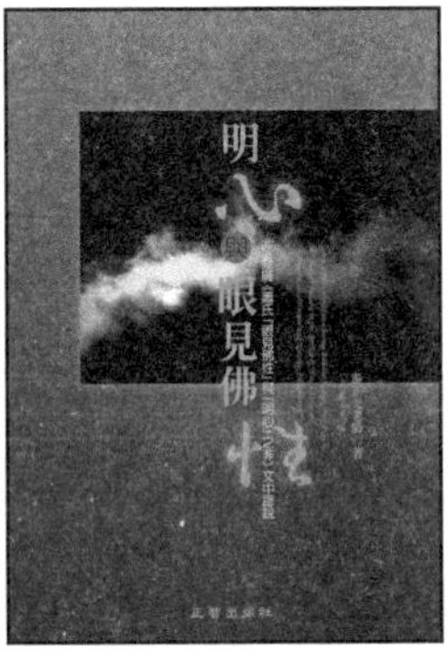

明心與眼見佛性：本書細述明心與眼見佛性之異同，同時顯示了中國禪宗破初參明心與重關眼見佛性二關之間的關聯；書中又藉法義辨正而旁述其他許多勝妙法義，讀後必能遠離佛門長久以來積非成是的錯誤知見，令讀者在佛法的實證上有極大助益。也藉慧廣法師的謬論來教導佛門學人回歸正知正見，遠離古今禪門錯悟者所墮的意識境界，非唯有助於斷我見，也對未來的開悟明心實證第八識如來藏有所助益，是故學禪者都應細讀之。游正光老師著　共448頁　售價300元。

菩薩底憂鬱CD：將菩薩情懷及禪宗公案寫成新詞，並製作成超越意境的優美歌曲。1.主題曲〈菩薩底憂鬱〉，描述地後菩薩能離三界生死而迴向繼續生在人間，但因尚未斷盡習氣種子而有極深沈之憂鬱，非三賢位菩薩及二乘聖者所知，此憂鬱在七地滿心位方才斷盡；本曲之詞中所說義理極深，昔來所未曾見；此曲係以優美的情歌風格寫詞及作曲，聞者得以激發嚮往諸地菩薩境界之大心，詞、曲都非常優美，難得一見；其中勝妙義理之解說，已印在附贈之彩色小冊中。2.以各輯公案拈提中直示禪門入處之頌文，作成各種不同曲風之超意境歌曲，值得玩味、參究；聆聽公案拈提之優美歌曲時，請同時閱讀內附之印刷精美說明小冊，可以領會超越三界的證悟境界；未悟者可以因此引發求悟之意向及疑情，真發菩提心而邁向求悟之途，乃至因此真實悟入般若，成真菩薩。3.正覺總持咒新曲，總持佛法大意；總持咒之義理，已加以解說並印在隨附之小冊中。本CD共有十首歌曲，長達63分鐘，附贈二張購書優惠券。每片280元。

禪意無限CD：平實導師以公案拈提書中偈頌寫成不同風格曲子，與他人所寫不同風格曲子共同錄製出版，幫助參禪人進入禪門超越意識之境界。盒中附贈彩色印製的精美解說小冊，以供聆聽時閱讀，令參禪人得以發起參禪之疑情，即有機會證悟本來面目，實證大乘菩提般若。本CD共有十首歌曲，長達69分鐘，每盒各附贈二張購書優惠券。每片280元。

金剛經宗通：三界唯心，萬法唯識，是成佛之修證內容，是諸地菩薩之所修；般若則是成佛之道（實證三界唯心、萬法唯識）的入門，若未證悟實相般若，即無成佛之可能，必將永在外門廣行菩薩六度，永在凡夫位中。然而實相般若的發起，全賴實證萬法的實相；若欲證知萬法的眞相，則必須探究萬法之所從來，則須實證自心如來—金剛心如來藏，然後現觀這個金剛心的金剛性、眞實性、如如性、清淨性、涅槃性、能生萬法的自性性、本住性，名爲證眞如；進而現觀三界六道唯是此金剛心所成，人間萬法須藉八識心王和合運作方能現起。如是實證《華嚴經》的「三界唯心、萬法唯識」以後，由此等現觀而發起實相般若智慧，繼續進修第十住位的如幻觀、第十行位的陽焰觀、第十迴向位的如夢觀，再生起增上意樂而勇發十無盡願，方能滿足三賢位的實證，轉入初地；自知成佛之道而無偏倚，從此按部就班、次第進修乃至成佛。第八識自心如來是般若智慧之所依，般若智慧的修證則要從實證金剛心自心如來開始；《金剛經》則是解說自心如來之經典，是一切三賢位菩薩所應進修之實相般若經典。這一套書，是將平實導師宣講的《金剛經宗通》內容，整理成文字而流通之；書中所說義理，迴異古今諸家依文解義之說，指出大乘見道方向與理路，有益於禪宗學人求開悟見道，及轉入內門廣修六度萬行。講述完畢後結集出版，總共9輯，每輯約三百餘頁，售價各250元。

空行母—性別、身分定位，以及藏傳佛教：本書作者爲蘇格蘭哲學家，因爲嚮往佛教深妙的哲學內涵，於是進入當年盛行於歐美的假藏傳佛教密宗，擔任卡盧仁波切的翻譯工作多年以後，被邀請成爲卡盧的空行母（又名佛母、明妃），開始了她在密宗裡的實修過程；後來發覺在密宗雙身法中的修行，其實無法使自己成佛，也發覺密宗對女性岐視而處處貶抑，並剝奪女性在雙身法中擔任一半角色時應有的身分定位。當她發覺自己只是雙身法中被喇嘛利用的工具，沒有獲得絲毫應有的尊重與基本定位時，發現了密宗的父權社會控制女性的本質；於是作者傷心地離開了卡盧仁波切與密宗，但是卻被恐嚇不許講出她在密宗裡的經歷，也不許她說出自己對密宗的教義與教制下對女性剝削的本質，否則將被咒殺死亡。後來她去加拿大定居，十餘年後方才擺脫這個恐嚇陰影，下定決心將親身經歷的實情及觀察到的事實寫下來並且出版，公諸於世。出版之後，她被流亡的達賴集團人士大力攻訐，誣指她爲精神狀態失常、說謊……等。但有智之士並未被達賴集團的政治操作及各國政府政治運作吹捧達賴的表相所欺，使她的書銷售無阻而又再版。正智出版社鑑於作者此書是親身經歷的事實，所說具有針對「藏傳佛教」而作學術研究的價值，也有使人認清假藏傳佛教剝削佛母、明妃的男性本位實質，因此洽請作者同意中譯而出版於華人地區。珍妮·坎貝爾女士著，呂艾倫 中譯，每冊250元。

霧峰無霧—給哥哥的信　本書作者藉兄弟之間信件往來論義，略述佛法大義；並以多篇短文辨義，舉出釋印順對佛法的無量誤解證據，並一一給予簡單而清晰的辨正，令人一讀即知。久讀、多讀之後即能認清楚釋印順的六識論見解，與眞實佛法之牴觸是多麼嚴重；於是在久讀、多讀之後，於不知不覺之間提升了對佛法的極深入理解，正知正見就在不知不覺間建立起來了。當三乘佛法的正知見建立起來之後，對於三乘菩提的見道條件便將隨之具足，於是聲聞解脫道的見道也就水到渠成；接著大乘見道的因緣也將次第成熟，未來自然也會有親見大乘菩提之道的因緣，悟入大乘實相般若也將自然成功，自能通達般若系列諸經而成實義菩薩。作者居住於南投縣霧峰鄉，自喻見道之後不復再見霧峰之霧，故鄉原野美景一一明見，於是立此書名爲《霧峰無霧》；讀者若欲撥霧見月，可以此書爲緣。游宗明 老師著 售價250元。

假藏傳佛教的神話—性、謊言、喇嘛教：本書編著者是由一首名叫「阿姊鼓」的歌曲爲緣起，展開了序幕，揭開假藏傳佛教—喇嘛教—的神秘面紗。其重點是蒐集、摘錄網路上質疑「喇嘛教」的帖子，以揭穿「假藏傳佛教的神話」爲主題，串聯成書，並附加彩色插圖以及說明，讓讀者們瞭解西藏密宗及相關人事如何被操作爲「神話」的過程，以及神話背後的眞相。作者：張正玄教授。售價200元。

達賴真面目—玩盡天下女人：假使您不想戴綠帽子，請記得詳細閱讀此書；假使您不想讓好朋友戴綠帽子，請您將此書介紹給您的好朋友。假使您想保護家中的女性，也想要保護好朋友的女眷，請記得將此書送給家中的女性和好友的女眷都來閱讀。本書為印刷精美的大本彩色中英對照精裝本，為您揭開達賴喇嘛的眞面目，內容精彩不容錯過，為利益社會大眾，特別以優惠價格嘉惠所有讀者。編著者：白志偉等。大開版雪銅紙彩色精裝本。售價800元。

童女迦葉考—論呂凱文〈佛教輪迴思想的論述分析〉之謬：童女迦葉是佛世率領五百大比丘遊行於人間的歷史事實，是以童貞行而依止菩薩戒弘化於人間的大菩薩，不依別解脫戒（聲聞戒）來弘化於人間。這是大乘佛教與聲聞佛教同時存在於佛世的歷史明證，證明大乘佛教不是從聲聞法中分裂出來的部派佛教的產物，卻是聲聞佛教分裂出來的部派佛教聲聞凡夫僧所不樂見的史實；於是古今聲聞法中的凡夫都欲加以扭曲而作詭說，更是末法時代高聲大呼「大乘非佛說」的六識論聲聞凡夫極力想要扭曲的佛教史實之一，於是想方設法扭曲迦葉菩薩為聲聞僧，以及扭曲迦葉童女為比丘僧等荒謬不實之論著便陸續出現，古時聲聞僧寫作的《分別功德論》是最具體之事例，現代之代表作則是呂凱文先生的〈佛教輪迴思想的論述分析〉論文。鑑於如是假藉學術考證以籠罩大眾之不實謬論，未來仍將繼續造作及流竄於佛教界，繼續扼殺大乘佛教學人法身慧命，必須舉證辨正之，遂成此書。平實導師 著，每冊180元。

末代達賴—性交教主的悲歌：簡介從藏傳偽佛教（喇嘛教）的修行核心—性力派男女雙修，探討達賴喇嘛及藏傳偽佛教的修行內涵。書中引用外國知名學者著作、世界各地新聞報導，包含：歷代達賴喇嘛的祕史、達賴六世修雙身法的事蹟，以及《時輪續》中的性交灌頂儀式……等；達賴喇嘛書中開示的雙修法、達賴喇嘛的黑暗政治手段；達賴喇嘛所領導的寺院爆發喇嘛性侵兒童；新聞報導《西藏生死書》作者索甲仁波切性侵女信徒、澳洲喇嘛秋達公開道歉、美國最大假藏傳佛教組織領導人邱陽創巴仁波切的性氾濫，等等事件背後眞相的揭露。作者：張善思、呂艾倫、辛燕。售價250元。

黯淡的達賴—失去光彩的諾貝爾和平獎：本書舉出很多證據與論述，詳述達賴喇嘛不爲世人所知的一面，顯示達賴喇嘛並不是眞正的和平使者，而是假借諾貝爾和平獎的光環來欺騙世人；透過本書的說明與舉證，讀者可以更清楚的瞭解，達賴喇嘛是結合暴力、黑暗、淫欲於喇嘛教裡的集團首領，其政治行爲與宗教主張，早已讓諾貝爾和平獎的光環染污了。　本書由財團法人正覺教育基金會寫作、編輯，由正覺出版社印行，每冊250元。

第七意識與第八意識？—穿越時空「超意識」：「三界唯心，萬法唯識」是佛教中應該實證的聖教，也是《華嚴經》中明載而可以實證的法界實相。唯心者，三界一切境界、一切諸法唯是一心所成就，即是每一個有情的第八識如來藏，不是意識心。唯識者，即是人類各各都具足的八識心王——眼識、耳鼻舌身意識、意根、阿賴耶識，第八阿賴耶識又名如來藏，人類五陰相應的萬法，莫不由八識心王共同運作而成就，故說萬法唯識。依聖教量及現量、比量，都可以證明意識是二法因緣生，是由第八識藉意根與法塵二法爲因緣而出生，又是夜夜斷滅不存之生滅心，即無可能反過來出生第七識意根、第八識如來藏，當知不可能從生滅性的意識心中，細分出恆審思量的第七識意根，更無可能細分出恆而不審的第八識如來藏。本書是將演講內容整理成文字，細說如是內容，並已在〈正覺電子報〉連載完畢，今彙集成書以廣流通，欲幫助佛門有緣人斷除意識我見，跳脫於識陰之外而取證聲聞初果；嗣後修學禪宗時即得不墮外道神我之中，得以求證第八識金剛心而發起般若實智。平實導師 述，每冊300元。

中觀金鑑—詳述應成派中觀的起源與其破法本質：學佛人往往迷於中觀學派之不同學說，被應成派與自續派所迷惑；修學般若中觀二十年後自以爲實證般若中觀了，卻仍不曾入門，甫聞實證般若中觀者之所說，則茫無所知，迷惑不解；隨後信心盡失，不知如何實證佛法；凡此，皆因惑於這二派中觀學說所致。自續派中觀所說同於常見，以意識境界立爲第八識如來藏之境界，應成派所說則同於斷見，但又同立意識爲常住法，故亦具足斷常二見。今者孫正德老師有鑑於此，乃將起源於密宗的應成派中觀學說，追本溯源，詳考其來源之外，亦一一舉證其立論內容，詳加辨正，令密宗雙身法祖師以識陰境界而造之應成派中觀學說本質，詳細呈現於學人眼前，令其維護雙身法之目的無所遁形。若欲遠離密宗此二人派中觀謬說，欲於三乘菩提有所進道者，允宜具足閱讀並細加思惟，反覆讀之以後將可捨棄邪道返歸正道，則於般若之實證即有可能，證後自能現觀如來藏之中道境界而成就中觀。本書分上、中、下三冊，每冊250元，全部出版完畢。

人間佛教—實證者必定不悖三乘菩提：「大乘非佛說」的講法似乎流傳已久，卻只是日本人企圖擺脫中國正統佛教的影響，而在明治維新時期才開始提出來的說法；台灣佛教、大陸佛教的淺學無智之人，由於未曾實證佛法而迷信日本人錯誤的學術考證，錯認爲這些別有用心的日本佛學考證的講法爲天竺佛教的眞實歷史；甚至還有更激進的反對佛教者提出「釋迦牟尼佛並非眞實存在，只是後人捏造的假歷史人物」，竟然也有少數人願意跟著「學術」的假光環而信受不疑，於是開始有一些佛教界人士造作了反對中國佛教而推崇南洋小乘佛教的行爲，使佛教的信仰者難以檢擇，導致一般大陸人士開始轉入基督教的盲目迷信中。在這些佛教及外教人士之中，也就有一分人根據此邪說而大聲主張「大乘非佛說」的謬論，這些人以「人間佛教」的名義來抵制中國正統佛教，公然宣稱中國的大乘佛教是由聲聞部派佛教的凡夫僧所創造出來的。這樣的說法流傳於台灣及大陸佛教界凡夫僧之中已久，卻非眞正的佛教歷史中曾經發生過的事，只是繼承六識論的聲聞法中凡夫僧依自己的意識境界立場，純憑臆想而編造出來的妄想說法，卻已經影響許多無智之凡夫僧俗信受不移。本書則是從佛教的經藏法義實質及實證的現量內涵本質立論，證明大乘佛法本是佛說，是從《阿含正義》尚未說過的不同面向來討論「人間佛教」的議題，證明「大乘眞佛說」。閱讀本書可以斷除六識論邪見，迴入三乘菩提正道發起實證的因緣；也能斷除禪宗學人學禪時普遍存在之錯誤知見，對於建立參禪時的正知見有很深的著墨。　平實導師　述，內文488頁，全書528頁，定價400元。

喇嘛性世界—揭開假藏傳佛教譚崔瑜伽的面紗：這個世界中的喇嘛，號稱來自世外桃源的香格里拉，穿著或紅或黃的喇嘛長袍，散布於我們的身邊傳教灌頂，吸引了無數的人嚮往學習；這些喇嘛虔誠地爲大眾祈福，手中拿著寶杵（金剛）與寶鈴（蓮花），口中唸著咒語：「唵．嘛呢．叭咪．吽……」，咒語的意思是說：「我至誠歸命金剛杵上的寶珠伸向蓮花寶穴之中」！「喇嘛性世界」是什麼樣的「世界」呢？本書將爲您呈現喇嘛世界的面貌。當您發現眞相以後，您將會唸：「噢！喇嘛．性．世界，譚崔性交嘛！」作者：張善思、呂艾倫。售價200元。

見性與看話頭：黃正倖老師的《見性與看話頭》於《正覺電子報》連載完畢，今結集出版。書中詳說禪宗看話頭的詳細方法，並細說看話頭與眼見佛性的關係，以及眼見佛性者求見佛性前必須具備的條件。本書是禪宗實修者追求明心開悟時參禪的方法書，也是求見佛性者作功夫時必讀的方法書，內容兼顧眼見佛性的理論與實修之方法，是依實修之體驗配合理論而詳述，條理分明而且極爲詳實、周全、深入。本書內文375頁，全書416頁，售價300元。

實相經宗通：學佛之目的在於實證一切法界背後之實相，禪宗稱之爲本來面目或本地風光，佛菩提道中稱之爲實相法界；此實相法界即是金剛藏，又名佛法之祕密藏，即是能生有情五陰、十八界及宇宙萬有（山河大地、諸天、三惡道世間）的第八識如來藏，又名阿賴耶識心，即是禪宗祖師所說的眞如心，此心即是三界萬有背後的實相。證得此第八識心時，自能瞭解般若諸經中隱說的種種密意，即得發起實相般若——實相智慧。每見學佛人修學佛法二十年後仍對實相般若茫然無知，亦不知如何入門，茫無所趣；更因不知三乘菩提的互異互同，是故越是久學者對佛法越覺茫然，都肇因於尚未瞭解佛法的全貌，亦未瞭解佛法的修證內容即是第八識心所致。本書對於修學佛法者所應實證的實相境界提出明確解析，並提示趣入佛菩提道的入手處，有心親證實相般若的佛法實修者，宜詳讀之，於佛菩提道之實證即有下手處。平實導師述著，共八輯，已全部出版完畢，每輯成本價250元。

真心告訴您（一）——達賴喇嘛在幹什麼？這是一本報導篇章的選集，更是「破邪顯正」的暮鼓晨鐘。「破邪」是戳破假象，說明達賴喇嘛及其所率領的密宗四大派法王、喇嘛們，弘傳的佛法是仿冒的佛法；他們是假藏傳佛教，是坦特羅（譚崔性交）外道法和藏地崇奉鬼神的苯教混合成的「喇嘛教」，推廣的是以所謂「無上瑜伽」的男女雙身法冒充佛法的假佛教，詐財騙色誤導眾生，常常造成信徒家庭破碎、家中兒少失怙的嚴重後果。「顯正」是揭櫫眞相，指出眞正的藏傳佛教只有一個，就是覺囊巴，傳的是 釋迦牟尼佛演繹的第八識如來藏妙法，稱爲他空見大中觀。正覺教育基金會即以此古今輝映的如來藏正法正知見，在眞心新聞網中逐次報導出來，將箇中原委「眞心告訴您」，如今結集成書，與想要知道密宗眞相的您分享。售價250元。

法華經講義：此書爲平實導師始從2009/7/21演述至2014/1/14之講經錄音整理所成。世尊一代時教，總分五時三教，即是華嚴時、聲聞緣覺教、般若教、種智唯識教、法華時；依此五時三教區分爲藏、通、別、圓四教。本經是最後一時的圓教經典，圓滿收攝一切法教於本經中，是故最後的圓教聖訓中，特地指出無有三乘菩提，其實唯有一佛乘；皆因眾生愚迷故，方便區分爲三乘菩提以助眾生證道。世尊於此經中特地說明如來示現於人間的唯一大事因緣，便是爲有緣眾生「開、示、悟、入」諸佛的所知所見——第八識如來藏妙眞如心，並於諸品中隱說「妙法蓮花」如來藏心的密意。然因此經所說甚深難解，眞義隱晦，古來難得有人能窺堂奧；平實導師以知如是密意故，特爲末法佛門四眾演述《妙法蓮華經》中各品蘊含之密意，使古來未曾被古德註解出來的「此經」密意，如實顯示於當代學人眼前。乃至〈藥王菩薩本事品〉、〈妙音菩薩品〉、〈觀世音菩薩普門品〉、〈普賢菩薩勸發品〉中的微細密意，亦皆一併詳述之，開前人所未曾言之密意，示前人所未見之妙法。最後乃至以〈法華大義〉而總其成，全經妙旨貫通始終，而依佛旨圓攝於一心如來藏妙心，厥爲曠古未有之大說也。平實導師述，共有25輯。每輯300元。

西藏「活佛轉世」制度—附佛、造神、世俗法：歷來關於喇嘛教活佛轉世的研究，多針對歷史及文化兩部分，於其所以成立的理論基礎，較少系統化的探討。尤其是此制度是否依據「佛法」而施設？是否合乎佛法眞實義？現有的文獻大多含糊其詞，或人云亦云，不曾有明確的闡釋與如實的見解。因此本文先從活佛轉世的由來，探索此制度的起源、背景與功能，並進而從活佛的尋訪與認證之過程，發掘活佛轉世的特徵，以確認「活佛轉世」在佛法中應具足何種果德。定價150元。

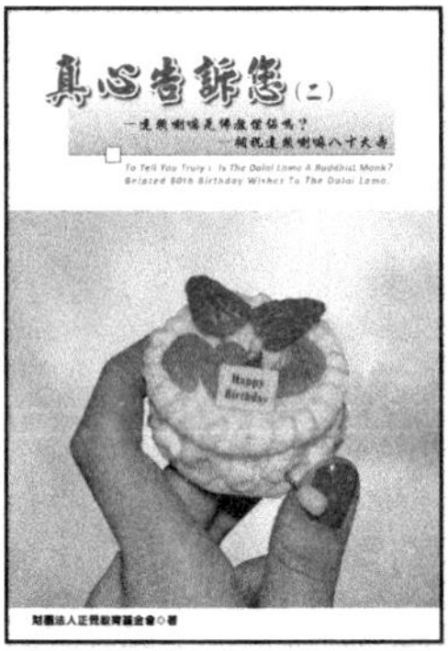

真心告訴您(二)—達賴喇嘛是佛教僧侶嗎？補祝達賴喇嘛八十大壽：這是一本針對當今達賴喇嘛所領導的喇嘛教，冒用佛教名相、於師徒間或師兄姊間，實修男女邪淫，而從佛法三乘菩提的現量與聖教量，揭發其謊言與邪術，證明達賴及其喇嘛教是仿冒佛教的外道，是「假藏傳佛教」。藏密四大派教義雖有「八識論」與「六識論」的表面差異，然其實修之內容，皆共許「無上瑜伽」四部灌頂為究竟「成佛」之法門，也就是共以男女雙修之邪淫法為「即身成佛」之密要，雖美其名曰「欲貪為道」之「金剛乘」，並誇稱其成就超越於（應身佛）釋迦牟尼佛所傳之顯教般若乘之上；然詳考其理論，則或以意識離念時之粗細心為第八識如來藏，或以中脈裡的明點為第八識如來藏，或如宗喀巴與達賴堅決主張第六意識為常恆不變之真心者，分別墮於外道之常見與斷見中；全然違背 佛說能生五蘊之如來藏的實質。售價300元。

涅槃—解說四種涅槃之實證及內涵：真正學佛之人，首要即是見道，由見道故方有涅槃之實證，證涅槃者方能出生死，但涅槃有四種：二乘聖者的有餘涅槃、無餘涅槃，以及大乘聖者的本來自性清淨涅槃、佛地的無住處涅槃。大乘聖者實證本來自性清淨涅槃，入地前再取證二乘涅槃，然後起惑潤生捨離二乘涅槃，繼續進修而在七地心前斷盡三界愛之習氣種子，依七地無生法忍之具足而證得念念入滅盡定；八地後進斷異熟生死，直至妙覺地下生人間成佛，具足四種涅槃，方是真正成佛。此理古來少人言，以致誤會涅槃正理者比比皆是，今於此書中廣說四種涅槃、如何實證之理、實證前應有之條件，實屬本世紀佛教界極重要之著作，令人對涅槃有正確無訛之認識，然後可以依之實行而得實證。本書共有上下二冊，每冊各四百餘頁，對涅槃詳加解說，每冊各350元。

佛藏經講義：本經說明為何佛菩提難以實證之原因，都因往昔無數阿僧祇劫前的邪見，引生此世求證時之業障而難以實證。即以諸法實相詳細解說，繼之以念佛品、念法品、念僧品，說明諸佛與法之實質；然後以淨戒品之說明，期待佛弟子四眾堅持清淨戒而轉化心性，並以往古品的實例說明，教導四眾務必滅除邪見轉入正見中，然後以了戒品的說明和囑累品的付囑，期望末法時代的佛門四眾弟子皆能清淨知見而得以實證。平實導師於此經中有極深入的解說，總共21輯，每輯300元，於2019/07/31開始發行。

我的菩提路第五輯：林慈慧等人著。書中詳敘學佛一路之辛苦萬端，直至得遇正法之後如何修行終能實證，現觀眞如而入勝義菩薩僧數。本輯亦錄入一位明心後又再眼見佛性的實證者，文中詳述見性之過程，並說明見性後的情況。古來能得明心又得見性之祖師極寡，禪師們所謂見性者往往屬於明心時親見第八識如來藏具備能使人成佛之自性，即名見性，例如六祖等人，但非《大般涅槃經》中所說之「眼見佛性」之實證。今本書提供眼見佛性證量之見性報告一篇，以饗讀者。全書384頁，300元。

修習止觀坐禪法要講記：修學四禪八定之人，往往錯會禪定之修學知見，欲以無止盡之坐禪而證禪定境界，卻不知修除性障之行門才是修證四禪八定不可或缺之要素，故智者大師云「性障初禪」；性障不除，初禪永不現前，云何修證二禪等？又：行者學定，若唯知數息，而不解六妙門之方便善巧者，欲求一心入定，未到地定極難可得，智者大師名之爲「事障未來」：障礙未到地定之修證。又禪定之修證，不可違背二乘菩提及第一義法，否則縱使具足四禪八定，亦不能實證涅槃而出三界。此諸知見，智者大師於《修習止觀坐禪法要》中皆有闡釋。作者平實導師以其第一義之見地及禪定之實證證量，曾加以詳細解析。將俟正覺寺竣工啓用後重講，不限制聽講者資格；講後將以語體文整理出版。欲修習世間定及增上定之學者，宜細讀之。平實導師述著。

解深密經講記：本經係　世尊晚年第三轉法輪，宣說地上菩薩所應熏修之唯識正義經典，經中所說義理乃是大乘一切種智增上慧學，以阿陀那識—如來藏—阿賴耶識爲主體。禪宗之證悟者，若欲修證初地無生法忍乃至八地無生法忍者，必須修學《楞伽經、解深密經》所說之八識心王一切種智；此二經所說正法，方是眞正成佛之道；印順法師否定第八識如來藏之後所說萬法緣起性空之法，是以誤會後之二乘解脫道取代大乘眞正成佛之道，尙且不符二乘解脫道正理，亦已墮於斷滅見中，不可謂爲成佛之道也。平實導師曾於本會郭故理事長往生時，於喪宅中從首七開始宣講，於每一七各宣講三小時，至第十七而快速略講圓滿，作爲郭老之往生佛事功德，迴向郭老早證八地、速返娑婆住持正法。茲爲今時後世學人故，將擇期重講《解深密經》，以淺顯之語句講畢後，將會整理成文，用供證悟者進道；亦令諸方未悟者，據此經中佛語正義，修正邪見，依之速能入道。平實導師述著，全書輯數未定，每輯三百餘頁，將於未來重講完畢後逐輯出版。

阿含經講記—小乘解脫道之修證：數百年來，南傳佛法所說證果之不實，所說解脫道之虛妄，所弘解脫道法義之世俗化，皆已少人知之；從南洋傳入台灣與大陸之後，所說法義虛謬之事，亦復少人知之；今時台灣全島印順系統之法師居士，多不知南傳佛法數百年來所說解脫道之義理已然偏斜、已然世俗化、已非眞正之二乘解脫正道，猶極力推崇與弘揚。彼等南傳佛法近代所謂之證果者多非眞實證果者，譬如阿迦曼、葛印卡、帕奧禪師、一行禪師……等人，悉皆未斷我見故。近年更有台灣南部大願法師，高抬南傳佛法之二乘修證行門爲「捷徑究竟解脫之道」者，然而南傳佛法縱使眞修實證，得成阿羅漢，至高唯是二乘菩提解脫之道，絕非究竟解脫，無餘涅槃中之實際尙未得證故，法界之實相尙未了知故，習氣種子待除故，一切種智未實證故，焉得謂爲「究竟解脫」？即使南傳佛法近代眞有實證之阿羅漢，尙且不及三賢位中之七住明心菩薩本來自性清淨涅槃智慧境界，則不能知此賢位菩薩所證之無餘涅槃實際，仍非大乘佛法中之見道者，何況普未實證聲聞果乃至未斷我見之人？謬充證果已屬逾越，更何況是誤會二乘菩提之後，以未斷我見之凡夫知見所說之二乘菩提解脫偏斜法道，焉可高抬為「究竟解脫」？而且自稱「捷徑之道」？又妄言解脫之道即是成佛之道，完全否定般若實智、否定三乘菩提所依之如來藏心體，此理大大不通也！平實導師為令修學二乘菩提欲證解脫果者，普得迴入二乘菩提正見、正道中，是故選錄四阿含諸經中，對於二乘解脫道法義有具足圓滿說明之經典，預定未來十年內將會加以詳細講解，令學佛人得以了知二乘解脫道之修證理路與行門，庶免被人誤導之後，未證言證，干犯道禁，成大妄語，欲升反墮。本書首重斷除我見，以助行者斷除我見而實證初果為著眼之目標，若能根據此書內容，配合平實導師所著《識蘊眞義》《阿含正義》內涵而作實地觀行，實證初果非為難事，行者可以藉此三書自行確認聲聞初果為實際可得現觀成就之事。此書中除依二乘經典所說加以宣示外，亦依斷除我見等之證量，及大乘法中道種智之證量，對於意識心之體性加以細述，令諸二乘學人必定得斷我見、常見，免除三縛結之繫縛。次則宣示斷除我執之理，欲令升進而得薄貪瞋痴，乃至斷五下分結……等。平實導師述，共二冊，每冊三百餘頁。每輯300元。

總經銷： 聯合發行股份有限公司

231 新北市新店區寶橋路 235 巷 6 弄 6 號 4F

Tel.02－2917-8022（代表號） Fax.02－2915-6275（代表號）

零售：1.**全台連鎖經銷書局：**

三民書局、誠品書局、何嘉仁書店

敦煌書店、紀伊國屋、金石堂書局、建宏書局

諾貝爾圖書城、墊腳石圖書文化廣場

2.**台北市：**佛化人生 **大安區**羅斯福路 3 段 325 號 6 樓之 4 台電大樓對面

3.**新北市：**春大地書店 **蘆洲區**中正路 117 號

4.**桃園市：**御書堂 **龍潭區**中正路 123 號

5.**新竹市：**大學書局 **東區**建功路 10 號

6.**台中市：**瑞成書局 **東區**雙十路 1 段 4 之 33 號

佛教詠春書局 **南屯區**永春東路 884 號

文春書店 **霧峰區**中正路 1087 號

7.**彰化市：**心泉佛教文化中心 南瑤路 286 號

8.**高雄市：**政大書城 **前鎮區**中華五路 789 號 2 樓（高雄夢時代店）

明儀書局 **三民區**明福街 2 號

青年書局 **苓雅區**青年一路 141 號

9.**台東市：**東普佛教文物流通處 博愛路 282 號

10.**其餘鄉鎮市經銷書局：**請電詢總經銷**聯合**公司。

11.**大陸地區請洽：**

香港：樂文書店

旺角店 :香港九龍旺角西洋菜街 62 號 3 樓

電話 :(852) 2390 3723 email: luckwinbooks@gmail.com

銅鑼灣店 :香港銅鑼灣駱克道 506 號 2 樓

電話 :(852) 2881 1150 email: luckwinbs@gmail.com

廈門：廈門外圖臺灣書店有限公司

地址：廈門市思明區湖濱南路809 號 廈門外圖書城3 樓 郵編：361004

電話：0592-5061658（臺灣地區請撥打 86-592-5061658）

E-mail：JKB118＠188.COM

12.**美國：世界日報圖書部：**紐約圖書部 電話 7187468889#6262

洛杉磯圖書部 電話 3232616972#202

13.**國內外地區網路購書：**

正智出版社 書香園地 http://books.enlighten.org.tw/

（書籍簡介、經銷書局可直接聯結下列網路書局購書）

三民 網路書局 http://www.sanmin.com.tw

誠品 網路書局 http://www.eslitebooks.com

博客來 網路書局 http://www.books.com.tw

金石堂 網路書局　　http://www.kingstone.com.tw

聯合 網路書局　http:// www.nh.com.tw

附註：1.請儘量向各經銷書局購買：郵政劃撥需要八天才能寄到（本公司在您劃撥後第四天才能接到劃撥單，次日寄出後第二天您才能收到書籍，此六天中可能會遇到週休二日，是故共需八天才能收到書籍）若想要早日收到書籍者，請劃撥完畢後，將劃撥收據貼在紙上，旁邊寫上您的姓名、住址、郵區、電話、買書詳細內容，直接傳眞到本公司 02-28344822，並來電 02-28316727、28327495 確認是否已收到您的傳眞，即可提前收到書籍。 2.因台灣每月皆有五十餘種宗教類書籍上架，書局書架空間有限，故唯有新書方有機會上架，通常每次只能有一本新書上架；本公司出版新書，大多上架不久便已售出，若書局未再叫貨補充者，書架上即無新書陳列，則請直接向書局櫃台訂購。 3.若書局不便代購時，可於晚上共修時間向正覺同修會各共修處請購（共修時間及地點，詳閱**共修現況表**。每年例行年假期間請勿前往請書，年假期間請見共修現況表）。 4.郵購：郵政劃撥帳號 19068241。 5.正覺同修會會員購書都以八折計價（戶籍台北市者爲一般會員，外縣市爲護持會員）都可獲得優待，欲一次購買全部書籍者，可以考慮入會，節省書費。入會費一千元（第一年初加入時才需要繳），年費二千元。**6.尚未出版之書籍，請勿預先郵寄書款與本公司，謝謝您！** 7.若欲一次購齊本公司書籍，或同時取得正覺同修會贈閱之全部書籍者，請於正覺同修會共修時間，親到各共修處請購及索取；**台北市讀者**請洽：103 台北市承德路三段 267 號 10 樓（捷運淡水線 圓山站旁）請書時間：週一至週五爲 18.00~21.00，第一、三、五週週六爲 10.00~21.00，雙週之週六爲 10.00~18.00 請購處專線電話：25957295-分機 14（於請書時間方有人接聽）。

敬告大陸讀者：

大陸讀者購書、索書捷徑（尚未在大陸出版的書籍，以下二個途徑都可以購得，電子書另包括結緣書籍）：

1.廈門外國圖書公司：廈門市思明區湖濱南路 809 號 廈門外圖書城 3F
郵編：361004　電話：0592-5061658　網址：http://www.xibc.com.cn/

2.電子書：正智出版社有限公司及正覺同修會在台灣印行的各種局版書、結緣書，已有『**正覺電子書**』陸續上線中，提供讀者於手機、平板電腦上購書、下載、閱讀正智出版社、正覺同修會及正覺教育基金會所出版之電子書，詳細訊息敬請參閱『正覺電子書』專頁：http://books.enlighten.org.tw/ebook

關於平實導師的書訊，請上網查閱：
成佛之道　http://www.a202.idv.tw
正智出版社 書香園地　http://books.enlighten.org.tw/

中國網採訪佛教正覺同修會、正覺教育基金會訊息：

http://big5.china.com.cn/gate/big5/fangtan.china.com.cn/2014-06/19/content_32714638.htm

http://pinpai.china.com.cn/

★ 正智出版社有限公司售書之稅後盈餘，全部捐助財團法人正覺寺籌備處、佛教正覺同修會、正覺教育基金會，供作弘法及購建道場之用；懇請諸方大德支持，功德無量。

★ 聲　明 ★

本社於 2015/01/01 開始調整本目錄中部分書籍之售價，以因應各項成本的持續增加。

＊ 喇嘛教修外道雙身法、墮識陰境界，非佛教 ＊

＊ 弘揚如來藏他空見的覺囊派才是真正藏傳佛教 ＊

售後服務—換書啓事(免附回郵)　2017/12/05

《楞伽經詳解》第三輯初版免費調換新書啓事：茲因 平實導師弘法早期尚未回復往世全部證量，有些法義接受他人的說法，寫書當時並未察覺而有二處（同一種法義）跟著誤說，如今發現已將之修正。茲爲顧及讀者權益，已開始免費調換新書；敬請所有讀者將以前所購第三輯（不論第幾刷），攜回或寄回本公司免費換新；郵寄者之回郵由本公司負擔，不需寄來郵票。因此而造成讀者閱讀、以及換書的不便，在此向所有讀者致上萬分的歉意，祈請讀者大眾見諒！

《楞嚴經講記》第 14 輯初版首刷本免費調換新書啓事：本講記第 14 輯出版前因 平實導師諸事繁忙，未將之重新閱讀而只改正校對時發現的錯別字，故未能發覺十年前所說法義有部分錯誤，於第 15 輯付印前重閱時才發覺第 14 輯中有部分錯誤尚未改正。今已重新審閱修改並已重印完成，煩請所有讀者將以前所購第 14 輯初版首刷本，寄回本公司免費換新（初版二刷本無錯誤），本公司將於寄回新書時同時附上您寄書來換新時的郵資，並在此向所有讀者致上最誠懇的歉意。

《心經密意》初版書免費調換二版新書啓事：本書係演講錄音整理成書，講時因時間所限，省略部分段落未講。後於再版時補寫增加 13 頁，維持原價流通之。茲爲顧及初版讀者權益，自 2003/9/30 開始免費調換新書，原有初版一刷、二刷書籍，皆可寄來本公司換書。

《宗門法眼》已經增寫改版爲 464 頁新書，2008 年 6 月中旬出版。讀者原有初版之第一刷、第二刷書本，都可以寄回本公司免費調換改版新書。改版後之公案及錯悟事例維持不變，但將內容加以增說，較改版前更具有廣度與深度，將更能助益讀者參究實相。

換書者**免附回郵**，亦無截止期限；舊書請寄：111 台北郵政 73-151 號信箱 或 103 台北市承德路三段 267 號 10 樓 正智出版社有限公司。舊書若有塗鴨、殘缺、破損者，仍可換取新書；但缺頁之舊書至少應仍有五分之三頁數，方可換書。所有讀者不必顧念本公司是否有盈餘之問題，都請踴躍寄來換書；本公司成立之目的不是營利，只要能眞實利益學人，即已達到成立及運作之目的。若以郵寄方式換書者，免附回郵；並於寄回新書時，由本公司附上您寄來書籍時耗用的郵資。造成您不便之處，再次致上萬分的歉意。

正智出版社有限公司 啓

國家圖書館出版品預行編目(CIP)資料

佛藏經講義 / 平實導師述著. -- 初版.
-- 臺北市 : 正智, 2019.07
面 ; 公分

ISBN 978-986-97233-8-1(第一輯;平裝)
ISBN 978-986-98038-1-6(第二輯;平裝)
ISBN 978-986-98038-5-4(第三輯;平裝)
ISBN 978-986-98038-8-5(第四輯;平裝)

1. 經集部

221.733 108011014

佛藏經講義——第四輯

著述者：平實導師
音文轉換：蔡正利 黃昇金
校　　對：章乃鈞 陳介源 孫淑貞 傅素嫻 王美伶
出版者：正智出版社有限公司
電話：〇二 28327495 28316727（白天）
傳眞：〇二 28344822
111 台北郵政 73-151 號信箱
郵政劃撥帳號：一九〇六八二四一
正覺講堂：總機〇二 25957295（夜間）
總經銷：聯合發行股份有限公司
231 新北市新店區寶橋路 235 巷 6 弄 6 號 4 樓
電話：〇二 29178022（代表號）
傳眞：〇二 29156275
初版首刷：二〇二〇年元月三十一日 二千冊
定　　價：二〇〇元